普通高等院校
会计学专业
精编教材

财务管理

闭乐华 姚瑶 赖泳杏 主编

清华大学出版社
北京

内 容 简 介

在大数据、云计算、物联网、人工智能等新技术迅速发展的背景下,新技术应用正影响着企业财务工作的方式方法。本书遵循基础性、实用性、与时俱进性的原则进行框架结构的设计以及各章节的编写,注重理论联系实际,突出具体知识点的应用,紧扣时代发展特点。本书共分十章,内容包括财务管理总论、财务管理的基础概念、财务分析、投资管理、投资决策实务、筹资管理(上)、筹资管理(下)、营运资金管理、企业分配管理、高级财务管理。

本书既可供高等院校经济管理类专业教学使用,也可作为企业财务人员的参考用书。

本书封面贴有清华大学出版社防伪标签,无标签者不得销售。
版权所有,侵权必究。举报:010-62782989,beiqinquan@tup.tsinghua.edu.cn。

图书在版编目(CIP)数据

财务管理/闭乐华,姚瑶,赖泳杏主编.—北京:清华大学出版社,2021.10(2024.9重印)
普通高等院校会计学专业精编教材
ISBN 978-7-302-59272-3

Ⅰ.①财… Ⅱ.①闭… ②姚… ③赖… Ⅲ.①财务管理—高等学校—教材 Ⅳ.①F275

中国版本图书馆CIP数据核字(2021)第196893号

责任编辑:刘士平
封面设计:傅瑞学
责任校对:李 梅
责任印制:沈 露

出版发行:清华大学出版社
    网 址:https://www.tup.com.cn,https://www.wqxuetang.com
    地 址:北京清华大学学研大厦A座   邮 编:100084
    社 总 机:010-83470000   邮 购:010-62786544
    投稿与读者服务:010-62776969,c-service@tup.tsinghua.edu.cn
    质量反馈:010-62772015,zhiliang@tup.tsinghua.edu.cn
    课件下载:https://www.tup.com.cn,010-83470410
印 装 者:三河市龙大印装有限公司
经 销:全国新华书店
开 本:185mm×260mm 印 张:16.25 字 数:391千字
版 次:2021年11月第1版   印 次:2024年9月第2次印刷
定 价:49.00元

产品编号:094458-01

本书编委会

主　编　闭乐华　姚　瑶　赖泳杏
副主编　王运启　农凤篇　于景存　蒋锦华
参　编　兰素英　廖　玲　黄金梅　罗　颖
　　　　　刘益明　闭燕转　杨少毅　韦玉洁
　　　　　班妙璇　卢　毅　宾梅莉　熊　艳
　　　　　林　松　唐建纲　郑　普

前 言

本书是应用型高等院校教学改革的系列成果之一，是为经济、管理类专业编写的教科书，可供财务管理、会计学、审计学、资产评估、工商管理专业作为核心课程教材，也可作为企业财务人员继续教育、提高财务管理能力的参考用书。

本书注重将专业基础教育与应用能力、创新能力培养相结合，由浅入深，易教易学。本书以市场经济为背景，面向数字化发展需求，以公司制企业为对象，在阐述现代财务管理基本原理的基础上，着重阐述企业资本取得、资本财务运作的理论和方法。同时还介绍了一些拓展性高级财务管理专题，如企业并购，企业集团，企业破产、重整与清算等专题。

本书由闭乐华、姚瑶、赖泳杏（广西大学行健文理学院、广西农业职业技术大学）担任主编，王运启、农凤篇、于景存、蒋锦华担任副主编。全书共分十章，具体编写分工如下：第一章财务管理总论，由闭乐华、兰素英、廖玲、杨少毅和蒋锦华编写；第二章财务管理的基础概念，由闭乐华、姚瑶、卢毅编写；第三章财务分析，由姚瑶编写；第四章投资管理，由王运启编写；第五章投资决策实务，由赖泳杏编写；第六章筹资管理（上），由姚瑶编写；第七章筹资管理（下），由闭乐华、宾梅莉编写；第八章营运资金管理，由闭乐华、蒋锦华、熊艳、林松编写；第九章企业分配管理，由农凤篇编写；第十章高级财务管理，由闭乐华、于景存、赖泳杏、罗颖、韦玉洁编写。本书案例由各章作者以及刘益明、闭燕转、郑普编写，相关资料由黄金梅、班妙璇整理，案例内容由赖泳杏复核。本书由闭乐华总体设计，并经编委一起讨论确定，最后由闭乐华对全书进行总纂、修改和定稿。

本书承蒙广西大学、广西财经学院、广西财政厅等多位专家审稿，他们以严谨的治学精神，提出了宝贵的具体修改意见，从而帮助本书提高质量，在此表示衷心的感谢。

广西壮族自治区、广东省、湖北省多家企业的高级财务管理者依托自身多年的管理经验，为本书提供了大量有益的素材和宝贵的建议，在此向他们为高等院校财会人才培养做出的贡献表示衷心的感谢。

书中不足之处，恳请读者批评指正。

闭乐华
2021 年 5 月于广西大学

目 录

上 篇

第一章　财务管理总论 ··· 3
　　第一节　财务管理概述 ··· 4
　　第二节　财务管理目标 ··· 8
　　第三节　企业组织与财务机构 ·· 12
　　第四节　财务管理环境 ·· 15
　　第五节　大数据时代的财务管理 ·· 17
　　本章小结 ·· 21
　　本章重要概念 ·· 21
　　本章思考题 ·· 22

第二章　财务管理的基础概念 ·· 25
　　第一节　时间价值 ·· 26
　　第二节　风险报酬 ·· 38
　　第三节　证券估价 ·· 45
　　本章小结 ·· 49
　　本章重要概念 ·· 49
　　本章主要公式 ·· 50
　　本章思考题 ·· 51

第三章　财务分析 ·· 53
　　第一节　财务分析概述 ·· 54
　　第二节　基本财务指标分析 ·· 57
　　第三节　财务综合分析 ·· 71
　　本章小结 ·· 72
　　本章重要概念 ·· 72

本章主要公式 ……………………………………………………………… 73
　　本章思考题 ………………………………………………………………… 74

第四章　投资管理 ……………………………………………………………… 76
　　第一节　投资管理概述 …………………………………………………… 77
　　第二节　投资项目的现金流量 …………………………………………… 80
　　第三节　投资决策指标 …………………………………………………… 84
　　本章小结 …………………………………………………………………… 91
　　本章重要概念 ……………………………………………………………… 91
　　本章主要公式 ……………………………………………………………… 91
　　本章思考题 ………………………………………………………………… 92

第五章　投资决策实务 ………………………………………………………… 94
　　第一节　典型投资项目的评价分析 ……………………………………… 95
　　第二节　投资风险决策 …………………………………………………… 103
　　本章小结 …………………………………………………………………… 107
　　本章重要概念 ……………………………………………………………… 108
　　本章主要公式 ……………………………………………………………… 108
　　本章思考题 ………………………………………………………………… 108

下　篇

第六章　筹资管理（上） ………………………………………………………… 113
　　第一节　筹资管理概述 …………………………………………………… 115
　　第二节　资金需要量的预测 ……………………………………………… 118
　　第三节　股权性资金的筹集 ……………………………………………… 124
　　第四节　债务性资金的筹集 ……………………………………………… 129
　　第五节　混合性资金的筹集 ……………………………………………… 136
　　本章小结 …………………………………………………………………… 141
　　本章重要概念 ……………………………………………………………… 141
　　本章思考题 ………………………………………………………………… 142

第七章　筹资管理（下） ………………………………………………………… 144
　　第一节　资本成本 ………………………………………………………… 148
　　第二节　杠杆效应 ………………………………………………………… 156
　　第三节　资本结构 ………………………………………………………… 161
　　本章小结 …………………………………………………………………… 169

本章重要概念 ·· 169
　　本章思考题 ·· 169

第八章　营运资金管理 ·· 172
　　第一节　营运资金管理概述 ·· 173
　　第二节　流动资产管理 ·· 177
　　第三节　流动负债管理 ·· 188
　　本章小结 ·· 192
　　本章重要概念 ·· 193
　　本章思考题 ·· 193

第九章　企业分配管理 ·· 195
　　第一节　企业分配管理概述 ·· 196
　　第二节　企业与员工之间的分配 ···································· 199
　　第三节　企业与股东之间的分配 ···································· 202
　　本章小结 ·· 212
　　本章重要概念 ·· 213
　　本章思考题 ·· 213

第十章　高级财务管理 ·· 216
　　第一节　高级财务管理概述 ·· 218
　　第二节　企业并购财务管理 ·· 219
　　第三节　企业集团财务管理 ·· 225
　　第四节　企业国际财务管理 ·· 228
　　第五节　企业破产、重整与清算财务管理 ···························· 232
　　本章小结 ·· 235
　　本章重要概念 ·· 236
　　本章思考题 ·· 237

附录 ·· 238

参考文献 ·· 250

上 篇

第一章 财务管理总论

◆ **学习目标**

1. 了解财务活动和财务关系、企业组织、财务管理组织与职责、财务管理前沿发展。
2. 理解财务管理的概念、企业价值创造机理。
3. 理解并掌握财务管理的目标。

◆ **知识框架**

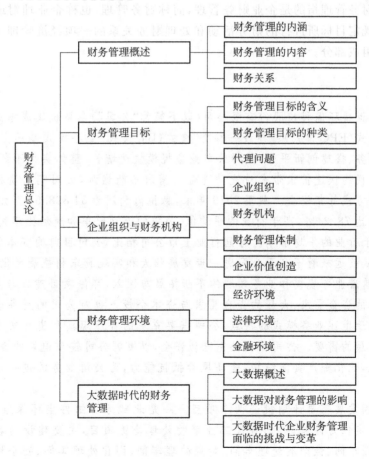

◆ 内容提要

本章主要的学习内容包括财务管理内涵、四项基本财务管理活动、财务关系的协调与处理、财务管理的目标、企业组织类型、财务机构与财务管理经理职责、财务管理体制、企业价值创造、财务管理环境。

◆ 重点难点

教学重点：财务管理内涵、目标。

教学难点：财务管理目标、代理问题。

第一节 财务管理概述

一、财务管理的内涵

本书中财务管理指的是企业财务管理，简称财务管理，也称企业理财或公司理财，是企业为了实现既定目标所进行的财务活动和处理财务关系的一项经济管理工作，是企业管理的一个重要组成部分。

引 例

广西博世科环保科技股份有限公司（以下简称"公司"）在系统集成模式（EP模式）、工程总承包模式（EPC模式）、"建设—移交"模式（BT模式）业务模式基础上，通过积极拓展市政领域业务、搭建创新平台，使得公司业务规模快速增长，整体实力不断增强。近年来，公司业务规模的快速扩张带来对流动资金的需求不断增加，公司利用债权融资和股权融资相结合的方式筹集资金。截至2019年末，息税前利润为54 828.57万元，公司合并口径资产负债率达78.24%，高于行业的平均值，公司的流动比率和速动比率则分别为0.79和0.74，略低于行业的平均水平。与同行业上市公司相比，公司目前的资本结构抗风险能力相对较弱，从长远来看不利于公司进一步发展壮大和实现股东利益最大化。

另外，随着业务规模和业务领域的不断拓展与深入，环保项目建设与主营业务快速发展具有较大的资金需求，大量的资金需求与资本金投入也对公司的财务能力提出了更高的要求。基于上述业务模式的特点，公司需要充足的资产规模和资金实力来满足项目建设与业务发展的需要。公司需要补充流动资金，以缓解公司较为迫切的资金需求，改善公司财务状况，优化资产负债结构，提高风险抵抗能力，为公司业务的进一步发展提供流动资金保障。

同时，因发展需要计划投资两个项目。一是北部湾资源再生环保服务中心项目（一期），本项目定位为区域性、综合性工业废物处理处置项目，主要建设内容包括预处理车间、物化处理车间、蚀刻液处理车间、焚烧处理车间、固化处理车间、安全填埋场等生产设施及其配套基础设施等。二是湖南博世科环保产业园（二期）基地建设项目，湖南博世科环保科技有限公司为博世科公司旗下全资子公司,是在广西区域外拓展市场业务的主要基地,本项目旨在增强其环保全产业链服务能力,主要建设内容包括环保高精装备生产制造车间、一体化污水处理设备生产制造车间、试车平台、工程技术研究中心、水生态研发基地和环保产业科技孵化楼等生产、科研及其配套基础设施等。

经公司董事会讨论通过,并与2020年7月16日发布"博世科:公开增发招股意向书",公开增发拟募集资金总额为不超过71 000.00万元(含发行费用),公开增发的股份数量为不超过7 000万股。拟资金运用如下:北部湾资源再生环保服务中心项目(一期)2年33 748.98万元,湖南博世科环保产业园(二期)基地建设项目2年29 626.14万元,余下部分补充流动资金。在募集资金到位之前,公司可根据募集资金投资项目实施进度情况以自筹资金先行投入,待募集资金到位后予以置换。在上述募集资金投资项目的范围内,公司董事会可以根据项目进度、资金需求等实际情况,对相应募集资金投资项目的投入顺序和具体金额进行适当调整。本次募集资金净额不足上述项目拟投入募集资金额时,缺额部分由公司自筹解决。

本次公开增发完成后,以公司2019年末财务状况为基础,按募集资金总额71 000.00万元进行测算(暂不考虑发行费用),公司合并报表口径资产负债率将降低至72.63%,流动比率和速动比率将分别提升至0.93和0.88,公司财务状况得以改善,风险抵御能力将得到提高。

资料来源:"博世科:公开增发招股意向书"、WIND数据库.

思考:结合案例,理解财务管理的内涵,分析财务管理包括哪些内容。

二、财务管理的内容

财务管理活动的内容包括企业再生产过程中的资金运动过程,是以现金收支为主的活动总称。例如,企业资金的支出活动,也称为资金流出,包括购买厂房、设备、原材料,向员工定期支付工资,向国家缴纳印花税、增值税、所得税等税款;企业资金的收入活动,也称为资金流入,包括企业售出商品或提供劳务带来资金的流入,为经营活动筹措资金带来的资金的流入等活动。在市场经济条件下,拥有一定数额的资金是企业进行生产经营活动的必要条件,因此,财务管理活动又可理解为企业对资金的获取与有效配置的活动。具体而言,就生产经营企业,财务活动可分为以下四个方面。

1. 企业筹资活动

企业在进行生产经营活动时,首先必须筹集一定数量的资金,这将涉及企业选择一种或多种筹集方式获取资金,形成企业资金流入,筹集方式有发行股票、发行债券、吸收直接投资、向银行借款等。当企业偿还借款、支付利息、支付股利及付出各种筹资费用时,则形成企业资金流出。这种因资金筹集而产生的资金流入与流出,是由企业资金筹资活动引起的财务活动。

企业筹资时有多种筹资渠道可供选择,需要财务人员决定用何种资金筹集渠道及不同渠道来源的资金分别占总资金比重等问题。同时,财务人员要保证筹集的资金量能够满足公司生产经营与发展的需要,还要使筹资风险处于公司的可控范围,以免公司因偿债困境而陷入破产。

2. 企业投资活动

企业筹集资金后必须投入使用,用于生产经营活动等,以获取最大的经济效益,从而不断增加企业价值;否则,筹资活动将失去意义。企业筹集到的资金可用于固定资产、无形资产、存货等投资,如兴建房屋和建筑物、购买机器设备、专利权、原材料等,形成企业的对内投资;也可用于采用一定方式以现金、实物或无形资产等向其他企业单位投资,如购买股票、债券或与其他企业联营等,形成企业的对外短期或长期投资。无论是对内投资还是对外投资,目的都是将来获取回报,产生价值增值。因此,财务人员在分析投资方案时,不仅要分析资金流入与流出从而确定投资报酬,同时还要分析获取相应报酬的时间,以及投资风险的大小,从而判断选择哪个投资方案或者是哪些投资方案进行组合。

3. 企业资金运营活动

企业在正常的日常生产经营过程中,会发生一系列经常性的资金收支。例如,企业要采购原材料或商品,以便从事生产和销售活动;企业要支付工资和其他营业费用;当企业把产品或商品售出后,或提供劳务后,便可取得收入,收回资金;如果企业现有资金不能满足企业经营的需要,还要采取短期借款方式来筹集所需运营资金;企业还要加快资金周转,提高资金利用效率,管理好流动资产与流动负债配置等问题。上述活动都会产生企业资金的收支,这些属于因企业经营而引起的财务活动。

4. 企业分配活动

企业在生产经营过程中通过资金运用会取得收入,产生利润,实现资金的增值。企业收益分配是企业一次资金循环运动的终点,又是下一次资金循环运动的起点。企业的利润应当依据一定的法律规定,确定分配规模和分配方式,进行合理分配。首先,要依法缴纳企业所得税费用;其次,根据有关法律的规定,用于弥补亏损,提取公积金;最后,向投资者分配利润。这些因利润分配而产生的资金收支活动是由企业分配引起的财务活动。

在企业分配活动中,企业财务决策者需要根据公司自身的具体情况确定最佳的分配政策、确定合理的利润支付,既要满足投资者要求的相应回报,以免过低的利润支付率引起投资者不满,又要留存一部分资金用于未来发展,以免影响企业扩大再投资的能力或因缺少资金而错失良机。

企业财务活动的四个方面,是相互联系、相互依存、不可割裂的,构成了完整的企业财务活动。这四个方面,也是财务管理的基本内容。

三、财务关系

企业进行筹资管理、投资管理、营运资金管理、利润分配管理等财务活动时,与企业内外各利益方有着广泛的联系,企业财务关系就是指企业在开展财务活动的过程中与各有关方面发生的经济关系。企业通过财务管理活动组织和协调与各利益方的财务关系,以确保财务活动顺利进行,实现企业目标。企业的财务关系主要包括以下几个方面。

1. 企业与其投资者之间的财务关系

企业从投资者那里获得资金,进行生产经营活动,并将实现的利润按出资比例或合同、章程的规定,向投资者支付投资报酬,企业与投资者所形成的这些经济关系就是企业与其投资者之间的财务关系。企业与其投资者之间的财务关系,在性质上属于所有权的性质,反映了经营权和所有权的关系,处理这种财务关系,需要维护投资与被投资各方的合法权益。

2. 企业与其债权人之间的财务关系

企业由于生产经营和投资需求,或扩大企业生产经营规模的需要,除利用自有资金外,通常还会借入一定数量的资金。此时,企业可向债权人借入资金,如向银行借款或发行债券等,并按借款合同的规定按时支付利息和归还本金,企业与债权人所形成的这些经济关系就是企业与其债权人之间的财务关系,反映的是债务与债权关系。处理这种财务关系,需要按有关各方的权利和义务保障有关各方的权益。

3. 企业与税务机关的财务关系

企业应按国家税法的规定依法缴纳各种税款,与国家税务机关所形成的经济关系即是企业与税务机关的财务关系。及时、足额地缴纳税款是企业对国家、对社会应尽的义务,必须认真履行。企业与税务机关的财务关系反映的是依法纳税和依法征税的税收权利与义务关系。

4. 企业与其被投资企业单位的财务关系

企业将其闲置资金以购买股票或直接投资的形式向其他企业投资,或以其他资本形式向其他企业投资,企业与被投资的企业单位所形成的经济关系就是企业与其被投资企业单位的财务关系。企业向其他企业单位投资,应按约定承担出资义务,同时参与被投资企业单位的利润分配。企业与其被投资企业单位的财务关系反映的是所有权性质的投资与受资关系。

5. 企业与其债务人的财务关系

企业将其资金以提供借款、商业信用或购买债券等形式借给其他企业单位所形成的经济关系,便是企业与其债务人的财务关系。企业作为债权人,有权要求其债务人按合同协议约定的条件支付利息和归还本金,企业与其债务人的财务关系反映的是债权与债务关系。处理这种债权与债务关系,同样需要按有关各方的权利和义务保障有关各方的权益。

6. 企业内部各单位之间的财务关系

企业内部各部门或各级单位之间在生产经营各环节中一般都会出现相互提供产品或劳务的情况,而由此形成的收付结算关系即为企业内部各单位之间的财务关系。企业在实行内部经济核算和经营责任制的情况下,各部门或各级单位之间,相互提供产品或劳务要进行计价结算,这种在企业内部形成的资金结算关系,反映的是企业内部各级单位之间的利益关系。

7. 企业与职工之间的财务关系

企业向职工支付劳动报酬如工资、津贴、奖金、代职工缴纳的各种保险和公积金等,由此形成的经济关系即企业与职工之间的财务关系。劳动报酬通常按职工提供的劳动数量和质量支付劳动报酬,这种财务关系反映了职工和企业在劳动成果上的分配关系。处理这种财务关系,要科学合理地制定和执行有关分配政策。

第二节　财务管理目标

一、财务管理目标的含义

财务管理目标又称理财目标,是企业目标在财务管理活动中的体现,指的是企业通过组织财务活动、处理财务关系所期望实现的根本目的。企业必须认真研究与制定财务管理目标,才能有效地指导财务管理实践。财务管理目标在一定时期内具有相对稳定性,使企业财务管理活动得以延续,同时财务管理目标又具有可操作性,可以逐层分解落实到各部门、各单位形成具体目标。

小贴士

企业财务管理目标对财务决策具有决定性影响,并最终影响企业目标的实现。然而,有些企业经营者或财务管理者为了实现"最大化"目标,往往会使用非法的手段,诸如报表造假、破坏环境等。同时,还有的企业为了企业自身利益,不顾及社会利益,采取种种短视行为给社会、人民带来不同程度的影响。很显然这些缺乏社会责任感的行为终将使企业陷入破产倒闭的境地。

二、财务管理目标的种类

(一) 利润最大化目标

通常认为,利润是反映企业资产利用程度和在一定会计期间的经营成果。利润又可分为利润总额和净利润,利润总额是从企业整体视角反映其经营成果,净利润是从股东视角反映其经营收益状况。无论是利润总额还是净利润,企业以利润最大化作为财务管理的目标,都意味着企业各项财务决策都必须以是否能带来利润、带来多少利润为判断依据。

以利润最大化目标分析和评价企业的行为和业绩,其优势在于:首先,利润可以很直观地反映企业创造的剩余财富是多少,一定程度上反映出企业经济效益的高低和对社会贡献的大小;其次,能根据会计准则、会计制度等进行有效计量,在实际应用方面比较简便;最后,企业追求利润最大化,就必须加强经营管理,技术改进与创新,提高劳动生产率,降低成本,这样有利于企业资源合理配置和提高经济效益。

然而,以利润最大化目标作为企业财务目标也存在着劣势。第一,利润最大化目标没有考虑利润实现的时间因素。例如,有 A 和 B 两个投资项目备选,A 项目的利润是 1 000 万元,B 项目的利润是 2 000 万元,如果以利润最大化为目标,则企业会选择 B 项目。但如果 A 项目的利润当年就可获得,B 项目的利润要 6 年后才能实现,则在利润最大化目标下企业选择 B 项目并不是最佳决策。这是由于利润最大化忽略了货币时间价值,忽略了利润实现的时间差异。第二,利润最大化目标忽略了企业经营的不确定性和风险因素。这可能导致企业不顾风险大小盲目追求没有现金流为基础的高利润,高风险的项目往往被要求有高收益作为补偿,因而高收益项目一般伴随着较高的经营风险和财务风险等。第三,利润最大化目标没有考虑利润和投入资本的对应关系。任何一项资金的使用都要承担相应的成本,而利润额作为绝对数指标,是已经扣除了成本的结果,因而没有反映产出与资本投入之间的对应关系。第四,利润最大化目标往往会使财务决策者带有短期行为的倾向。比如,只考虑利润实现,而不考虑未来发展,或者只顾局部利益而忽视整体利益等,这样可能会带来短期效益的提升,但这种效益往往不具有持久性,影响企业目标的实现。第五,利润数值不能准确反映企业的真实价值。利润是根据会计准则、会计制度等对企业经营成果的会计度量,然而对同一经济问题的会计处理方法具有多样性和灵活性,这使得会计度量的结果即利润值会有所不同,有时候并不是企业的真实情况。

小贴士

财务管理的目标之一是要实现企业利润的最大化,当然,这是在追求企业利润最大化的时候必须是在遵纪守法的前提下实现的,这就要求企业在实现利润最大化的过程中,不仅要考虑各种风险和不确定性因素,同时也要把国家利益和集体利益放在首位,把维护国家金融稳定作为财务管理的前提。

(二)股东财富最大化目标

股东创办或投资公司的目的是增加财富,根据委托代理理论,企业经营者受股东委托,应为股东最大限度地创造价值。因此,股东财富最大化目标是指企业通过财务上的合理运营,提高资本报酬,为股东创造最多的财富。股东财富表现为拥有和控制的资源在未来获得更多的净现金流量。对上市公司而言,评价指标主要是股票市价或每股市价,股东作为公司剩余收益索取者,股东财富可表现为股票价值,如果资本市场完全有效,股票价值可以通过股票价格表现出来,因而股东财富最大化便可外在表达为股票价格最大化。美国芝加哥大学金融学教授 Eugene Fama 提出,根据历史信息、全部公开信息和内幕信息对股票价格的不同影响将市场效率分为弱型、半强型和强型有效市场。在强型有效的资本市场上,股东财富最大化目标可以用股票价格最大化来替代。

与利润最大化目标相比,股东财富最大化目标具有以下优点。

第一,股东财富最大化目标考虑了现金流量的时间价值因素和风险因素,因为股票价值取决于企业未来获取现金流量的能力、现金流入的时间和实现的风险,而股票价值通过股票价格表现出来,所以,以股东财富最大化作为企业财务目标,企业在做财务决策时就要进行风险和收益的权衡。

第二，股东财富最大化目标反映了资本与报酬之间的关系。因为股票价格是对每股股份的一个标价，反映的是单位投入资本的市场价格，每股获取的收益则体现了单位投入资本与报酬之间的关系。

第三，股东财富最大化目标在一定程度上克服了追求利润的短期行为，因为股票价格很大程度取决于企业未来获取现金流量的能力，因此企业在财务决策时必须要注重企业利益的长远性。

虽然股东财富最大化目标被普遍认可，但也有一定的缺陷。

第一，忽略了利益相关者的重要性。随着债权人、员工、供应商、政府等利益相关者在企业经营中的作用越来越重要，以及一些损害利益相关者事件的发生，股东至上的观点受到较多批评和声讨，于是有人提出利益相关者利益最大化的观点。当然，也有学者认为追求股东财富最大化并不损害其他利益相关者的利益，相反，它是以保证其他利益相关者的利益为前提。因为企业满足股东财富最大化的同时，也增加了企业整体财富，增加了其他利益相关者的利益。

第二，对于非上市公司来说，股东财富最大化目标不容易衡量，难以用股票价格来体现。从实践来看，可以通过资产评估来确定非上市公司价值的大小，或者根据公司未来可取得的现金流入量进行估值。

第三，由于股票市场上股票价格影响因素较多，因而上市公司股票价格并不完全等价于股票价值。

企业财务管理目标可供选择的种类较多，常见的主要有利润最大化、股东财富最大化目标，此外还有企业价值最大化、每股收益最大化、相关利益者利益最大化、履行社会责任等，本书在此不做详述。

案 例

老百姓大药房的财务规划

老百姓大药房连锁股份有限公司主营业务为药品零售。随着药品零售行业需求的快速增长和行业利好政策的推进，药品零售市场规模持续扩大，药品零售行业在我国医药市场的占有率逐年提升。此外，药品零售行业格局已发展为全国连锁零售药店为主导、区域零售连锁药店崛起的格局。企业之间的竞争从价格竞争逐步转为多元化、专业化、差异化竞争。近年来我国药品零售市场集中度不断提升，连锁药店门店不断增加，但整体竞争格局仍较分散，连锁率和集中度均有较大上升空间，药品零售市场正值集中度快速提升时期，行业龙头企业竞争优势将进一步凸显，面临良好的整合扩张机遇。

老百姓大药房连锁股份有限公司是国内规模领先的药品零售连锁企业之一，公司主要通过构建营销网络从事药品及其他健康相关商品的销售，经营品类包括中西成药、中药饮片、养生中药、健康器材、健康食品、普通食品、个人护理品和生活用品等。除药品零售外，公司兼营药品批发与制造（主要为中成药及中药饮片制造），在致力于传统经营管理模式的同时，公司与时俱进，不断创新发展，近年来大力发展药店加盟及DTP专业药房、中医馆连锁等业态，积极探索O2O业务，不断为公司未来发展寻找新动能。公司主要盈利来自进销差价。公司目前处于快速发展阶段，通过"自建＋并购＋加盟＋联盟"等多种方式积极扩张市场和经营网络。为抓住行业快速发展机遇、有效推动公司战略目标的顺利实现,保障公司长久持续发展,增强公司给予投资者长期、持续回报的能力,结合公司自身发展对资金需求较大的情况,公司需要投入部分留存收益用于满足公司发展需求,以实现股东价值的最大化。

公司非常重视股东回报,历年现金分红均严格执行法律法规及公司章程的分红规定,并结合公司实际情况确定具体分红比例。考虑到公司所处行业特点及经营战略需要,预计未来市场扩张资本性支出较大,公司需留存收益来保障未来的持续发展、抗风险能力及保障全体股东的未来分红利益。公司努力做好股东回报和公司持续发展平衡,保证股东长远利益和公司未来发展规划。公司留存未分配利润将用于公司门店区域扩张,包括自建新门店及收购、门店改造、产品优化、数字化管理系统升级等公司日常经营业务发展的资本开支。该部分资金的运用将有助于保障公司经营业务的正常开展,扩张市场和经营网络,提升市场占有率和盈利能力,同时保证公司运营现金流稳定,有利于公司长期可持续发展。

公司 2019 年度实现营业收入 1 166 318 万元,同比增长 23.15%;实现归属于母公司股东净利润 50 871 万元,同比增长 16.94%;实现经营活动产生的现金流量净额 103 254 万元,同比增长 13.09%。由于公司当前自身及所属行业均处于快速发展阶段,2020 年将面临较大的资金支出需求,公司需要留存充足收益用于流动资金周转及未来的发展。公司 2019 年年度利润分配方案系根据实际经营情况及 2020 年的经营计划制订,有利于公司增强持续盈利能力,充分考虑股东的现金回报需求和公司现阶段经营发展的资金需要及公司战略规划发展需要,符合公司全体股东长远利益,不存在损害中小投资者利益的情况。

资料来源:WIND 数据库.

思考:结合案例,理解和思考股东财富最大化的内涵与如何实现?

小贴士

财务管理的目标之一是要实现企业利润的最大化,当然,追求企业利润最大化必须是在遵纪守法的前提下实现,这就要求企业在实现利润最大化的过程中,不仅要考虑各种风险和不确定性因素,同时也要把国家利益和集体利益放在首位,把维护国家金融稳定作为财务管理的前提。

三、代理问题

根据委托代理理论可知,股东为委托人,企业经营者即职业经理人为代理人,所有权与经营权分离之后,代理问题也因此产生。不是每个股东都能对公司的经营管理和决策亲力亲为。股东委托经营者管理企业,经营者作为代理人,代表股东的利益,并获得相应报酬,这就产生了股东和经营者之间的委托—代理关系。然而,股东的目标是追求财富最大化,经营者的目标是追求自身利益最大化,在信息不对称的情况下,委托人和代理人目标的差异在经营者进行决策时很可能会发生冲突。例如,经营者会利用职权谋求更多的在职消费,或为了保住工作,而放弃那些有较高潜在收益但存在失败风险的项目。这种委托人和代理人的目标不一致导致了代理问题的产生。

股东和经营者之间的代理问题影响了股东目标的实现,经营者目标的实现可能会以牺牲股东目标实现为代价,或者经营者与股东目标偏离所发生的成本可能最终由股东承担,为此,股东会采取一些措施来防止经营者行为的偏离,从而产生了代理成本。比如:

(1) 监督成本。如考核评价和实施监督的成本,为控制代理方行为而制定的预算约束和激励政策等产生的支出。

(2) 签约成本。如代理人向委托人保证不采取侵害委托方利益行为时产生的担保成本,以及一旦违约代理方将支付给委托人的补偿。

(3) 剩余损失。在考虑监督和签约约束等措施的基础上,代理人的决策可能与股东期望利益的决策仍有偏离,这种差异就是剩余损失。

由此可见,只要委托人与代理人的利益目标不一致就会产生代理问题,比如债权人与股东之间的委托—代理问题。

第三节 企业组织与财务机构

一、企业组织

在当前的市场经济环境下,决定企业经营模式和财务特征的最根本因素是企业的组织类型。本节将介绍企业组织类型中最主要的三种,即个人独资企业、合伙制企业和公司制企业。

(一) 个人独资企业

根据个人独资企业法,个人独资企业是指依照本法在中国境内设立,由一个自然人投资,财产为投资人个人所有和控制,投资人以其个人财产对企业债务承担无限责任的经营实体。投资人自负盈亏,对企业资产拥有所有权,独享利润。个人独资企业不用缴纳企业所得税,其收益归入投资人的其他收入里一并缴纳个人所得税。

个人独资企业的组织形式最简单,规范程度最低。然而,这种企业组织形式也存在着一些缺点。第一,投资人要对企业的债务承担无限责任,除了用投入企业的资本外,还需要以个人的私有财产来抵偿债务;第二,由于全部资金都来自一个出资人,其个人财富有限,企业债务筹资会因信用不足而面临困难;第三,企业所有权较难转移,买方不易寻找,因为新的投资人必须买入整个企业,同时交易价格不易确定。

(二) 合伙制企业

根据合伙企业法,合伙企业是指自然人、法人和其他组织依照本法在中国境内设立的普通合伙企业和有限合伙企业。合伙人按照合伙协议约定的出资方式、数额和缴付期限,履行出资义务;按约定的利润分配、亏损分担方式享有利润和承担损失。除合伙协议另有约定外,合伙人向合伙人以外的人转让其在合伙企业中的全部或者部分财产份额时,须经其他合伙人一致同意,在同等条件下,其他合伙人有优先购买权。合伙人对执行合伙事务享有同等的权利。与个人独资企业相同,合伙企业不用缴纳企业所得税,合伙企业收益直接分配给合伙人后,由合伙人自行对这部分收益缴纳个人所得税。合伙企业开办容易、开办费用较低,但合伙人需承担无限连带责任,企业寿命有限、所有权转让困难。

普通合伙企业由普通合伙人组成,合伙人对合伙企业债务承担无限连带责任。普通合伙企业有二个以上合伙人,合伙人为自然人。国有独资公司、国有企业、上市公司及公益性的事业单位、社会团体不得成为普通合伙人。合伙人可以用货币、实物、知识产权、土地使用权或者其他财产权利出资,也可以用劳务出资。以专业知识和专门技能为客户提供有偿服务的专业服务机构,可以设立为特殊的普通合伙企业。

有限合伙企业由普通合伙人和有限合伙人组成,普通合伙人对合伙企业债务承担无限连带责任,有限合伙人以其认缴的出资额为限对合伙企业债务承担责任。有限合伙企业由两个以上五十个以下合伙人设立,有限合伙企业至少应当有一个普通合伙人。有限合伙人可以用货币、实物、知识产权、土地使用权或者其他财产权利作价出资,但是不得以劳务出资。

(三) 公司制企业

根据公司法可知,公司是指依照公司法在中国境内设立的股份有限公司和有限责任公司。公司是企业法人,一个独立的法人实体,有独立的法人财产,享有法人财产权。公司以其全部财产对公司的债务承担责任。公司股东依法享有资产收益、参与重大决策和选择管理者等权利。公司可以设立分公司,分公司不具有法人资格,其民事责任由公司承担。公司可以设立子公司,子公司具有法人资格,依法独立承担民事责任。公司也可以对外投资,成为合伙企业的合伙人或其他公司的股东。

具体来说,公司制企业又分为股份有限公司和有限责任公司。股份有限公司的股东以其认购的股份为限对公司承担责任。股份有限公司将资本划分为股份,每一股的金额相等,同种类的每一股份应当具有同等权利,同次发行的同种类股票,每股的发行条件和价格应当相同。股东的股权份额占公司总股数的比重代表了股东在公司所有权中的比重。公司的股份采取股票的形式,股票是公司签发的证明股东所持股份的凭证。股份有限公司可以向社会公众公开募集资金,在股票市场上市融资,股东也可以自由转让出资。有限责任公司由五十个以下股东出资设立,股东以其认缴的出资额为限对公司承担责任。有限责任公司的股份不需要划分成相等的份额,股东拥有的出资证明书代表了其对公司的所有权,行使股东权利。股东按实缴的出资比例分取红利。股东之间可以相互转让其部分或全部股权,如向股东以外的人转让股权,应当经过其他股东过半数同意方可。

公司制企业一个显著的特征是所有权与经营权分离。股东会由全体股东组成,是公司的权力机构。股东会决定着公司的经营方针、发展方向、投资计划等。股东会选举出董事会成员和监事会成员,设立董事会和监事会。由董事会决定聘任或者解聘高层管理者。高层管理者负责公司的生产经营管理,组织实施董事会决议等。监事会对公司财务、董事和高级管理人员执行公司职务的行为进行监督等。由此可见,成立公司制企业要比成立其他类型的企业难度大,需要构建更复杂的组织结构,处理更多的利益关系,还要制定详细、具体的公司规章制度,以规范公司的运作。此外,公司制企业还有一个缺陷,公司作为一个独立法人,必须像自然人一样为其经营所得缴纳所得税,净利润再由股东进行分配,股东获得现金股利后,还要再次缴纳个人所得税,这就造成了重复纳税。

目前,公司制企业已经成为最重要的企业组织类型,本书所讲的财务管理主要是指股份有限公司的财务管理。这种公司制企业组织形式,相比其他企业组织形式,有较多优势。首先,所有权转移相对容易,由于公司的存在与谁持股无关,投资者转售、撤资、死亡,或者被下一代继承都不会影响公司存续,管理层依然可以保证公司的正常运作。其次,可以提高公司筹资能力。公司作为法人,可以公司名义举债;同时,由于股东的人数可以非常庞大,极大扩展了公司的资金来源,公司可以采用增发新股的方式吸纳新的资金进入,不断扩容股东数量。随着公司实力的增强也可带动其信用水平提升,进而提高了债务融资能力,大大拓宽融资渠道。

二、财务机构

(一) 财务管理机构的设置

企业财务管理机构的设置,因企业规模大小不同而有所不同。一般来说,在大中型企业中,总经理负责管理企业的生产经营管理,总经理下面设若干副总经理,分别负责不同部门的经营与管理,负责向财务总监报告的是财务经理和会计经理。财务管理机构设置财务机构与会计机构,财务经理负责投资、筹资、营运资金和分配管理,会计经理则主管公司会计和税务部门的工作。在小型企业中,一般财务机构与会计机构合并设置在一起。

(二) 财务经理的职责

财务经理的主要工作是围绕公司财务管理目标,通过投资、筹资、营运资金和分配管理为公司创造价值,最终实现公司目标。具体工作有:①财务经理通过分析公司内外环境、预测公司未来发展前景来制定相应的财务计划;②通过投资使公司价值增值,获取满足公司或股东预期收益率的要求;③主管财务部门的全部工作,负责与公司其他部门经理沟通和协调,以确保财务计划的顺利实施和整个公司运营效率的提升;④根据公司发展需要及时和经济合理地筹措资金。

三、财务管理体制

财务管理体制是关于企业财务管理方面权责利关系的一种制度,明确各财务层级财务权限、责任和利益关系,是财务关系的具体表现形式。一般而言,财务管理体制按集权化程度可分为集权式、分权式和混合式财务管理体制。

集权式财务管理体制,主要是指重大财务决策权、下属公司高级财务管理者任免权都集中在母公司,母公司对子公司或分公司采取严格控制和统一管理方式的财务管理体制。集权式财务管理体制的优点在于:统一决策,有利于各项财务管理活动能够实现公司整体财务目标;最大限度地发挥公司内部各项资源的整合优势,实现企业总体目标;有利于利用母公司财务专业水平,降低子公司财务风险和经营风险;有利于统一调配资金,降低资金成本,提高资金使用效率。集权式财务管理体制的缺点在于:最高决策管理层必须具有很强的管理水平与能力,否则可能导致主观臆断,以致出现重大决策错误;财务管理权高度集中于母公司,影响子公司管理者的积极性、灵活性和创造性;可能由于信息传递时间长,延误决策最佳时机。

分权式财务管理体制主要是指大部分的重大财务决策权和下属公司高级财务管理者任免权集中在子公司,母公司对子公司采取以间接管理方式为主的财务管理体制。分权式财务管理体制的优点:可以调动子公司管理者的积极性;子公司相对母公司,距离市场近,市场信息反应灵敏,决策快,易于抓住商业机会;释放母公司最高层管理人员的时间和精力,从而集中于企业的战略决策问题。分权式财务管理体制的缺点主要有:难以统一指挥和协调,有的子公司因追求自身利益而忽视甚至损害公司整体利益;母公司财务调控功能弱化,不利于及时发现子公司面临的风险和重大问题;难以有效约束子公司经营者。

混合式财务管理体制是适度的集权与适度的分权相结合的财务管理体制。恰当的集权与分权相结合既能发挥母公司财务调控职能,激发子公司的积极性和创造性,又能约束子公司经营者和有效控制子公司的风险。实际应用中如何把握其中的"度",是一大难题,企业要结合实际情况分析与权衡。

四、企业价值创造

企业通过财务管理活动创造价值。所有者或股东将资金或是收到的政府补贴投入企业,通过四项基本的财务管理活动,资金在企业内部和外部进行流转、交换,创造了更多的资金,最终获得价值增值。企业投资活动就是在不同的备选投资项目中进行评价与选择,以获得最优资产组合,在控制风险的前提下,尽可能地获得最大的投资回报,以确保企业价值的稳步提升;筹资活动则是在短期、长期债权与股权融资之间进行选择,以形成最优资本结构,可以较低的资本成本和较低的风险获得资金;企业在日常生产经营中通常会发生现金流入与现金流出之间不匹配的情况,企业需要平衡流动资产和流动负债,加快资金周转速度,减少经营风险,从而提高资金使用效率,为提升企业价值提供业绩支持。此外,企业财务管理目标还需兼顾多方利益主体的需求,将企业创造的价值在利益主体间进行合理分配。企业四项基本财务管理活动只有互相协调、统筹规划,才能保证企业健康发展,实现企业价值增值。

第四节 财务管理环境

任何管理活动都离不开管理环境,财务管理活动也不例外。财务管理环境主要是指对财务管理活动产生重要影响的所有内部和外部环境。财务管理内部环境主要包括企业文化、企业管理水平、企业竞争力等;外部环境主要有经济环境、法律环境、金融环境、科技环境、文化环境等,本书主要介绍经济环境、法律环境、金融环境。

一、经济环境

财务管理活动面临的经济环境因素主要有经济周期、经济发展水平和宏观经济政策等。

经济周期是指在市场经济条件下,经济发展与运行大体上经历复苏、繁荣、衰退和萧条几个阶段的循环。在不同的经济周期企业应采用不同的财务管理策略,比如在经济进入衰退或萧条时期,社会资金十分短缺,利率上涨,企业筹资非常困难,此时企业应收缩规模,减少风险投资,保持稳定收益;当经济进入繁荣时期,市场需求增加,此时社会资金一般较充裕,企业应迅速筹集资金,增加投资,扩大生产规模,满足市场需求,增加收益。

经济发展水平是指一个国家经济发展的规模、速度和所达到的水准。反映一个国家经济发展水平的常用指标有国民生产总值、国民收入、人均国民收入、经济发展速度、经济增长速度。一个国家或地区经济发展水平高,则人们对物质的需求丰富和多样,有利于企业投资与发展。

宏观经济政策主要包括金融政策、财税政策、价格政策等,这些宏观经济政策都会影响企业财务管理活动,比如金融政策中货币的发行量、信贷规模会影响企业的资金来源和筹资规模。

二、法律环境

财务管理活动面临的法律环境因素主要有企业组织形式、公司治理的有关规定、税收法规等。企业组织形式如本章第三节所述,主要包括个人独资企业、合伙制企业和公司制企业。

公司治理的有关规定主要是关于公司控制权和剩余索取权分配的一套法律、制度及文化的安排,涉及所有者、董事会和高级管理者等之间权力分配和制衡关系。比如公司法规定,公司最高权力机构是股东大会,董事会是对股东大会负责的决策机构,高级管理层是对董事会负责的决策层。此外,还有《关于在上市公司建立独立董事制度的指导意见》《上市公司治理准则》《上市公司股东大会规范意见》《上市公司章程指引》等法律法规及《关于提高上市公司质量的意见》等文件为公司建立完善的治理结构并规范运作提供法律法规依据。

税收是国家参与经济管理、实行宏观调控的重要手段之一。企业财务决策应当适应税收政策的导向,合理安排企业资金使用和分配,以实现企业目标和达到最佳经济效益。税收类型主要有增值税、消费税、所得税等。

三、金融环境

企业资金的取得,除了自有资金外,主要从金融机构和金融市场取得。因而,金融政策会影响企业的筹资、投资和资金运营活动。

金融机构包括银行业金融机构和其他金融机构,银行业金融机构主要有各种商业银行和政策性银行,其他金融机构包括金融资产管理公司、信托公司、财务公司和金融租赁公司等。

金融工具是能够证明债权债务关系或所有权关系并据以进行货币资金交易的合法凭证。金融工具按期限不同可分为货币市场工具和资本市场工具,货币市场工具如商业票据、国库券、可转让大额定期存单等,资本市场工具如股票和债券等。

金融市场则是为资金供应者和资金需求者双方通过金融工具进行交易的场所,如证券交易所和场外交易市场。金融市场因素中还需要关注的一个重要指标就是利率,也称为利息率,是利息占本金的百分比指标,利率是一定时期内运用资金资源的交易价格,在企业财务决策中起着重要作用。

 小贴士

企业的收益必须进行合理的分配:分配的时候要体现效率与公平,也就是说分配方式既要有利于企业的进一步发展,又能够激发各参与主体的积极性、主动性和创造性,在分配的过程中体现社会的公平与正义,只有这样才有利于实现社会成员共同富裕这一目标,这是践行社会主义核心价值观的要求,也是发展社会主义的本质要求。

第五节　大数据时代的财务管理

从第四节我们可知,财务管理活动会受到内部和外部环境的影响。当今世界,信息技术创新日新月异,数字化、网络化、智能化深入发展,大数据作为一种特定的信息技术类型与人类生产生活不断融合,其快速发展对社会、经济、科技、文化等各个领域都产生了重大而深刻的影响。与此同时,企业财务管理也将面临新的挑战与变革。

一、大数据概述

(一) 大数据的概念

大数据(big data)是现有数据库管理工具和传统数据处理应用很难处理的大型、复杂的数据集合,是需要新处理模式才能具有更强的决策力、洞察发现力和流程优化能力的信息资产。大数据正快速发展为对数量巨大、来源分散、格式多样的数据进行采集、存储和关联分析,从中发现新知识、创造新价值、提升新能力的新一代信息技术和服务业态(国务院,2015)。大数据包含着三个层面的含义:第一,大数据是一种生产要素。在数字经济时代,数据所蕴含的巨大创新价值,对于商业模式创新、产业数字化转型、经济高质量发展、治理能力现代化乃至重大科学发现都是必不可少的。第二,大数据是一种洞察能力。大数据不仅仅只是一个大的数据集,它的实质是一种基于数据的洞察能力。通过对高度关联的数据的分析中获取知识和价值,提升用数据说话、用数据管理、用数据创新、用数据决策的能力。第三,大数据是一种思维方式。随着大数据技术的深入应用,大数据专家学者提出了大数据思维,比如系统性思维、容错性思维、开放性思维、相关性思维、智能性思维等。

(二) 大数据的特征

一般认为,大数据主要具有海量性(volume)、多样性(varity)、高速性(velocity)和价值性(value)四个方面的典型特征,即所谓的"4V"。

1. 海量性

大数据的特征首先就是数据规模大,海量的数据。随着互联网、物联网、移动互联技术的发展,人和事物的所有轨迹都可以被记录下来,金融交易、投融资活动、客户互动和物联网等各类数据呈现出爆发性增长、海量聚集。数据的级别已从 TB 级别跃升到 PB、EB、ZB 等级别。

2. 多样性

数据来源的广泛性,决定了数据形式的多样性。物联网、云计算、移动互联网、车联网、手机、平板电脑、PC 以及遍布地球各个角落的各种各样的传感器,都在产生各种类型的数据。企业从合作伙伴、客户、业务部门甚至员工收集信息的能力也越来越强。大数据可以分为三类:一是结构化数据,如财务系统数据、信息管理系统数据、医疗系统数据等,其特点是数据间因果关系强;二是非结构化的数据,如地理位置、视频、图片、音频、网络日志等,其特点是数据间没有因果关系;三是半结构化数据,如 XML/HTML 文档、文本、邮件、网页等,其特点是数据间的因果关系弱。

3. 高速性

数据的增长速度和处理速度是大数据高速性的重要体现。与以往的报纸、书信等传统数据载体生产传播方式不同,在大数据时代,大数据的交换和传播主要是通过互联网和云计算等方式实现的,其生产和传播数据的速度是非常迅速的。另外,大数据还要求处理数据的响应速度要快,例如,上亿条数据的分析必须在几秒内完成。数据的输入、处理与丢弃必须立刻见效,几乎无延迟。

4. 价值性

大数据的核心特征是价值,大数据商业价值高,但是价值密度低,单个数据的价值很低,只有大量数据聚合起来,才能体现出大数据计算的价值即基于高度分析的新价值。可见,大数据价值密度的高低和数据总量的大小是成反比的,即数据价值密度越高数据总量越小,数据价值密度越低数据总量越大。企业如果能从海量数据中发掘出更符合用户兴趣和习惯的产品和服务,发掘出更有发展前景的投资项目、市场或者新兴行业,大数据将成为企业竞争力的重要来源。

(三) 大数据技术、大数据资源和大数据产业的关系

理解大数据,还要明白大数据技术、大数据资源和大数据产业的关系。大数据技术是指采集获取汇聚处理数据的技术总称,包括数据的采集、数据预处理、分布式存储、数据库、数据仓库、机器学习、并行计算、可视化等;而大数据资源是指数据本身,是从资源利用的角度出发的,主要关心数据从哪里来、如何确权、如何治理、如何共享、如何交易流通、如何分析利用等问题。大数据产业则利用大数据技术作用于大数据资源,解决产业化落地问题。对大多数读者而言,主要从资源利用视角即可。

二、大数据对财务管理的影响

第一,大数据有利于降低企业财务管理的风险。企业在变化莫测的市场中应对突如其来的各种困难,往往会给企业带来严重的财务风险。企业利用大数据管理,通过数据进行管

理赋能、技术赋能,实现精细化管理,能有效预测和正确管理财务风险的根源,及时规避,避免造成不必要的经济损失。

第二,大数据有利于企业优化财务管理决策。大数据时代下企业在进行投融资管理、营运管理、财务预测、财务预算、财务分析等财务管理活动时,将要面临海量的商业数据,有了大数据库技术支持,企业可以从海量数据中爬取数据、数据处理、可视化分析等,从而形成财务大数据分析报告为决策者提供及时准确的参考,有利于促进企业财务管理决策水平,提高财务管理决策的有效性和准确性。

第三,大数据有利于企业提高财务管理的效率。在传统财务管理上,企业为了实现财务管理目标往往付出了较多的人力、财力等,进而导致资本的浪费,在一定程度上也造成了劳动的浪费和时间的延迟。而在大数据时代,企业财务管理可以把众多信息融合在一起,形成较为清晰的数据变化趋势。首先大数据可存储大量的数据信息,建立信息化的共享数据平台,企业可随时查找自己所需要的信息,实现大数据下的共享功能,从而节约人力成本。其次,大数据还可搜集大量可利用的数据信息并准确核算企业的财务支出、与预算校验并调整、进行财务分析与预测等,真正实现财务高效管理。

三、大数据时代企业财务管理面临的挑战与变革

大数据时代下,企业财务管理将面临新一轮的挑战与变革。

(一)大数据时代企业财务管理面临的挑战

1. 大数据对财务管理理念提出新的要求

作为一种特定的认知视角及其尺度,大数据日益深刻地改变着人们看待世界的角度和理解生活的方式。在大数据时代背景下,人们通过计算机及高端技术在网络上完成信息搜集。这种结合计算机的网络操作是财务管理目前主要的操作方式,也是企业经营管理体系中的重要环节,不仅影响着企业整体的经营效果,还决定着企业长远的发展。大数据的发展为企业财务管理创新提供了新的经营方式和理念,使得企业在变化莫测的市场中不断提高应变能力。所以,在大数据时代背景下,企业一定要紧跟时代发展的潮流,更新财务管理理念,在固守传统精华的同时,更要有革故鼎新,重视财务管理创新,树立正确的大数据管理意识,更新财务管理组织结构,促进企业财务大数据管理的实现,方能在迎面而来的大数据浪潮中行稳致远。

2. 大数据对现有财务制度设计升级到新的高度

大数据自带海量、高速、繁杂,实效等固有的个性,对现有的财务制度提出了新的挑战。要充分利用大数据带来的便捷和高效,在制度方面需要进行顶层设计,同时对现有的制度进行修订,既要讲规范,又要讲实效。

3. 大数据对财务管理决策所依据的信息的真实性保障度要求更高

大数据具有相对模糊性,包含一些虚假不实的信息。在大数据时代,信息传播主体多元化、传播渠道多样化,信息扩散能力更强,在传播过程中极容易产生数据造假的现象。数据

资源的共有共享给人们的生活带来前所未有的高效、便捷、可量化的维度,同时也为数据泄露开启了便利之门。信息的不当传播会导致企业决策失误,而且大数据信息包含很多商业机密,一旦泄露,对企业的影响将是非常严重的。因此,要积极倡导信息的科学传播、健康传播,净化信息传播环境。

4. 大数据对财务人员的要求更高,需要更高素质的财务队伍

传统的财务管理主要是依托财务现有的或历史的数据进行分析和管理,信息比较单一、精确度要求不高、类别不繁杂,财务人员的信息处理压力不高。而大数据时代,财务信息来源广、复杂、庞大,对财务人员带来不可预见的压力和挑战,财务人员的信息处理压力日渐增加。大数据需要财务人员对从庞大的数据进行收集,对社会上零散的数据进行整合,将无序的数据转变成有价值的信息,对财务价值信息进行深挖,对数据进行专业化处理,需要实时交互式的查询效率和分析能力,这些都是大数据对财务人员提出新的要求,财务人员现有的知识和技能素养对大数据高效、精准、海量等要求还有很大差距。同时,企业财务人员也要提高辨别数据真伪的能力,防止盲目的数据崇拜,避免信息误判,从而影响企业财务管理决策。

(二) 大数据时代企业财务管理变革

1. 财务数据管理意识更新

随着互联网技术的发展,信息资本在企业管理中起着越来越重要的作用,企业也渐渐提高了对信息管理的重视程度。大数据平台为企业搜集各式各样的信息,为企业财务管理提供了许多便利,促进企业长远稳定的发展,但仍然有部分企业没有意识到大数据对于其长远发展的重要意义,无视大数据下财务管理的新变化,导致企业在市场竞争中的优势大大下降。所以,对于企业内部管理人员及企业高管来说,其应在日常工作中增强信息收集的意识,与大数据平台共同进步,同时树立正确的数据管理意识,抓住大数据时代的机遇,充分利用大数据这一生产要素,全方位提高企业的核心竞争力及财务管理效率。

2. 财务管理模式更新

财务管理模式在更新过程中首先应建立一种新的理财模式,优化资源配置,提高财务管理效率。由于企业日益将数字化视为核心竞争力,数字化不仅为众多企业带来新的业务增长点,不断拓展市场空间,也开始从底层改变其生产方式和管理模式。因此,大数据时代下企业财务管理应全方位、多角度、全链条的实时变革创新财务管理模式,运用数字化技术打通财务管理各个环节的关键节点,在一定程度上调整企业财务管理组织结构、优化财务管理效率,同时增强企业财务管理水平、监控能力及成本管理能力。

3. 财务管理过程潜在数据的优化处理,确保数据处理和分析的准确性和高效率,最终取得良好的数据处理效果

在大数据时代背景下,企业要加强自身层面的财务风险管理,做好预算信息管理,避免造成信息资源的浪费;增加多层次保障,确保企业财务管理决策所使用的信息的真实性;同时,提高隐私安全意识,在信息共享和传播的同时主动有意识地避免关键数据,共同维护隐私安全和数据安全。

4. 构建大数据共享平台

大数据为企业创造了无形资产,但大数据作为一种新型资源库,信息内容多且容量大,如何将这些信息进行有效利用成为当下企业应思考的问题。因此,一方面,企业管理人员内部需建立信息共享平台,将众多信息集中在一起进行资源共享,协同管理数据资产相关资源,为业务部门提供数据支持,提高企业各部门的工作效率。另一方面,企业也可从大数据中寻找商机,将各业务场景抽象为数据产品,通过标准化和自动化思路抽象产品功能并进行分析,为财务管理决策提供高质量参考,提高财务管理的内在价值,促进企业的长远发展。

本章小结

本章讲述了财务管理的概念、财务管理的内容、财务管理的目标、企业组织类型与财务机构、财务管理环境等内容,包含以下要点。

(1) 企业财务管理是企业为了实现既定目标而开展财务活动、处理财务关系的一项经济管理工作。财务活动包括企业筹资活动、企业投资活动、企业资金运营活动、企业分配活动。企业财务关系是指企业在开展财务活动的过程中与各有关方面发生的经济关系。企业财务关系包括:企业与其投资者之间的财务关系、企业与其债权人之间的财务关系、企业与税务机关的财务关系、企业与其被投资企业单位的财务关系、企业与其债务人的财务关系、企业内部各单位之间的财务关系、企业与职工之间的财务关系等。

(2) 财务管理的目标是企业通过组织财务活动、处理财务关系所期望实现的根本目的。常见的财务管理目标表达有利润最大化目标、股东财富最大化目标等。

(3) 所有权和控制权相分离形成了股东和经营者、债权人和股东之间的委托—代理关系。委托—代理关系是代理问题产生的根源。

(4) 企业组织类型中最主要的三种是个人独资企业、合伙制企业和公司制企业。

(5) 财务管理机构与体制。财务管理机构一般有财务机构与会计机构,财务经理的职责主要是围绕公司财务管理目标通过财务活动为公司创造价值,最终实现公司目标。财务管理体制按集权化程度可分为集权式、分权式和混合式财务管理体制。

(6) 财务管理环境包括内部环境和外部环境。财务管理内部环境主要包括企业文化、企业管理水平、企业竞争力等;外部环境主要有经济环境、法律环境、金融环境、科技环境、文化环境等,本书主要介绍经济环境、法律环境、金融环境。

本章重要概念

财务管理(financial management)

财务管理目标(objective of financial management)

个人独资企业(sole proprietorship)

合伙企业(partnership)

股份有限公司(corporation)

有限责任公司(limited liability company)
利润最大化(profit maximization)
股东财富最大化(stockholder wealth maximization)
财务经理(financial manager)
代理问题(agency problem)
代理成本(agency cost)

本章思考题

(1) 企业财务管理的目标有哪几种具有代表性的理论？它们各有哪些优缺点？您主张哪一种理论？为什么？

(2) 该用什么标准去评价一个企业的成功或失败？

(3) 企业财务管理环境包括哪些内容？

(4) 追求股东财富最大化时，怎样考虑其他利益相关者？

(5) 企业财务活动四个方面之间的关系如何？

案 例

复星助力国家抗疫

自2020年1月新型冠状病毒疫情出现以来，复星始终紧密关注一线医疗物资补给，在全球范围内采购防疫物资，并与各方通力合作不间断输送，捐赠医疗物资等。

在1月28日的浦东机场物资抵达现场，复星国际联席总裁徐晓亮代表复星捐赠，上海市政府副秘书长尚玉英代表市政府接收了这批物资。据悉，这是复星在全球紧急采购、调配的第一批疫区急需医疗物资，也是首批抵达上海的海外调配物资。在上海浦东机场交接现场，徐晓亮曾介绍说："复星全球医疗物资调配计划仍在持续推进中，在英国、德国、印度、美国等地采购的医疗物资，正快速完成各种手续，力争尽快运回国内。"

这批海外物资的及时驰援，除了复星总部和德国、印度团队的多方努力之外，复星得到外交部、驻德国、印度等国使馆，上海市有关部门，以及德国海关等部门的全力支持。

复星掌门人郭广昌表示："从我们启动全球物资调配计划开始到第一批防护服运回国内，仅用了不到4天的时间。跨国、跨部门的沟通如此高效，真正体现了人类命运共同体的精神，也让我们更加坚定了信心。复星将发挥全球资源调度的优势，全力以赴支援国内疫区防控，为早日战胜疫情尽一份力。"

此外，复星从印度采购的10万只口罩也将在28日晚上8点20分左右抵达上海浦东机场。这10万只口罩为霍尼韦尔N95型号，符合国家卫健委医用防护标准。

除上述物资之外，还有来自葡萄牙的1万多只口罩和来自日本的1900多件防护服、900多个口罩、英国的3.2万件防护服等物资，甚至通过"人肉"托运、肩背手提也已运抵上海，正在向疫区转运。截至1月25日夜间，复星在全球范围已确认购得医疗物资共计近60万件，其中，医疗口罩超33万个，防护服超27万套。

从国家卫健委得知国家医疗队紧缺防护服消息的第一时间，复星基金会与战略合作伙伴中国光彩事业基金会决定共同捐赠 5 000 件医疗级防护服,并以最快的速度组织运往武汉。据悉,这批防护服将被迅速分发至国家医疗队的医护人员,为有效缓解一线防控疫情工作贡献一份力量。

复星紧急调拨 5 000 件医疗级防护服,组织货运专车从上海出发,并于 2 月 5 日下午送抵华中科技大学同济医学院。值得一提的是,其中 2 000 件防护服是最高等级防护服,可进入"红区"(重症感染区),也是前线最为紧缺的物资。

为了应对疫情,复星在第一时间启动全球调配医疗物资计划,充分发挥自身优势,发动全球合伙人、各区域团队和全球首席代表体系,在全球寻找疫区最急缺的医疗级防护服、口罩等重点医疗物资,并打通采购、清关及物流的绿色通道,以最快速度运达防疫前线。

资料来源:新浪财经、证券日报、WIND 数据库整理而得.

思考题:
(1) 理解企业经营者和财务管理者职业道德要求?
(2) 履行社会责任的意义以及企业应如何履行社会责任?

案 例

康美药业财务造假

康美药业在 2016 年 1 月 1 日至 2018 年 12 月 31 日期间,在未经过决策审批或授权程序的情况下,累计向控股股东及其关联方提供非经营性资金 11 619 130 802.74 元用于购买股票、替控股股东及其关联方偿还融资本息、垫付解质押款或支付收购溢价款等用途。

康美药业在 2018 年年度报告中将前期未纳入报表的亳州华佗国际中药城、普宁中药城、普宁中药城中医馆、亳州新世界、甘肃陇西中药城、玉林中药产业园 6 个工程项目纳入表内,分别调增固定资产 11.89 亿元,调增在建工程 4.01 亿元,调增投资性房地产 20.15 亿元,合计调增资产总额 36.05 亿元。经查,2018 年年度报告调整纳入表内的 6 个工程项目不满足会计确认和计量条件,虚增固定资产 11.89 亿元,虚增在建工程 4.01 亿元,虚增投资性房地产 20.15 亿元。

2016 年 1 月 1 日至 2018 年 6 月 30 日期间,康美药业通过财务不记账、虚假记账,伪造、变造大额定期存单或银行对账单,配合营业收入造假、伪造销售回款等方式,虚增货币资金。通过上述方式,康美药业 2016 年年度报告虚增货币资金 22 548 513 485.42 元,占公司披露总资产的 41.13%和净资产的 76.74%;2017 年年度报告虚增货币资金 29 944 309 821.45 元,占公司披露总资产的 43.57%和净资产的 93.18%;2018 年半年度报告虚增货币资金 36 188 038 359.50 元,占公司披露总资产的 45.96%和净资产的 108.24%。

2016 年年度报告虚增营业收入 89.99 亿元,多计利息收入 1.51 亿元,虚增营业利润 6.56 亿元,占合并利润表当期披露利润总额的 16.44%。2017 年年度报告虚增营业收入 100.32 亿元,多计利息收入 2.28 亿元,虚增营业利润 12.51 亿元,占合并利润表当期披露利润总额的 25.91%。2018 年半年度报告虚增营业收入 84.84 亿元,多计利息收入 1.31 亿元,虚增营业利润 20.29 亿元,占合并利润表当期披露利润总额的 65.52%。2018 年年度报告虚增营业收入 16.13 亿元,虚增营业利润 1.65 亿元,占合并利润表当期披露利润总额的 12.11%。

马兴田，担任康美药业董事长、总经理，全面管理公司事务，组织安排相关人员将上市公司资金转移到其控制的关联方，且未在定期报告里披露相关情况；同时为掩盖上市公司资金被关联方长期占用、虚构公司经营业绩等违法事实，组织策划康美药业相关人员通过虚增营业收入、虚增货币资金等方式实施财务造假，明知康美药业2016年至2018年的年度报告披露数据存在虚假，仍然签字并承诺保证相关文件真实、准确、完整，直接导致康美药业披露的定期报告存在虚假陈述，是康美药业信息披露违法行为直接负责的主管人员。马兴田除依据上述身份实施违法行为外，同时作为实际控制人存在指使信息披露违法行为。

许冬瑾，作为康美药业实际控制人，担任康美药业副董事长、副总经理及主管会计工作的负责人，协助马兴田管理公司事务，与马兴田共同组织安排相关人员将上市公司资金转移到其控制的关联方，知悉马兴田组织相关人员实施财务造假；明知康美药业2016年至2018年的年度报告披露数据存在虚假，仍然签字并承诺保证相关文件真实、准确、完整，直接导致康美药业披露的定期报告存在虚假陈述，是康美药业信息披露违法行为直接负责的主管人员。许冬瑾除依据上述身份实施违法行为外，同时作为实际控制人存在指使信息披露违法行为。

邱锡伟，作为时任康美药业董事、副总经理和董事会秘书，主管公司信息披露事务，对公司定期报告的真实性、完整性、准确性承担主要责任，并在2016年至2018年的年度报告上签字；根据马兴田的授意安排，组织相关人员将上市公司资金转移至控股股东及其关联方，组织策划公司相关人员实施、并亲自参与实施财务造假行为，直接导致康美药业披露的定期报告存在虚假陈述，是康美药业信息披露违法行为直接负责的主管人员。

庄义清，作为康美药业财务总监，组织财务会计部门按规定进行会计核算和编制财务报告。其作为财务负责人，在2016年至2018年的年度报告上签字和声明，承诺保证相关文件真实、准确、完整，应当对康美药业披露的定期报告存在虚假陈述承担法律责任，是康美药业信息披露违法行为的其他直接责任人员。

温少生，先后担任康美药业职工监事、总经理助理、副总经理，协助董事会秘书和财务负责人分管财务工作，并在2016年至2018年的年度报告上投赞成票或签字；根据马兴田、邱锡伟的授意安排，组织相关人员将上市公司资金转移至控股股东及其关联方，组织协调公司相关人员实施财务造假及信息披露违法行为，应当对康美药业披露的定期报告存在虚假陈述承担法律责任，是康美药业信息披露违法行为的其他直接责任人员。

马焕洲，作为康美药业监事和财务部总监助理，分管出纳工作，在2016年至2018年的年度报告审议中投赞成票；根据马兴田等人安排，参与财务造假工作，应当对康美药业披露的定期报告存在虚假陈述承担法律责任，是康美药业信息披露违法行为的其他直接责任人员。

马兴田、许冬瑾、邱锡伟在康美药业信息披露违法行为中居于核心地位，是最主要的决策者、实施者，直接组织、策划、领导并实施了涉案违法行为；庄义清、温少生、马焕洲，涉案信息披露违法行为的发生与其职责、具体实施行为直接相关，其行为与康美药业信息披露违法行为的发生具有紧密联系。这些企业经营者和财务管理者的行为损害了企业利益、投资者利益及相关利益者的利益，产生了不良的社会效应。

资料来源：新浪财经、中国证券管理监督委员会、WIND数据库，作者有整理。

思考：结合案例，如何理解企业经营者和财务管理者职业道德要求？企业、投资者及相关利益者利益如何保障？如何理解履行社会责任的意义及企业应如何履行社会责任？

第二章 财务管理的基础概念

◆ **学习目标**

1. 理解时间价值的基本概念。
2. 掌握时间价值的计算。
3. 理解风险报酬的概念。
4. 掌握风险报酬的计量。
5. 掌握证券的估价方法。

◆ **知识框架**

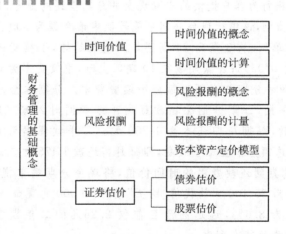

◆ **内容提要**

　　财务管理活动实际上就是一种权衡的过程,它包括成本与效益的权衡、风险与收益的权衡。在成本与效益的权衡中,需要将不同时点的收入和支出放在同一时点进行比较,这就需要借助货币的时间价值观念;在风险与收益的权衡中,也需要找出企业所得收益与所愿意承担风险的均衡点。因此,在财务管理中考虑时间价值和风险价值就成为财务管理工作所必须具备的、重要的价值观念。

◆ **重点难点**

1. 时间价值的计算。

2. 风险报酬的计算。

3. 证券估价的计算。

引 例

　　货币的时间价值是指货币经历一定时间的投资和再投资所增加的价值。根据定义，通俗的讲法就是当前持有一定量的货币比未来获得等量的货币具有更强的购买力。如果要将一单位货币不在当前消费而选择在未来进行消费，则在从当今到未来发生消费的一段时间里，消费者应该获得额外的货币或者货币等价物，作为延迟当前消费的贴水。

　　利率是货币时间价值最直观的表现，假设在自由市场条件下，现在一年期银行定期存款的利率为5%，今天将1元钱存入银行，1年以后存款人将获得1.05元，即经过1年，存款人获得了0.05元的增值，这0.05元就可被视为这1元货币在从存款日起之后1年时间的使用权的价格。各个时间点的货币时间价值是不同的，假设三个月后政府为了刺激经济，采取宽松的货币政策，大量发行货币，将导致市场利率下行。若三个月后由于宽松的货币政策使货币供给充裕，市场利率降到了3%，则三个月后的那一天，存款人去银行存一年定期，在1年后存款人将只获得0.03元的收益，即到了那时，1元钱1年的使用权将只能"卖"0.03元，比之前降低了0.02元。反之，若政府采取紧缩的货币政策，随着市场上流通货币的减少，货币的价格也将随之上升。

　　现金分期是指银行为客户提供的支取现金并分期偿还的业务，以正在大力推广现金分期业务的一家银行为例，该银行现金分期单笔最低申请金额为300元，最高为50 000元，还款期数以月为基本单位，从3期到24期不等。期数越短，手续费率就越高。还款期数为3期时，手续费率为0.95%；还款期数在10期以上时，手续费率为0.75%。根据该银行官网显示，每期手续费＝分期总金额×每期手续费费率。分期本金总额以月为单位平均摊还，余数计入最后一期，每期分期金额和每期手续费同时入账。以预支现金3万元，分24期等额本金还款，每期应归还本金1 250元。月手续费率为0.75%，每月手续费为225元。每月还款总额为本金＋手续费，即每月需还款1 475元。总手续费为225×24，即5 400元。若不考虑期间还款费用的时间价值，将现金分期简单视为一次还款付息模型，相当于客户以2年后35 400元的代价"购买"银行30 000元现金当前的使用权利，根据复利计算公式，利率为8.6%，远远高于目前仅2.25%的二年期银行存款利率，也高于4.75%的同一时期贷款基准利率。

　　资料来源：新浪财经。

第一节　时间价值

一、时间价值的概念

　　资金的时间价值(time value of money)，是指资金经历一定时间的投资和再投资所增加的价值，也称为货币的时间价值。

　　在商品经济中，有这样一种现象，现在的100元和一年后的100元其经济价值不相等，或者说其经济效用不同,现在的10元比将来的10元经济价值要大一些,即使不存在通货膨胀也是如此。为什么会这样呢?例如,将现在的100元存入银行,存款利率为4%,这100元经过一年时间,其投资价值就会增加4元,这就是资金的时间价值。也就是说,资金的时间价值在周转使用中由于时间因素所形成的差额价值,是资金在生产经营过程中带来的增值。

根据货币具有时间价值的理论,可以将某一时点的货币价值金额折算为其他时点的价值金额。由于资金随时间的延续而增值,不同时间的资金收支不宜直接进行比较,需要把它们换算到相同的时间基础上,然后才能进行大小的比较和比率的计算。由于资金随时间的增长过程与利息的增值过程在数学上相似,因此,为便于研究问题,通常在讲述资金时间价值的计算时都采用抽象分析法,即假设没有风险和通货膨胀,以利息率代表资金时间价值,本章也是以此假设为基础的。

 小贴士

资金时间价值可以通过单利计息和复利计息,不同计息方法,本息和有很大差异。"校园贷"就是一种高计息的方法。假设某大学生借了1.2万元,以1年为期,按名校贷官网的还款方式,每个月要还1 118.8元,1年要还13 425.6元,其月息率高达0.99%,而中国银行同期月息为0.36%。大学生要有理性的消费观念,认识"校园贷"的本质和危害,不要因为盲目攀比的消费活动而给自身和家庭造成经济及精神压力。

二、时间价值的计算

(一) 一次性收付款的终值和现值

在某一特定时间一次性支付(或收取),经过一段时间后再相应地一次性收取(或支付)的款项,即为一次性收付款项。这种收付款项的方法在我们的经济生活中经常遇到。一次性收付款项的利率计算方法包括两种,即单利计算和复利计算。在计算货币时间价值时,货币资金的现值和终值是两个非常重要的因素。例如,存入银行1 000元,复利率为10%,3年后一次性得到本利和为13 310元,这里的10 000元就是现值,13 310元即是3年后的终值。

由上可以得出,现值(present value)就是货币运用起点时的价值,也称本金;终值(future value)也称本利和,是货币运用终点时的价值,即一定量货币在未来某一时间点上的价值。它们分为单利的终值和现值、复利的终值和现值两部分内容。

1. 单利的计算

单利是最简单的计算利息的方法。它只要本金在贷款期限中获得利息,不管时间多长,所产生利息均不加入本金重复计算利息。这里的本金是指初始投资投入的货币额。利息是指投资者收取的超过本金部分的货币金额。

在单利计算中,经常使用以下符号:P为现值,又称本金;i为每一利息期的利率;I为利息;F为终值,又称本利和;n为计算利息的期数。单利终值计算的公式为

$$F = P + P \times i \times n \tag{2-1}$$

【例2-1】 某企业将1 000元的现金存入银行,存期5年,年利率为10%,5年后该企业可得到的本利和为

$$F = P + P \times i \times n = 1\,000 + 1\,000 \times 10\% \times 5 = 1\,500(元)$$

单利现值计算同单利终值计算是互逆的,由终值计算现值的过程称为折现或贴现,其计算公式为

$$P = F \div (1 + i \times n) \tag{2-2}$$

【例2-2】 某人希望在10年后取得的本利和为1 100元,用以支付一笔款项。在利率为10%,采用单利计息方式的前提下,此人现在须存入银行的资金为

$$P = F \div (1 + i \times n) = 1\,100 \div (1 + 10\% \times 10) = 550(元)$$

2. 复利的计算

复利不同于单利,它是指每经过一个计息期,要将该期所派生的利息加入本金再计算利息,逐期滚动计算,俗称"利滚利"。这里所说的计息期,是指相邻两次计息间隔,如年、月、日等。除非特别说明,计息期一般为1年。

1) 复利终值的计算

复利终值是指一定数量的本金在一定的利率下按照复利计算出的若干时期以后的本利和。其计算公式为

$$FV_n = PV \times (1 + i)^n \tag{2-3}$$

式中,$(1+i)^n$ 称为复利终值系数(future value interest factor),也可以写成 $FVIF_{i,n}$ 或 $(F/P, i, n)$,因此复利终值的计算公式也可以写为

$$FV_n = PV \times (1 + i)^n = PV \times FVIF_{i,n} \tag{2-4}$$

【例2-3】 企业将1 000万元存入银行,以便6年以后用于一项投资。假设存款利率为10%,以复利计息,则6年后该企业从银行可以取出多少钱用于投资?

$$FV_n = PV \times (1+i)^n = PV \times FVIF_{i,n} = 1\,000 \times (1+10\%)^6 = 1\,000 \times FVIF_{10\%,6}$$
$$= 1\,000 \times 1.772 = 1\,772(万元)$$

为了简化和加速计算,可查阅复利终值系数表,直接获得复利终值系数,具体如表2-1所示。

表2-1　1元的复利终值系数表

期数	5%	6%	7%	8%	9%	10%
1	1.050	1.060	1.070	1.080	1.090	1.100
2	1.103	1.124	1.145	1.166	1.188	1.210
3	1.158	1.191	1.225	1.260	1.295	1.331
4	1.216	1.262	1.311	1.360	1.412	1.464
5	1.276	1.338	1.403	1.469	1.539	1.611
6	1.340	1.419	1.501	1.587	1.677	1.772

2) 复利现值的计算

复利现值是指未来某一特定时间的资金按复利计算的现在价值,求复利现值实际上是求复利终值的逆运算,其计算公式为

$$PV=\frac{FV_n}{(1+i)^n}=FV_n\times\frac{1}{(1+i)^n} \tag{2-5}$$

式中，$\frac{1}{(1+i)^n}$ 称为复利现值系数或折现系数(present value interest)，也可以写成 $PVIF_{i,n}$ 或 $(P/F,i,n)$，则复利现值系数的公式可写为

$$PV=FV_n\times PVIF_{i,n} \tag{2-6}$$

为了简化计算，也可编制复利现值系数表（详见附录），表 2-2 是其简表。

表 2-2　1 元复利现值系数表

期数	5%	6%	7%	8%	9%	10%
1	0.952	0.943	0.935	0.926	0.917	0.909
2	0.907	0.890	0.873	0.857	0.842	0.826
3	0.864	0.840	0.816	0.794	0.772	0.751
4	0.823	0.792	0.763	0.735	0.708	0.683
5	0.784	0.747	0.713	0.681	0.650	0.621
6	0.746	0.705	0.666	0.630	0.596	0.565

【例 2-4】　某公司计划 5 年后以 1 000 万元进行投资，若银行存款利率为 5%，每年复利一次。则公司现在应存入多少钱才能保证 5 年后取得项目投资所需 1 000 万元？

$$PV=\frac{1\,000}{(1+5\%)^5}=1\,000\times PVIF_{5\%,5}=1\,000\times 0.784=784（万元）$$

（二）等额系列收付的货币时间价值衡量

在实际经济生活中，除了一次性收付款项外，还存在一定时期内每隔相同时间（如 1 年）就发生相同数额的系列收入或支出的款项。系列收付的款项如果每次金额相等则称为年金。年金是指一定时期内，每隔相同的时间，收入或支出相同金额的系列款项。例如，折旧、利息、租金、保险费、零存整取等都属于年金问题，具有连续性和等额性特点。年金要求在一定时间内隔相等时间就要发生一次收支业务，中间不得中断，必须形成系列，因此具有连续性；同时要求每期收款项、付款项的金额必须相等，因此也具有等额性。

年金根据每次收付发生的时点不同，可分为普通年金（后付年金）、先付年金（即付年金）、递延年金和永续年金四种。需要注意的是，在财务管理中讲到年金一般是指普通年金。

1. 普通年金

普通年金是指从第一期起，在一定时期内，间隔相等时间，在每期期末收入或支出相等金额的系列款项。每一间隔期，有期初和期末两个时点，由于普通年金在期末这个时点上发生收付，故又称后付年金。在现实生活中这种年金最为常见，因此也被称为普通年金。

1）普通年金的终值

普通年金终值是指一定时期内，每期期末等额的收付款的复利终值之和。如果普通年金相当于零存整取储蓄存款的零存数，则普通年金终值就犹如零存整取的整取数。其计算可如图 2-1 所示。

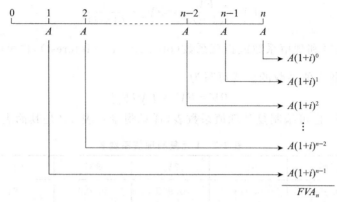

图 2-1 普通年金终值计算

由图 2-1 可知,设每年的收支额为 A,利率为 i,期数为 n,则按复利计算的年金终值 FVA_n 为

$$FVA_n = A \times (1+i)^0 + A \times (1+i)^1 + A \times (1+i)^2 + \cdots + A \times (1+i)^{n-2} + A \times (1+i)^{n-1}$$

等式两边同乘以 $(1+i)$:

$$(1+i)FVA_n = A \times (1+i)^1 + A \times (1+i)^2 + \cdots + A \times (1+i)^{n-1} + A \times (1+i)^n$$

上述两式相减得:

$$(1+i)FVA_n = A \times (1+i)^n - A$$

$$FVA_n = A \times \frac{(1+i)^n - 1}{i} \tag{2-7}$$

式中,$\frac{(1+i)^n - 1}{i}$ 称为普通年金终值系数(future value interest factor of an annuity),通常写作 $FVIFA_{i,n}$,或者 $(F/A, i, n)$,则年金终值的计算公式可以写成:

$$FVA_n = A \times FVIFA_{i,n} \tag{2-8}$$

为了简化计算,也可以编制年金终值系数表,其简表见表 2-3。

表 2-3　1 元年金终值系数表

期数	5%	6%	7%	8%	9%	10%
1	1.000	1.000	1.000	1.000	1.000	1.000
2	2.050	2.060	2.070	2.080	2.090	2.100
3	3.153	3.184	3.215	3.246	3.278	3.310
4	4.310	4.375	4.440	4.506	4.573	4.641
5	5.526	5.637	5.751	5.867	5.985	6.105
6	6.802	6.975	7.153	7.336	7.523	7.716

【例 2-5】 在银行存款利率 10% 的情况下,某人连续 5 年每年年末存入银行 1 000 元,请问他在第 5 年年末,可一次取出的本利和是多少?

$$FVA_n = A \times \frac{(1+i)^n - 1}{i} = 1\,000 \times \frac{(1+10\%)^5 - 1}{10\%} = 6\,105(元)$$

或

$$FVA_n = A \times FVIFA_{i,n} = 1\,000 \times 6.105 = 6\,105(元)$$

2) 普通年金的现值

普通年金现值是指为在每期期末取得相等金额的款项,现在需要投入的金额,计算原理如图 2-2 所示。

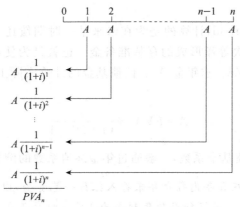

图 2-2　普通年金现值计算

由图 2-2 可知,年金现值的计算公式为

$$PVA_n = A \times (1+i)^{-1} + A \times (1+i)^{-2} + \cdots + A \times (1+i)^{-n}$$

等式两边同乘以 $(1+i)$:

$$(1+i)PVA_n = A \times (1+i)^0 + A \times (1+i)^{-1} + A \times (1+i)^{-2} + \cdots + A \times (1+i)^{-(n-1)}$$

两式相减得:

$$(1+i)PVA_n - PVA_n = A - A \times (1+i)^{-n}$$

$$PVA_n = A \times \frac{1-(1+i)^{-n}}{i} \tag{2-9}$$

式中,$\frac{1-(1+i)^{-n}}{i}$ 称为年金现值系数(present value interest factor of an annuity),可简写为 $PVIFA_{i,n}$ 或 $(P/A, i, n)$,因此年金现值的计算公式可写成:

$$PVA_n = A \times PVIFA_{i,n} \tag{2-10}$$

为了简化计算,也可以编制年金终值系数表,其简表见表 2-4。

表 2-4　1 元年金现值系数表

期数	5%	6%	7%	8%	9%	10%
1	0.952	0.943	0.935	0.926	0.917	0.909
2	1.859	1.833	1.808	1.783	1.759	1.736
3	2.723	2.673	2.624	2.577	2.531	2.487
4	3.546	3.465	3.387	3.312	3.240	3.170
5	4.330	4.212	4.100	3.993	3.890	3.791
6	5.076	4.917	4.767	4.623	4.486	4.355

【例 2-6】某人想在以后的 4 年内每年年末从银行取出 1 000 元用于投资,假设银行存款利率为 6%,如果他现在就将投资款存入银行,需要存入多少?

$$PVA_n = A \times \frac{1-(1+i)^{-n}}{i} = 1\,000 \times \frac{1-(1+6\%)^{-4}}{6\%} = 3\,465(元)$$

或

$$PVA_n = A \times PVIFA_{i,n} = 1\,000 \times 3.465 = 3\,465(元)$$

2. 年偿债基金

年偿债基金(sinking fund)计算的是为在未来某一时期偿还一定数额的债务或积累一定数额的资金,而必须分次等额形成的存款准备金。也就是为使年金终值达到既定金额的年金数额(即已知终值 FVA_n,求年金 A)。偿债基金的计算实际上是年金终值的逆运算,其计算公式为

$$A = FVA_n \times \frac{i}{(1+i)^n - 1} \tag{2-11}$$

式中,$\frac{i}{(1+i)^n-1}$ 称为偿债基金系数,一般通过年金终值系数的倒数推算出来。

【例 2-7】 企业希望在 5 年内每年年末存入银行一笔资金,以便在第 5 年年末归还一笔到期的 100 万元长期债务。若银行存款年利率为 10%,则每年年末应存入银行款项的数额为多少?

$$A = FVA_n \times \frac{i}{(1+i)^n-1}$$
$$= 100 \times \frac{10\%}{(1+10\%)^5-1}$$
$$= 100 \times \frac{1}{FVIFA_{10\%,5}}$$
$$= 100 \times \frac{1}{6.105} = 16.38(万元)$$

3. 年资本回收额

普通年金现值的计算是已知年金求现值,而年资本回收额是已知现值求年金,即已知现在投入了多少资金,求未来每年至少应该取得多少收益即回收多少资金才能说明最初的投资额是值得的,它是年金现值的逆运算,其计算公式为

$$A = PVA_n \times \frac{i}{1-(1+i)^{-n}} \tag{2-12}$$

式中,$\frac{i}{1-(1+i)^{-n}}$ 称为投资回收系数,通过年金现值系数的倒数求得。

【例 2-8】 某企业欲投资 200 万元购置一台设备,预计使用年限 10 年,假设社会平均利润率为 5%,该设备每年至少给企业带来多少收益该投资才是可行的?

$$A = PVA_n \times \frac{i}{1-(1+i)^{-n}}$$
$$= 200 \times \frac{5\%}{1-(1+5\%)^{-10}}$$
$$= 200 \times \frac{1}{PVIFA_{5\%,10}}$$
$$= 200 \times \frac{1}{7.722} = 25.9(万元)$$

4. 即付年金

即付年金也叫预付年金、先付年金,是指在一定期间内,每期期初收付的年金。即付年金可分为即付年金终值和即付年金现值,两者的计算公式都可以通过普通年金的计算公式推导得到。

普通年金与即付年金的区别:普通年金是指从第一期起,在一定时间内每期期末等额发生的系列收付款项;即付年金是指从第一期起,在一定时间内每期期初等额收付的系列款项。两者的共同点在于都是从第一期即开始发生,间隔期只要相等就可以,并不要求必须是一年。

1) 先付年金的终值

先付年金终值是指在一定时期内每期期初等额收付款项的复利终值之和。n 期先付年金和 n 期后付年金(普通年金)相比,付款次数相同,期数相同,但是两者的付款时间不同,前者在期初付款。因此,先付年金终值比普通年金终值多一期利息,其关系如图2-3 所示。

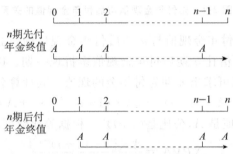

图 2-3 先付年金终值与后付年金终值的关系

在图 2-3 中,设每年的收付为 A,利率为 i,期数为 n,则按复利计算的先付年金终值 $XFVA_n$ 为

$$XFVA_n = A \times (1+i)^1 + A \times (1+i)^2 + \cdots + A \times (1+i)^n$$

等式两边同乘以 $(1+i)$:

$$(1+i)XFVA_n = A \times (1+i)^2 + A \times (1+i)^3 + \cdots + A \times (1+i)^n + A \times (1+i)^{n+1}$$

上述两式相减:

$$XFVA_n = A \times \left[\frac{(1+i)^{n+1} - 1}{i} - 1 \right] \tag{2-13}$$

式中,$\left[\frac{(1+i)^{n+1}-1}{i} - 1 \right]$ 称为先付年金终值系数,比较普通年金终值系数(后付年金终值系数),可以看出,n 期先付年金终值系数就是 $n+1$ 期普通年金终值系数减去 1 之后的差额,与 n 期普通年金终值系数乘以 $(1+i)$ 的计算结果相同。因此,先付年金终值系数的计算公式也可以写成:

$$XFVA_n = A \times FVIFA_{i,n+1} - A = A \times (FVIFA_{i,n+1} - 1) \tag{2-14}$$

或

$$XFVA_n = A \times FVIFA_{i,n} \times (1+i) \tag{2-15}$$

【例 2-9】 某企业决定连续 5 年每年初存入 100 万元作为住房基金,银行存款年利率为 10%,则该公司在第 5 年年末能一次取出的本利和是多少?

$$XFVA_n = A \times (FVIFA_{i,n+1} - 1) = 100 \times (FVIFA_{10\%,6} - 1) = 100 \times (7.716 - 1)$$
$$= 671.6 (万元)$$

或 $$XFVA_n = A \times FVIFA_{i,n} \times (1+i) = 100 \times FVIFA_{10\%,5} \times (1+10\%) = 671.6 (万元)$$

2）先付年金的现值

先付年金的现值是指将在一定时期内按相同间隔在每期期初收付的相等金额折算到第一期期初的复利现值之和，如图2-4所示。

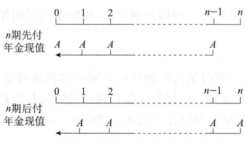

图2-4 先付年金现值与后付年金现值的关系

由图2-4可知，n期先付年金现值与n期后付年金现值的付款期数相同，但由于付款时间的不同，n期先付年金现值比n期后付年金现值多折现一期。因此，可在n期后付年金现值的基础上乘以$(1+i)$，便可求出n期先付年金的现值。其计算公式为

$$XPVA_n = A + A \times (1+i)^{-1} + A \times (1+i)^{-2} + \cdots + A \times (1+i)^{-(n-1)}$$

式中，各项为等比数列，首项是A，公比是$(1+i)^{-1}$，根据等比数列求和可得

$$XPVA_n = \frac{A \times [1-(1+i)^{-n}]}{1-(1+i)^{-1}}$$

化简后得

$$XPVA_n = A \times \left[\frac{1-(1+i)^{-(n-1)}}{i} + 1\right] \tag{2-16}$$

该式也可以表示为

$$XPVA_n = A \times PVIFA_{i,n-1} + A = A \times (PVIFA_{i,n-1} + 1) \tag{2-17}$$

或 $$XPVA_n = A \times PVIFA_{i,n} \times (1+i) \tag{2-18}$$

【例2-10】某人分期付款购买汽车一辆，预计每年年初需付款30 000元，5年付清。若银行年利率为5%，问该辆汽车相当于现在一次性付款多少元？

$$XPVA_n = A \times (PVIFA_{i,n-1} + 1) = 30\,000 \times (PVIFA_{5\%,4} + 1) = 136\,380(元)$$

或 $$XPVA_n = A \times PVIFA_{i,n} \times (1+i) = 30\,000 \times PVIFA_{5\%,5} \times (1+5\%) = 136\,380(元)$$

5. 递延年金

递延年金是指在最初若干期没有收付款项的情况下，后面若干期等额的系列收入款项。假设最初有m期没有收付款项（m期为递延期），后面n期有等额的收付款项（n期为正常发生期）。显然，递延年金终值与递延期数无关，它的计算方法与普通年金的终值计算方法相同，我们通过图2-5来了解递延年金现值计算原理。

递延年金现值是自若干期后，每期系列等额收付款项的现值之和，也就是所有等额收付的款项折算到包括递延期在内的期间最初时点的现值和。递延年金现值的计算方法有如下

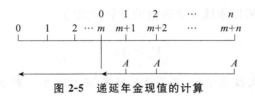

图2-5 递延年金现值的计算

三种。

方法一：先把递延年金看作 n 期普通年金，先计算出递延年金在 n 期期初（m 期期末）的现值，然后将其作为终值折现到第一期期初，其计算公式为

$$V_0 = A \times PVIFA_{i,n} \times PVIF_{i,m} \tag{2-19}$$

方法二：先计算出 $(m+n)$ 期的普通年金现值，然后减去没有发生款项收付的前 m 期的普通年金现值，二者之差就是递延年金的现值，其计算公式为

$$V_0 = A \times (PVIFA_{i,m+n} - PVIFA_{i,m}) \tag{2-20}$$

方法三：先计算出递延年金的终值，然后再将 $(m+n)$ 期折现到第一期期初，其计算公式为

$$V_0 = A \times FVIFA_{i,n} \times PVIF_{i,m+n} \tag{2-21}$$

【例2-11】 某企业向银行借入一笔款项，银行贷款的年利率为 10%，银行与企业协商前3年不用还本付息，但从第4年起至第9年每年年末偿还本息 10 000 元。该企业向银行借入的这笔款项为多少？

方法一：

$$\begin{aligned} V_0 &= A \times PVIFA_{i,n} \times PVIF_{i,m} \\ &= 10\,000 \times PVIFA_{10\%,6} \times PVIF_{10\%,3} \\ &= 10\,000 \times 4.355 \times 0.751 = 32\,706.05(元) \end{aligned}$$

方法二：

$$\begin{aligned} V_0 &= A \times (PVIFA_{i,m+n} - PVIFA_{i,m}) \\ &= 10\,000 \times (PVIFA_{10\%,9} - PVIFA_{10\%,3}) \\ &= 10\,000 \times (5.759 - 2.487) = 32\,720(元) \end{aligned}$$

方法三：

$$\begin{aligned} V_0 &= A \times FVIFA_{i,n} \times PVIF_{i,m+n} \\ &= 10\,000 \times FVIFA_{10\%,6} \times PVIF_{10\%,9} \\ &= 10\,000 \times 7.716 \times 0.424 = 32\,715.84(元) \end{aligned}$$

6. 永续年金

永续年金是指无期限收付的年金，又称永久年金或终身年金。从数学角度来看，永续年金的终值是发散的，当期数 n 趋向于无穷大时，其终值也趋向于无穷大。永续年金的现值是收敛的，当期数 n 趋向于无穷大时，其现值趋向于 A/r。其推导公式如下：

$$PVIFA_{i,n} = \frac{1 - \dfrac{1}{(1+i)^n}}{i} \tag{2-22}$$

当 $n \to \infty$ 时，$\frac{1}{(1+i)^n} \to 0$，所以永续年金现值的计算公式为

$$V_0 = A \times \frac{1}{i} \tag{2-23}$$

【例 2-12】 某项永久性奖学金，每年计划颁发 50 000 元。若年利率为 8%，该奖学金的本金是多少？

$$V_0 = A \times \frac{1}{i} = 50\,000 \times \frac{1}{8\%} = 625\,000(元)$$

（三）不等额系列收付的货币时间价值衡量

年金时间价值的各种计算是针对等额系列首付款项进行的，而在经济生活中，不等额系列收付业务也大量发生，这就需要计算不等额系列收付款的价值。

不等额系列收付款现值的计算公式如下：

$$PV_0 = A_0 + A_1 \times (1+i)^{-1} + A_2 \times (1+i)^{-2} + \cdots + A_n \times (1+i)^{-n} \tag{2-24}$$

【例 2-13】 企业准备实施一项投资计划，投资期为 4 年，每年的投资额如表 2-5 所示。

表 2-5 企业投资计划

投资期（年）	第 0 年	第 1 年	第 2 年	第 3 年	第 4 年
投资额（万元）	100	200	150	300	400

银行借款利率为 10%，求计算该投资项目的现值。

$$\begin{aligned}PV_0 &= A_0 + A_1 \times (1+i)^{-1} + A_2 \times (1+i)^{-2} + A_3 \times (1+i)^{-3} + A_4 \times (1+i)^{-4} \\ &= 100 + 200 \times (1+10\%)^{-1} + 150 \times (1+10\%)^{-2} \\ &\quad + 300 \times (1+10\%)^{-3} + 400 \times (1+10\%)^{-4} \\ &= 100 + 181.818 + 123.967 + 225.394 + 273.224 = 904.403(万元)\end{aligned}$$

不等额系列收付款终值的计算公式如下：

$$FV_n = A_0 \times (1+i)^n + A_1 \times (1+i)^{n-1} + A_2 \times (1+i)^{n-2} + \cdots + A_{n-1} \times (1+i)^1 + A_n \times (1+i)^0 \tag{2-25}$$

【例 2-14】 承例 2-13，该企业每年的投资额见表 2-5，银行借款利率为 10%，该项目在第 4 年年末的价值是多少？

$$\begin{aligned}FV_n &= A_0 \times (1+i)^n + A_1 \times (1+i)^{n-1} + A_2 \times (1+i)^{n-2} + A_3 \times (1+i)^{n-1} + A_4 \times (1+i)^0 \\ &= 100 \times (1+10\%)^4 + 200 \times (1+10\%)^3 + 150 \times (1+10\%)^2 \\ &\quad + 300 \times (1+10\%)^1 + 400 \\ &= 146.4 + 266.2 + 181.5 + 330 + 400 = 1\,324.1(万元)\end{aligned}$$

（四）名义利率和实际利率的换算

以上讨论中始终假定利率（贴现率）是年利率，每年复利一次。但在实际生活中，复利的计息期不一定总是一年，有可能是季度、月份或日。比如某些债券半年计息一次；有的抵押贷款每月计息一次；银行间的拆借资金均为每天计息一次。当一年内复利次数超过一次时，

给出的年利率叫作名义利率,而每年只复利一次的才是实际利率。在理论上,按实际利率每年复利一次计算得到的年利息应该与按名义利率每年多次复利计算的年利息是等价的。因此,对于一年内复利多次的情况,可按以下两种方法计算资金的时间价值。

方法一:将名义利率调整为实际利率,再按实际利率计算资金时间价值,实际利率 i 的换算公式为

$$i = \left(1 + \frac{r}{m}\right)^m - 1 \tag{2-26}$$

式中,r 为名义利率,m 为 1 年内复利的次数。

【例 2-15】 资本金为 10 000 元,投资 4 年,年利率为 10%,每半年复利一次,则 10 年到期所得的本利和为多少?

$$i = \left(1 + \frac{r}{m}\right)^m - 1 = \left(1 + \frac{10\%}{2}\right)^2 - 1 = 10.25\%$$

则
$$FV_{10} = PV \times (1+i)^n = 10\ 000 \times (1 + 10.25\%)^{10} = 26\ 533(元)$$

方法二:不计算实际利率,而是相应调整有关指标。采用这种方法,须将名义利率换算为每期利率,将年数换算为每期期数,即利率变为期利率 r/m,期数变为 mn。

【例 2-16】 承例 2-15,则到期后的本利和为

$$FV = PV \times \left(1 + \frac{r}{m}\right)^{mn} = 10\ 000 \times \left(1 + \frac{10\%}{2}\right)^{20} = 10\ 000 \times FVIF_{5\%,20} = 26\ 533(元)$$

(五) 折现率的推算

在前面计算现值和终值时,都假定利率率是给定的,但在财务管理中,经常会遇到已知期数、年金、终值和现值,求折现率的问题。

对于一次性收付款项来说,由复利终值计算公式 $FV_n = PV \times (1+i)^n$ 或复利现值计算公式 $PV = \dfrac{FV_n}{(1+i)^n}$ 可推出折现率 i 的计算公式为

$$i = \sqrt[n]{\frac{F}{P}} - 1 \tag{2-27}$$

对于永续年金来说,由永续年金现值的计算公式 $V_0 = A \times \dfrac{1}{i}$,可推出折现率的计算公式为

$$i = \frac{A}{V_0}$$

但对于年金问题和不等额系列收付款来讲,则无法直接套用公式,必须利用有关的系数表或经过测算,最后用内插法才能求出折现率 i。现以普通年金为例,说明折现率的推算步骤和方法。

根据普通年金终值和普通年金现值的计算公式,可推出如下公式:

$$FVIFA_{i,n} = \frac{FVA_n}{A}$$

$$PVIFA_{i,n} = \frac{PVA_n}{A}$$

然后通过查年金终值系数表和年金现值系数表,只要读出该系数所在的列 i 值,即为所求的折现率。

若无法找到恰好等于系数的值,就需要采用内插法。内插法的原理是假设利率 i 与相关的系数在较小范围内呈线性关系,因此需要在表中找到最为接近系数的两个上下值,根据如下公式来求出 i:

$$i = i_1 + \frac{m_1 - c}{m_1 - m_2}(i_2 - i_1) \tag{2-28}$$

式中,i_1、i_2 分别表示临近的折现率,m_1、m_2 分别表示该临近折现率通过查表找到的最接近系数值 c 的值。

【例 2-17】 企业因购置厂房,年初向银行按揭贷款,金额为 2 000 万元,每年年末还本付息 400 万元,连续 10 年还清。计算这笔借款的实际利率是多少?

依题意,由普通年金现值的计算公式得

$$PVIFA_{i,n} = \frac{PVA_n}{A} = \frac{2\ 000}{400} = 5$$

查找年金现值系数表,在 $n=10$ 这一行无法找到系数等于 5 的值,但可以找到大于 5 和小于 5 的临界系数值:$m_1 = 5.019$,$m_2 = 4.833$,相对应的 $i_1 = 15\%$,$i_2 = 16\%$。由此,可利用内插法计算该借款的实际利率:

$$\begin{aligned} i &= i_1 + \frac{m_1 - c}{m_1 - m_2}(i_2 - i_1) \\ &= 15\% + \frac{5.019 - 5}{5.019 - 4.833} \times (16\% - 15\%) \\ &= 15.1\% \end{aligned}$$

第二节 风 险 报 酬

货币时间价值说明了企业在无风险情况下应得到的投资报酬。但企业投资往往是在有风险的情况下进行的。承担风险,就会期望得到相应的更高的报酬;风险越大,投资者期望的报酬就会越多。风险与报酬之间是相辅相成的。应准确理解风险和报酬的内涵,掌握度量风险的方法,并把握好风险与报酬之间的关系。只有这样,才能准确评价投资项目的优劣,尽可能地减少风险或回避风险,最大限度地增加企业财富或增加企业价值。

一、风险报酬的概念

(一)风险的概念

从投资者角度看,风险是指投资者拟决策实施的经济事件,其实施后果可能好也可能坏;若好,不知好到什么程度;若坏,不知坏到什么地步,具有不可确知性。历史事件不存在风险。只有未来事件才存在风险问题。如果一个经济事件的后果只存在一种可能性,没有其他可能的结果,就不存在风险。比如,购买国库券,事先可以确知什么时候到期还本,到期时能够得到多少利息收益,可以认为不存在风险。

但是，投资者所面临的经济事件，大多是有风险的。当然，存在风险的经济事件在风险程度等方面有着不同的状况。有时我们能够事先确知某个经济事件存在着几种可能的结果，并知道每一种可能结果的发生概率。有时我们不能够事先确知某个经济事件存在着几种可能的结果，或者即使知道存在着几种可能的结果但也不知道每一种可能结果的发生概率。前一种状况一般称为风险性事件，后一种状况一般称为不确定性事件。在财务管理中，一般都称为风险性事件。即使不知道存在着几种可能的结果，或不知道每一种可能结果发生的概率，也不能成为我们拒绝实施财务管理的理由。正因为不知道，才要通过主观判断去确定，要变不确定性事件为风险性事件。因此，在财务管理中，对不确定性和风险不作严格区分。风险就是不确定性。

风险作为不确定性，可能给投资者带来超出预期的收益（好的结果），也可能带来超出预期的亏损（负收益，即坏的结果）。然而，投资者对坏的结果的关切，要比对好的结果的关切强烈得多。因此，投资者研究风险主要侧重于减少亏损，即主要从坏的结果的可能性方面来研究风险。从这个意义上讲，风险是指发生坏的结果的可能性。我们所说的坏的结果，是指确实令人不满意的结果。没中奖不是一个好的结果，但也不能算是一个很坏的结果。所以很多人不会把买彩票看成是风险投资。

综上所述，风险是指未来投资收益的不确定性，尤其是指发生负收益（即坏的结果）的可能性。投资者所面临的风险是多种多样的，按其是否可分散，可将风险分为不可分散风险和可分散风险两大类。

不可分散风险，又称系统风险或市场风险，是指由那些影响整个市场的事件引起的，不可能通过投资分散化消除的风险，如战争、经济兴衰、利率变动等。这类事件会影响所有的被投资对象，投资所引起的风险不可能通过多元化投资予以分散。

可分散风险，又称非系统风险或公司特有风险，是指由那些只影响个别投资对象的事件引起的，可以通过投资分散化予以消除的风险。如罢工、新产品开发的成功与失败、重要合同谈判的成功与失败、法律纠纷等。这类事件只与个别公司即个别投资对象有关。事件的发生对于各公司来讲基本上是随机的。由于它只影响个别公司，因此可通过多元化投资予以分散，即某个被投资公司的好事件可以抵消另一被投资公司的坏事件。

市场对投资者承担的不可分散风险会给予补偿，但对投资者承担的可分散风险不会给予任何补偿。因为可分散风险是比较容易消除的。承担了能够容易消除而没有消除的风险是不能得到补偿的。因此，投资者因承担了不可分散风险而得到的风险补偿，才是构成必要报酬率的风险报酬率。

（二）报酬的概念

报酬也称收益，是企业投资或经营所得到的超过投资成本价值的超额收益。它不同于会计上的利润概念。利润是按权责发生制原则确认的，不考虑货币的时间价值。报酬是按收付实现制原则确认的，考虑货币的时间价值，有时还要考虑风险价值。报酬的衡量，有绝对数指标和相对数指标。报酬的绝对数指标，即报酬额指标，比如年金收益、净现值等。报酬的相对数指标，即报酬率指标，比如投资前测算的期望报酬率（又称期望收益率）及应达到的必要报酬率（又称必要收益率），投资后已获得的实际报酬率（又称实际收益率）等。

二、风险报酬的计量

(一) 单项资产的风险和报酬

1. 确定概率分布

概率是指某一事件出现的机会大小。概率分布是指某一事件各种结果发生可能性的概率分布。概率分布必须符合以下两个条件。

(1) 所有的概率 P_i 都在 0 和 1 之间，即 $0 \leqslant P_i \leqslant 1$。

(2) 所有结果的概率之和应该等于 1，即 $\sum_{i=1}^{n} P_i = 1$，其中 n 为可能出现结果的个数。

2. 计算期望报酬率

期望报酬率是各种可能的报酬率按期概率进行加权平均得到的报酬率，它是反映集中趋势的一种量度。其计算公式为

$$\overline{K} = \sum_{i=1}^{n} K_i P_i \tag{2-29}$$

式中，$\overline{K}$ 为期望报酬率；K_i 为第 i 种可能结果的报酬率；P_i 为第 i 种可能结果的概率；n 为出现可能结果的个数。

【例 2-18】有甲、乙两个投资项目，其报酬率与概率分布如表 2-6 所示。

表 2-6　甲、乙两项投资报酬率与概率分布

项目实施情况	该种情况出现的概率		投资报酬率	
	甲项目	乙项目	甲项目	乙项目
好	0.2	0.3	15%	20%
一般	0.6	0.4	10%	15%
较差	0.2	0.3	0	−10%

根据期望报酬率的公式，可以分别求出甲、乙的期望报酬率：

$$\overline{K_{甲}} = 0.2 \times 15\% + 0.6 \times 10\% + 0.2 \times 0 = 9\%$$

$$\overline{K_{乙}} = 0.3 \times 20\% + 0.4 \times 15\% - 0.3 \times 10\% = 9\%$$

由此可知两个项目的期望报酬率都是 9%，但要判断两个项目风险的大小，还需进一步了解方差、标准差、标准离差率。

3. 计算标准离差

标准离差也称标准差，是各种可能的报酬率偏离期望报酬率的综合差异，是反映离散程度的一种量度。一般来说，标准差越大，预计结果的离散程度越高，结果越不确定，风险越大；反之则风险越小。其计算公式如下：

$$\delta = \sqrt{\sum_{i=1}^{n} (K_i - \overline{K})^2 P_i} \tag{2-30}$$

式中，δ 为期望报酬率的标准离差；$\overline{K}$ 为期望报酬率；K_i 为第 i 种可能结果的报酬率；P_i 为第

i 种可能结果的概率;n 为出现可能结果的个数。

【例 2-19】 承例 2-18,甲、乙两项目的标准离差分别为

$$\delta_{\text{甲}} = \sqrt{0.2 \times (15\% - 9\%)^2 + 0.6 \times (10\% - 9\%)^2 + 0.2 \times (0\% - 9\%)^2} = 4.9\%$$

$$\delta_{\text{乙}} = \sqrt{0.3 \times (20\% - 9\%)^2 + 0.4 \times (15\% - 9\%)^2 + 0.3 \times (-10\% - 9\%)^2} = 12.6\%$$

通过结果可以看出,乙项目的风险明显大于甲项目。

4. 计算标准离差率

标准离差是反映随机变量离散程度的一个指标,但它是一个绝对量,而不是相对量,只能用来比较期望报酬率相同项目的风险程度,无法比较期望报酬率不同项目的风险程度。要对比期望报酬率不同的各个项目的风险程度,应该用标准离差率(又称变异系数)。标准离差率是标准离差同期望报酬率的比值。其计算公式为

$$V = \frac{\delta}{\overline{K}} \tag{2-31}$$

式中,V 为标准离差率;δ 为标准离差;$\overline{K}$ 为期望报酬率。

【例 2-20】 承例 2-19、例 2-18,甲、乙两项目的标准离差率分别为

$$V_{\text{甲}} = \frac{4.9\%}{9\%} \times 100\% = 54.4\%$$

$$V_{\text{乙}} = \frac{12.6\%}{9\%} \times 100\% = 140\%$$

通过结果也可以看出,乙项目的风险明显大于甲项目。

5. 计算风险报酬率

标准离差率虽然能够正确评价投资项目的风险程度,但假设我们面临的决策不是评价与比较两个投资项目的风险水平,而是要计算该项目的风险所能够带来的报酬并以此为依据作出投资决策,我们就需要运用风险报酬这一概念。

风险报酬是衡量一个项目投资获利能力大小的指标,在投资过程中,风险与风险报酬的相关关系是:风险报酬和风险是相对应的,一般来说,存在较大风险的投资项目和产品就需要有相对应较高的收益率;而收益率较低的投资相对来说存在的风险也较小,即高风险,高回报;低风险,低收益。

在不考虑通货膨胀因素的情况下,期望投资收益率的内涵由两部分组成:其一是资金的时间价值,由于它不考虑风险,因此又叫无风险报酬或无风险投资收益率;其二是风险报酬,或称风险收益率。期望投资收益率用公式表示为

期望投资报酬率=无风险报酬率+风险报酬率

$$K = R_F + R_R = R_F + bV \tag{2-32}$$

式中,K 为投资的总报酬率;R_F 为无风险报酬率;b 为风险报酬系数;V 为标准离差率。

【例 2-21】 承例 2-20、例 2-19、例 2-18,若两项目投资所在的行业风险报酬系数为 8%,无风险报酬率为 6%,则甲、乙两项目的期望投资报酬率为

$$K_{\text{甲}} = 6\% + 8\% \times 54.4\% = 10.35\%$$

$$K_{\text{乙}} = 6\% + 8\% \times 140\% = 17.2\%$$

通过结果可以看出,乙项目的风险明显大于甲,其期望的投资报酬率也高于甲项目。

(二)证券组合的风险和报酬

现实中,投资者可能不会把所有资本都集中投放在某一种实物资产或金融资产上,而是分散投资于不同的资产,从而形成投资组合。在财务上,人们将投资于两种或两种以上资产的投资称为组合投资(portfolio)。与单一资产相比,组合投资的收益及风险将有显著不同。

1. 证券资产组合的预期报酬率

组合资产的报酬率是组合资产投资中个别投资的加权平均收益。两种或两种以上证券的组合,其预期报酬率可以直接表示为:

$$\text{组合资产预期报酬率} = R_p = \sum_{j=1}^{m} R_j W_j \left(\sum_{j=1}^{m} W_j = 1 \text{ 且 } 0 \leqslant W_j \leqslant 1 \right) \quad (2\text{-}33)$$

式中,R_p 表示组合资产的预期报酬率;W_j 表示投资于 j 资产的资金占总投资额的权重;R_j 表示资产 j 的期望报酬率;m 表示投资组合中不同投资项目的总数。

【例 2-22】 投资者正计划投资于甲、乙两公司的股票。经测算,两公司在不同市场情境下的收益表现并不相同(见表 2-7)。根据相关信息并假定投资者拟各用 50% 分别投资于甲、乙两公司股票,以构建甲、乙投资组合,则该组合的期望报酬率是多少?

表 2-7 组合投资策略下的风险与报酬

不同市场情景及发生概率 P_j	甲股票 $R_甲$(%)	乙股票 $R_乙$(%)	甲乙组合 R_p(%)
较好(0.2)	30	−15	30×0.5+(−15)×0.5=7.5
一般(0.6)	15	10	15×0.5+10×0.5=12.5
较差(0.2)	−15	25	(−15)×0.5+25×0.5=5
预期报酬率	12	8	?
标准差	14.7	12.9	?

由表 2-7 可知,甲、乙股票的个别预期报酬率分别为

$$R_甲 = 30\% \times 0.2 + 15\% \times 0.6 + (-15\%) \times 0.2 = 12\%$$

$$R_乙 = (-15\%) \times 0.2 + 10\% \times 0.6 + 25\% \times 0.2 = 8\%$$

甲、乙股票的个别标准离差分别为

$$\delta_甲 = \sqrt{0.2 \times (30\% - 12\%)^2 + 0.6 \times (15\% - 12\%)^2 + 0.2 \times (-15\% - 12\%)^2} = 14.7\%$$

$$\delta_乙 = \sqrt{0.2 \times (-15\% - 8\%)^2 + 0.6 \times (10\% - 8\%)^2 + 0.2 \times (25\% - 8\%)^2} = 12.9\%$$

组合资产的报酬率为

$$R_p = \sum_{j=1}^{m} R_j W_j = 12\% \times 50\% + 8\% \times 50\% = 10\%$$

2. 证券投资组合的标准离差

证券组合的风险(标准差)不能直接用两种资产各自的风险通过加权平均求得,一般来说有两种方法。

1) 两两组合资产的标准离差

$$\delta = \sqrt{\sum_{i=1}^{n}(K_i - \overline{K})^2 P_i} \quad (2\text{-}34)$$

因此，根据例 2-22 可知

$\delta_{甲} = \sqrt{(10\% - 7.5\%)^2 \times 0.2 + (10\% - 12.5\%)^2 \times 0.6 + (10\% - 5\%)^2 \times 0.2} = 3.17\%$

2) 两两组合资产风险的统计量解释

在组合资产风险的统计解释意义中，人们发现，组合风险除受各资产风险影响外，更与组合中各资产收益之间的变化方向相关，一般包括三种情形：①两种资产的收益涨落属于同方向变化，呈正相关；②两种资产的收益涨落属于反方向变化，呈负相关；③两种资产的收益涨落之间没有任何线性关系，则为线性不相关。通过定量方法度量，协方差和相关系数是组合风险中两个重要的概念。

首先，协方差（covariance）是对两个变量之间一般波动关系的度量。例如，甲公司股票上涨，乙公司股票此时的价格是上涨、下跌还是不变？其计算公式为

$$\text{Cov}(甲、乙) = \sum_{i=1}^{n}(R_{甲i} - R_{甲})(R_{乙i} - R_{乙})P_i \quad (2\text{-}35)$$

式中，$(R_{甲i} - R_{甲})$ 为在第 i 种经济状态下股票甲的报酬率偏离其期望报酬率的离差；$(R_{乙i} - R_{乙})$ 为在第 i 种经济状态下股票乙的报酬率偏离其期望报酬率的离差；P_i 为第 i 种经济状态出现的概率。

【例 2-23】 承例 2-22，计算出甲乙资产组合的协方差（见表 2-8）。

表 2-8 甲乙组合的协方差计算过程

不同市场情景及发生概率	甲股票	乙股票	甲乙组合协方差
较好(0.2)	30%－12%＝18%	－15%－8%＝－23%	18%×(－23%)×0.2＝－0.008 28
一般(0.6)	15%－12%＝3%	10%－8%＝2%	3%×2%×0.6＝0.000 36
较差(0.2)	－15%－12%＝－27%	25%－8%＝17%	(－27%)×17%×0.2＝－0.009 18

甲乙组合的协方差＝－0.008 28＋0.000 36－0.009 18＝－0.017 1

其次，在统计量上，相关系数是标准化后的协方差，其计算公式为

$$\rho(甲、乙) = \frac{\text{Cov}(甲,乙)}{\delta_{甲}\delta_{乙}} \quad (2\text{-}36)$$

式中，ρ 表示甲、乙两种股票的相关系数；$\text{Cov}(甲,乙)$ 表示甲、乙两种股票的协方差；$\delta_{甲}$ 表示甲股票的标准离差；$\delta_{乙}$ 表示乙股票的标准离差。通过标准化，相关系数的取值在 $[-1,1]$ 这一区间内。

若 $\rho > 0$，则股票甲与股票乙存在正的线性相关关系。ρ 越接近于 1，两者之间的线性相关程度越强。当 $\rho = 1$ 时，则称甲和乙完全正相关。

若 $\rho < 0$，则股票甲与股票乙存在负的线性相关关系。ρ 越接近于 －1，两者之间的线性相关程度越强。当 $\rho = -1$ 时，则称甲和乙完全负相关。

若 $\rho = 0$，则股票甲与股票乙线性不相关。

【例2-24】 承例2-23、例2-22，可计算出甲、乙组合资产的相关系数，即

$$\rho(甲,乙) = \frac{-0.0171}{14.7\% \times 12.9\%} = -0.902$$

由此可以看出，甲、乙两种资产的收益变动属于负相关。

最后，根据组合投资的协方差和相关系数，人们可以根据以下公式计算组合资产的标准差：

$$\delta_p = \sqrt{W_甲^2 \delta_甲^2 + W_乙^2 \delta_乙^2 + 2W_甲 W_乙 \delta_甲 \delta_乙 \rho_{甲乙}}$$

式中，δ_p 代表包含甲、乙股票的组合投资标准差；$\rho_{甲乙}$ 表示两种股票的相关系数；$W_甲$ 表示甲股票在投资组合中的权重；$W_乙$ 表示乙股票在投资组合中的权重；$\delta_甲$ 表示甲股票的标准离差；$\delta_乙$ 表示乙股票的标准离差。

【例2-25】 承例2-24、例2-23、例2-22，可用公式法计算出其标准差，即

$$\delta_p = \sqrt{0.5^2 \times 14.7\%^2 + 0.5^2 \times 12.9\%^2 + 2 \times 0.5 \times 0.5 \times 14.7\% \times 12.9\% \times (-0.902)} = 3.17\%$$

三、资本资产定价模型

作为经济人，任何投资者都被假定是理性的风险厌恶者。也就是说，投资者承担风险越高，也就越期望得到与其风险相对应的额外收益补偿。通过组合投资分析可知，投资者可以通过增加组合投资中的资产数量来降低甚至消除非系统风险，真正可以得到补偿的风险只是那些不能分散的市场风险。由此可见，投资者更关心的是某一单项资产证券相对于市场组合的风险敏感程度，这一敏感程度即为个股相对资本市场整体的风险值（β 值），并借助于这一风险值以测定投资者因承担风险而应得的风险溢酬。资本资产定价模型（capital asset pricing Model，CAPM）就是这样一个经典的市场定价模型。

其中，β 系数就是衡量证券资产组合的系统风险大小指标，它是所有单项资产 β 系数的加权平均，计算公式为

$$\beta_p = \sum_{i=1}^{n} \chi_i \beta_i \tag{2-37}$$

式中，β_p 为证券组合的 β 系数；χ_i 为证券组合中第 i 种股票所占的比重；β_i 为第 i 种股票的 β 系数；n 为证券组合中包含的股票数量。

【例2-26】 如果企业持有A、B、C三种股票的投资组合，总投资额为5 000万元，其中A股票3 000万元，B股票1 500万元，C股票500万元，三只股票的 β 系数分别为2.5、1.8、0.5，则证券组合的 β 系数为

$$\beta_p = \sum_{i=1}^{n} \chi_i \beta_i = \frac{3\,000}{5\,000} \times 2.5 + \frac{1\,500}{5\,000} \times 1.8 + \frac{500}{5\,000} \times 0.5 = 2.09$$

资本资产定价模型是在 Markowitz 的现代资产组合管理理论基础上发展起来的，是由 William Sharpe、John Lintner 和 Blacker 等人在20世纪60年代提出解释风险收益率决定因素和度量方法的简单易用的表达式。资本资产定价模型假设所有的投资者都是按 Markowitz 的资产选择理论进行投资的，也就是说：①投资者是理性的，而且严格按照马科威茨模型的规则进行多样化的投资，并将从有效边界的某处选择投资组合；②资本市场是完全有效的市场，没有任何摩擦阻碍投资。正是基于这样的假设，资本资产定价模型研究在市场均衡的条件下，期望收益率和风险的关系。该模型的基本公式为

$$K_i = R_f + \beta_p(R_m - R_f) \tag{2-38}$$

式中,K_i 为第 i 种股票或第 i 种证券组合的必要报酬率;R_f 为无风险报酬率;β_p 为第 i 种股票或第 i 种证券组合的 β 系数;R_m 为所有股票或所有证券的平均报酬率。

【例 2-27】 假设现行国库券的收益率为 4%(无风险报酬率),平均风险报酬率为 10%,某企业持有的 i 股票的 β 系数为 0.5。因此,i 股票的必要报酬率为

$$K_i = 4\% + 0.5 \times (10\% - 4\%) = 7\%$$

第三节 证券估价

一、债券估价

(一)债券概述

1. 债券含义

债券是一种有价证券,是政府、银行、企业等债务人为筹集资金,按照法定程序发行,向社会投资者(债券购买者)借债,同时承诺于指定日期按一定利率支付利息并按约定条件偿还本金的债权债务凭证。债券的本质是债的证明书,具有法律效力。债券的发行人即政府、银行、企业等是资金的借入者,而购买债券的投资者是资金的借出者,发行人需要在一定时期还本付息。债券投资者与发行者之间是一种债权债务关系,债券发行人即债务人,投资者即债权人。

2. 债券基本要素

债券的基本要素一般包括债券面值、债券期限、债券利率、债券价格、发行人名称。

(1)债券面值,是指债券的票面价值,包括币种和票面金额。

(2)债券期限,是指债券从发行日至到期日之间的时间间隔。

(3)债券利率,是指债券利息与债券面值的比率,债券上标明的利率一般是年利率,且多为固定利率,也有浮动利率或利率为零,到期按面值偿还。

(4)债券价格,包括发行价格和市场交易价格。发行价格是指债券发行时的价格,市场交易价格是债券发行后,投资者在二级市场上购买债券的价格。理论上,债券的面值就是它的价格。但实际上,由于发行者的种种考虑或资金市场上供求关系、利息率的变化,债券的市场价格常常脱离它的面值,有时高于面值,有时低于面值。

(5)发行人名称,是债券的债务主体,为债权人到期追回本金和利息提供依据。

3. 债券种类

债券的种类按照发行主体的不同,可分为政府债券、金融债券和公司(企业)债券。

(1)政府债券。政府债券是由中央政府或地方政府为筹集资金而发行的债券,分为中央政府债券和地方政府债券。中央政府债券也称国债,是中央政府为筹集财政资金而发行的债券,如国家重点建设债券、国家建设债券、财政债券、特种债券、保值债券、基本建设债券等。地方政府债券也称地方债券,是地方政府为了某种特定目的如地方公共基础设施建设

等而发行的债券。政府债券尤其是国债的信誉很高,风险很低,其利率通常低于其他债券。

(2) 金融债券。金融债券是由银行或非银行金融机构为筹集信贷资金而发行的债券。在我国金融债券主要由国家开发银行、进出口银行等政策性银行发行。发行金融债券必须经中央银行批准。金融机构一般有雄厚的资金实力、良好的信誉、较高的信用度。金融债券的风险高于政府债券,低于企业债券,其利率一般介于二者之间。

(3) 公司(企业)债券,是指公司(企业)依照法定程序发行、约定在一定期限还本付息的有价证券。企业债券是按照《企业债券管理条例》规定发行与交易,中央企业发行企业债券,由中国人民银行会同国家计划委员会审批;地方企业发行企业债券,由中国人民银行省、自治区、直辖市、计划单列市分行会同同级计划主管部门审批。同时,企业债券的发行和交易活动等要接受中国人民银行及其分支机构和国家证券监督管理机构的监督检查。因此,它在很大程度上体现了政府信用。根据《中华人民共和国证券法》规定公司债券管理机构为国务院证券监督管理机构或国务院授权的部门,发债主体为按照《中华人民共和国公司法》设立的公司法人,信用风险一般高于企业债券。在国外,公司债券和企业债券一般统称为公司债券。

此外,债券还有多种不同的分类方法,比如按计息方式不同,可分为一次到期还本付息债券和分期付息到期还本的债券;按是否可转换划分,可分为可转换债券和不可转换债券;按付息的方式划分,可分为零息债券、定息债券、浮息债券;按能否提前偿还划分,可分为可赎回债券和不可赎回债券;按计息方式分类,可分为单利债券、复利债券、累进利率债券;按债券上是否记有持券人的姓名或名称,可分为记名债券和无记名债券;按是否参加公司盈余分配,可分为参加公司债券和不参加公司债券;按募集方式分类,可分为公募债券和私募债券;按能否上市,可分为上市债券和非上市债券;按财产担保划分,可分为抵押债券和信用债券,等等。

(二) 债券估价模型

债券估价是对债券的价格进行估计,投资者进行债券投资时预期在未来一定时期内会收到包括本金和利息的现金流入,投资者为了取得本金和利息的现金流入而愿意投入的资金。本书介绍债券按计息方式划分的债券类型如何估价。

1. 一次到期还本付息债券的估价模型

这种债券的本金与利息在债券到期后一次性支付且利息不计复利,其计算公式如下:

$$P = \frac{F + F \cdot i \cdot n}{(1+r)^n} = (F + F \cdot i \cdot n)\frac{1}{(1+r)^n} \quad (2\text{-}39)$$

$$P = (F + F \cdot i \cdot n) \cdot PVIF_{r,n} \quad (2\text{-}40)$$

$$P = (F + F \cdot i \cdot n) \cdot (P/F, r, n) \quad (2\text{-}41)$$

式中,P 为债券估价,F 为债券面值,i 为债券票面利率,r 为市场利率或折现率,n 为付息期数。

【例 2-28】大行公司计划购买势坤公司发行的公司债券,势坤公司发行的债券面值为 100 元,债券期限为 6 年,到期后利随本清,票面利率为 8%,不计复利。假设当前市场利率为 6%,则该债券价格估计是多少?

$$P = (100 + 100 \times 8\% \times 6) \times 0.705 = 104.34(元)$$

2. 分期付息到期还本债券的估价模型

这种债券通常是固定利率,每期计算并支付利息比如每月、每季度或每年付息一次,到期偿还债券的本金。这种债券的估价模型如下:

$$P = \sum_{t=1}^{n} \frac{F \cdot i}{(1+r)^t} + \frac{F}{(1+r)^n} \tag{2-42}$$

$$P = I \cdot PVIFA_{r,n} + F \cdot PVIF_{r,n} \tag{2-43}$$

$$P = I \cdot (P/A, r, n) + F \cdot (P/F, r, n) \tag{2-44}$$

式中,P 为债券估价,F 为债券面值,i 为债券票面利率,I 为每期利息额即 $F \cdot i$,r 为市场利率或折现率,n 为付息期数。

【例 2-29】 天行公司计划购买势坤公司发行的公司债券,势坤公司发行的债券面值为 100 元,债券期限为 6 年,每年付息一次,到时偿还本金,票面利率为 8%,不计复利。假设当前市场利率为 6%,则该债券价格估计是多少?

$$P = 100 \times 8\% \times 4.917 + 100 \times 0.705 = 109.836(元)$$

二、股票估价

(一)股票概述

1. 股票含义

股票是一种有价证券,是股份公司为筹集资金而发行给股东的证明股东所持股份并以此取得股息和红利的一种凭证。股票代表股东对股份公司的所有权,每股股票都代表股东对企业拥有一个基本单位的所有权。股票可以转让、买卖或作价抵押。股票发行价格可以按票面金额,也可以超过票面金额,但不得低于票面金额。

2. 股票种类

股票常见的种类是普通股和优先股,是按股东的权利和义务来划分的。普通股股东享有决策参与权、利润分配权、优先认购权和剩余资产分配权。优先股股东可获得固定股利收入,风险较低,而普通股一般获得较高收益,同时风险也较大。

此外,股票还有多种不同的分类方法,比如按股票是否记名可以分为记名股票和无记名股票;按股票是否上市流通可以分为上市流通股和非上市流通股,等等。

(二)股票估价模型

股票估价是对股票的价格进行估计,投资者进行股票投资时预期在未来一定时期内会收到包括股利收益与资本利得的现金流入,投资者为了取得股利收益与资本利得的现金流入而愿意投入的资金。投资者投资于股票所获得的未来现金流入有两种基本形式:一是从公司定期取得股利收入,二是通过出售股票取得收入大于购入成本的差额,称为资本利得。股票投资收益是股利收益与资本利得之和,公式如下:

$$r = \frac{D_1 + (P_1 - P_0)}{P_0} \tag{2-45}$$

式中，P_0 代表股票在 T_0 时的每股价格，P_1 代表股票在 T_1 时的未来价格，D_1 代表 T_1 时的股票的每股红利，$(P_1 - P_0)$ 为 T_1 的资本利得，r 为 T_1 时的股票收益率。

1. 股票估价的基本模型

从上式可以变换得

$$P_0 = \frac{D_1 + P_1}{1 + r} \tag{2-46}$$

由上式推理得

$$P_1 = \frac{D_2 + P_2}{1 + r} \tag{2-47}$$

将式（2-47）代入式（2-46），可得

$$P_0 = \frac{D_1 + P_1}{1+r} = \frac{D_1 + \frac{D_2 + P_2}{1+r}}{1+r} = \frac{D_1}{1+r} + \frac{D_2}{(1+r)^2} + \frac{P_2}{(1+r)^2} \tag{2-48}$$

如果投资者计划永久持有股票，则可按上式类推得到股票估价的基本模型：

$$P_0 = \frac{D_1}{1+r} + \frac{D_2}{(1+r)^2} + \frac{D_3}{(1+r)^3} + \cdots = \sum_{t=1}^{\infty} \frac{D_t}{(1+r)^t} \tag{2-49}$$

式中，P_0 代表股票在 T_0 时即现在的估价，r 为股票收益率，D_t 代表第 t 期的预期每股红利。

如果投资者计划在未来出售股票，则股票估价模型可表示为

$$P_0 = \sum_{t=1}^{n} \frac{D_t}{(1+r)^t} + \frac{P_n}{(1+r)^n} \tag{2-50}$$

式中，P_0 代表股票在 T_0 时即现在的估价，r 为股票收益率，D_t 代表第 t 期的预期每股红利，P_n 为未来出售时预计的股票价格，n 为预计持有股票的期数。

根据不同的股利特征，可以由股票估价的基本模型推导出相应的股票估价模型。

2. 股利稳定不变的股票估价模型

如果公司股票发放每年股利稳定不变，股票估价的基本模型中每年的股利都相等，可运用永续年金的公式计算股票的估价，优先股的估价也同此法，公式如下：

$$P_0 = \frac{D}{r} \tag{2-51}$$

式中，P_0 代表股票在 T_0 时即现在的估价，r 为股票收益率，D 为每年的固定股利。

【例 2-30】 天行公司计划购买势坤公司发行的股票，势坤公司的股票每年固定发放每股股利 2 元。假设股票收益率为 16%，则该股票价格估计是多少？

$$P_0 = \frac{2}{16\%} = 12.5(\text{元})$$

3. 股利固定增长的股票估价模型

股利固定增长的股票估价模型，又称为戈登股利增长模型，由 1962 年戈登学者提出的股票估价模型。如果公司的未来股利保持某一固定的增长率 g 增长，D_1 为未来第 1 年的股利，则股票估价模型变换如下：

$$P_0 = \frac{D_1}{1+r} + \frac{D_2}{(1+r)^2} + \frac{D_3}{(1+r)^3} + \cdots$$
$$= \frac{D_1}{1+r} + \frac{(1+g)D_1}{(1+r)^2} + \frac{(1+g)^2 D_1}{(1+r)^3} + \cdots \tag{2-52}$$

通常假设 $r>g$，当 $n\to\infty$ 时，上式可化简得

$$P_0 = \frac{D_1}{r-g} \tag{2-53}$$

假设 D_0 为上年股利，则上式可转化为

$$P_0 = \frac{D_0(1+g)}{r-g} \tag{2-54}$$

【例 2-31】 天行公司计划今年初购买势坤公司发行的股票，势坤公司上年发放每股股利 2 元，且每年按 5% 的增长率增长。假设股票收益率为 16%，则该股票价格估计是多少？

$$P_0 = \frac{2\times(1+5\%)}{16\%-5\%} = 19.09(元)$$

本 章 小 结

货币时间价值，是指一定量的货币经历一定时间的投资和再投资所增加的价值。资金的循环和周转及因此实现的货币增值，需要或多或少的时间，每完成一次循环，货币就增加一定数额，周转的次数越多，增值额也越大。因此，随着时间的延续，货币总量在循环和周转中按几何级数增长，使得货币具有时间价值。在掌握它的定义的同时，还要充分理解它的实质和熟悉它的作用。

在某一特定时间上一次性支付（或收取），经过一段时间后再相应地一次性收取（或支付）的款项，即为一次性收付款项。它包括单利的计算和复利的计算。年金是等额定期的系列收支，一般用 A 来表示。年金按照每次收付发生的时间不同，可分为普通年金、先付年金、递延年金和永续年金四类。

一般说来，风险是指在一定条件下和一定时期内可能发生的各种结果的变动程度。从财务的角度来说，风险主要指无法达到预期报酬的可能性。一般应用数学方法定量衡量风险。

本章重要概念

（1）货币时间价值。货币时间价值是指货币在周转使用中，随着时间的推移所带来的增值。

（2）复利法。所谓复利，就是不仅本金要计算利息，利息也要计算利息。

（3）终值。终值又称未来值，是指若干期后包括本金和利息在内的未来价值，又称本利和。

（4）现值。现值是指以后年份收到或支出资金的现在的价值，可用倒求本金的方法计算。由终值求现值，称为折现。在折现时使用的利息率称为折现率。

（5）年金。年金是指一定时期内每期相等金额的收付款项。年金按付款方式，可分为普通年金（后付年金）、即付年金（先付年金）、延期年金和永续年金。其中，后付年金为最常见的年金形式，其他形式年金的终值或现值都可以通过后付年金的计算公式推导出来。

（6）风险报酬。风险是指在一定条件下和一定时期内可能发生的各种结果的变动程度。风险报酬则是承担风险所要求获得的回报。学习中要求掌握的内容包括风险的概念、风险的分类、风险的衡量、风险与风险报酬的关系、风险报酬的计算。

（7）债券估价。债券估价是对债券的价格进行估计，投资者进行债券投资时预期在未来一定时期内会收到包括本金和利息的现金流入，投资者为了取得本金和利息的现金流入而愿意投入的资金。

（8）股票估价。股票估价是对股票的价格进行估计，投资者进行股票投资时预期在未来一定时期内会收到包括股利收益与资本利得的现金流入，投资者为了取得股利收益与资本利得的现金流入而愿意投入的资金。

本章主要公式

（1）复利终值　　$FV_n = PV \times (1+i)^n = PV \times FVIF_{i,n}$

（2）复利现值　　$PV = \dfrac{FV_n}{(1+i)^n} = FV_n \times \dfrac{1}{(1+i)^n}$ 或 $PV = FV_n \times PVIF_{i,n}$

（3）普通年金终值　　$FVA_n = A \times \dfrac{(1+i)^n - 1}{i}$ 或 $FVA_n = A \times FVIFA_{i,n}$

（4）普通年金现值　　$PVA_n = A \times \dfrac{1-(1+i)^{-n}}{i}$ 或 $PVA_n = A \times PVIFA_{i,n}$

（5）年偿债基金　　$A = FVA_n \times \dfrac{i}{(1+i)^n - 1}$

（6）年资本回收额　　$A = PVA_n \times \dfrac{i}{1-(1+i)^{-n}}$

（7）先付年金终值

$$XFVA_n = A \times \left[\dfrac{(1+i)^{n+1}-1}{i} - 1 \right] \quad XFVA_n = A \times FVIFA_{i,n+1} - A = A \times (FVIFA_{i,n+1} - 1)$$

$$XFVA_n = A \times FVIFA_{i,n} \times (1+i)$$

（8）先付年金现值　　$XPVA_n = A \times \left[\dfrac{1-(1+i)^{-(n-1)}}{i} + 1 \right]$

$$XPVA_n = A \times PVIFA_{i,n-1} + A = A \times (PVIFA_{i,n-1} + 1)$$

$$XPVA_n = A \times PVIFA_{i,n} \times (1+i)$$

（9）递延年金现值　　$V_0 = A \times PVIFA_{i,n} \times PVIF_{i,m}$

$$V_0 = A \times (PVIFA_{i,m+n} - PVIFA_{i,m})$$

$$V_0 = A \times FVIFA_{i,n} \times PVIF_{i,m+n}$$

（10）永续年金现值　　$V_0 = A \times \dfrac{1}{i}$

（11）实际利率和名义利率换算　　$i = \left(1 + \dfrac{r}{m}\right)^m - 1$

(12) 期望报酬率　　$\overline{K} = \sum_{i=1}^{n} K_i P_i$

(13) 标准离差　　$\delta = \sqrt{\sum_{i=1}^{n}(K_i - \overline{K})^2 P_i}$

(14) 标准离差率　　$V = \dfrac{\delta}{\overline{K}}$

(15) 单项资产风险报酬率　　$K = R_F + R_R = R_F + bV$

(16) 组合资产预期报酬率　　$R_p = \sum_{j=1}^{m} R_j W_j \left(\sum_{j=1}^{m} W_j = 1 \text{ 且 } 0 \leqslant W_j \leqslant 1\right)$

(17) 组合资产标准离差　　$\delta = \sqrt{\sum_{i=1}^{n}(K_i - \overline{K})^2 P_i}$

(18) 资本资产定价模型　　$K_i = R_f + \beta_p (R_m - R_f)$

(19) 一次到期还本付息债券的估价模型　　$P = (F + F \cdot i \cdot n) \cdot PVIF_{r,n}$

(20) 分期付息到期还本债券的估价模型　　$P = I \cdot PVIFA_{r,n} + F \cdot PVIF_{r,n}$

(21) 股票估价的基本模型　　$\sum_{t=1}^{\infty} \dfrac{D_t}{(1+r)^t}$

(22) 股利稳定不变的股票估价模型　　$P_0 = \dfrac{D}{r}$

(23) 股利固定增长的股票估价模型　　$P_0 = \dfrac{D_1}{r - g}$

本章思考题

(1) 货币时间价值的基本指标有哪几个？
(2) 如何理解时间价值的概念？
(3) 什么是复利？复利和单利有什么区别？
(4) 什么是年金？如何计算年金的终值和现值？
(5) 后付年金和先付年金有什么区别与联系？
(6) 何为风险报酬？如何理解风险与报酬的关系。
(7) 举例子说明如何计算单项资产的风险报酬？
(8) 试说明资本资产定价模型。
(9) 简述系统风险与非系统风险的区别。
(10) 如何进行债券的估价？不同特征的债券，其估价模型有什么区别？
(11) 如何进行股票的估价？股利政策不同的股票，其估价模型有什么区别？

案 例

校园贷款套路深似水，绝非你想的那么简单！

2016年3月发生了一场由校园贷款引发的悲剧：河南牧业经济学院郑旭（化名），利用28名同学的身份证，向14个平台贷款赌球，最终欠款高达60万元，因无力偿还巨款，于3月

9日在青岛跳楼自杀。

看似能够"江湖救急"的校园贷款,运行于网贷平台却陷入了资本怪圈。

一张身份证,一本学生证,甚至不用签字就可以贷款数万元!

只需在百度上搜索"大学生分期贷",众多网贷平台就一涌而出,各种诱人词条纷纷出现:"最快3分钟审核,隔天放款""只需提供学生证即可办理""学生贷款找××,额度高,到账快"。除了网络,校园中随处可见的小广告和传单都充斥着校园贷款的信息,甚至学生们的身边就有一个校园贷款平台——"校园代理人"在守株待兔。

套路,全是套路。

"零首付""零利息"等皆是骗局。别看大学生都在接受高等教育,但他们可能大部分连利息都算不清。他们以为只要自己省一些生活费,做一些兼职就可以还上贷款,但是校园贷可不是那么简单。

资料来源:林岩. 消费视域下大学生思想教育工作之我见——以文传学院"名校贷"为例[J]. 九江学院学报(社会科学版). 2017,36(4).

思考题:

(1) 什么是校园贷,其存在的风险是什么?

(2) 校园贷既然不是零利息,那么应该是什么计息方式,有何特点?

第三章 财务分析

◆ **学习目标** ▮▮▮▮▮▮▮▮▮▮

1. 了解财务分析的概念、目的与内容。
2. 熟练掌握各种财务指标的经济意义与计算方法。
3. 运用各种财务指标进行偿债能力、营运能力和盈利能力的分析和财务综合分析。
4. 掌握杜邦财务分析体系的应用。

◆ **知识框架** ▮▮▮▮▮▮▮▮▮▮

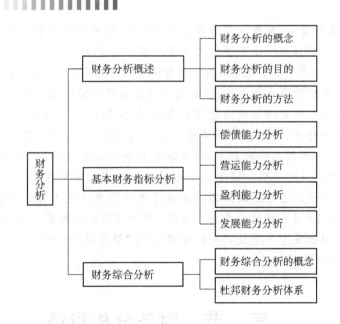

◆ **内容提要** ▮▮▮▮▮▮▮▮▮▮

阿伯拉汗·比尔拉夫曾经说过:"财务报表犹如名贵香水,只能细细品味,不能生吞活剥。"所谓细细品味即通过对财务数据和相关信息的汇总、计算、对比和说明,揭示和评价公司的财务状况、经营成果、现金流量和公司风险,为报表使用者进行投资、筹资和经营决策提供依据。本章从财务报告体系的概念入手,介绍了财务报表分析的基本方法,详细阐述了如何运用财务比率分析企业的偿债能力、营运能力、盈利能力和发展能力,最后介绍了财务报表分析的具体应用——杜邦分析法。

◆ 重点难点

1. 各种财务指标的应用
2. 杜邦财务分析体系的应用。

引 例

乐视资金链断裂财务危机

乐视集团(以下简称"乐视")的业务主要分为上市业务和非上市业务两大部分,乐视网信息技术(北京)股份有限公司(股票代码:300104,以下简称"乐视网")是乐视旗下的上市公司,核心业务是基于整个网络视频的广告业务、终端业务、会员及发行业务等。该公司成立于2004年,并于2010年8月登陆深交所创业板上市。乐视网的上市成为乐视最重要的融资渠道,自此乐视从一家二流视频网站起家,扩张为拥有三大体系(上市公司乐视网、非上市的乐视生态体系、乐视汽车生态体系),横跨七大生态子系统(内容、大屏终端、手机、汽车、体育、互联网金融及云),涉及上百家公司的大型集团,其整体估值高达3 000亿元。

在快速扩张的背后,需要大笔的资金作为支撑,而乐视由于很多业务都处在发展的初级阶段,所能带来的利润根本无法满足乐视规模扩张的速度。贾跃亭是乐视集团的董事长兼CEO,从2013年开始,通过减持手中股份从市场套现,也通过频繁的股权质押来为公司"输血",这一系列的资本运作手段,证明乐视在很早以前资金链就已经吃紧。但即使在这种情况下,乐视仍然采用冒进的投资策略,尤其在2015年以后表现尤为疯狂,进军房地产、汽车等重资产行业,丝毫没有收缩业务战线的迹象。从2016年11月初以后,乐视的整条资金链成为外界所诟病的重点,但董事长贾跃亭一直强调,在乐视的所有业务中,造成资金高度紧张的只有手机。实质上手机供应链紧张的背后在于,乐视集团对于汽车业务的超前投资,巨大的资金链缺口瞬间波及了乐视的各个业务线。过去所留下的风险和隐患,在2016年12月6日这一天集中爆发,公司再次被推向风口浪尖,乐视网宣布紧急停牌,来缓解暂时的压力。至此,"乐视帝国"到了"最危险"的时刻。

资料来源:中国财经网.

第一节 财务分析概述

一、财务分析的概念

财务分析是企业财务管理的一项重要内容。不同学者对其概念的解释存在一定的差异,美国南加州大学教授梅吉可认为,财务分析的本质是搜集与决策有关的各种财务信息,并加以分析与解释的一种技术。美国组约市立大学本斯亭教授认为,财务分析是一种判断过程,旨在评估企业现在或过去的财务状况及经营成果,其主要目的在于对企业未来的状况及经营业绩进行最佳预测。国内有的学者认为,财务分析是一定的财务分析主体以企业的财务报告等财务资料为主要依据,采用一定的标准,运用科学系统的方法,对企业的财务状况和经营成果、财务信用和财务风险,以及财务总体情况和未来发展趋势的分析与评价。

本教材认为,财务分析是以财务报表为主要依据,采用科学的分析技术方法,通过对企业过去和现在有关筹资活动、投资活动、经营活动的偿债能力、盈利能力和营运能力等进行分析与评价,从而使经营者及企业的利益相关者能够了解企业过去、评价企业现在、预测企业未来,作出正确决策,提高决策水平。

二、财务分析的目的

财务分析的目的,因报表使用者需要了解信息的不同而不同。企业的报表使用者包括投资人、债权人、政府、企业自身及其他的利益关系人。这些利益关系人需要了解的信息和对企业财务状况的关注面、关注程度是不同的。财务分析方法的多样性,为利益关系人提供了不同的获取信息的渠道。比较分析法提供了了解财务状况变动趋势的信息,比率分析法提供了企业偿债能力、资产管理能力、盈利能力的信息,杜邦分析法提供了财务状况形成原因及管理的信息,因素分析法分析了某些因素的变化对有关经济指标影响程度的信息,而报表使用者可以通过对不同分析方法的利用获取相关的信息,作出正确的投资借贷、管理等决策。尽管财务分析的目的各不相同,概括来说,财务分析的目的可归纳为以下几个方面。

(一) 评价企业的经营业绩

企业的经营业绩体现为一定期间的利润、现金净流量及资产增值额。良好的经营业绩反映了企业的资产管理水平高,偿债能力和股利支付能力强。业绩评价主要是对企业的偿债能力、资产管理能力和盈利能力进行评价。经营业绩评价,不仅为外部的财务报表使用者提供了了解企业管理能力的信息,而且也是企业内部激励与约束机制贯彻实施的必经步骤。对企业经营业绩的评价,可以通过实际数与预算数或历史资料的对比分析进行,业绩评价不仅是对过去的总结,而且也是为未来发展打下基础。

(二) 分析企业财务状况和经营成果产生的原因

企业的财务状况和经营成果,受到多种因素的影响。这种影响可能是由于收入方面的原因,也可能是由于成本费用方面的原因,还有可能是由于资产结构不合理或者是会计方法改变等原因形成的。只有对影响因素进行客观分析,才能总结财务管理方面的好经验,找出经营管理中存在的问题,并在新的预算年度采取相应的对策。

(三) 预测企业未来的发展趋势

要实现财务管理目标,企业不仅要客观地评价过去,而且要科学地预测未来。企业要在历史资料的基础上进行财务预测,并在财务预测的基础上进行财务决策和编制全面预算。财务分析结果是企业进行财务预测、编制全面预算的重要依据。如果没有对财务资料的分析利用,就会使企业的预测缺乏客观依据,不能通过有效的管理手段和方法实现预期的管理目标。

三、财务分析的方法

(一) 比较分析法

比较分析法是对两个有关的项目或指标数值进行对比,揭示差异和矛盾的一种分析方法。比较分析法有绝对数比较和相对数比较两种形式。绝对数比较是将主要报表项目的绝对数与比较对象的绝对数进行比较,以揭示数量差异,从而了解金额变动情况。相对数比较是利用报表中有相关关系的数据的相对数进行比较,以揭示数量差异,从而了解变动程度。

比较分析的具体形式有:①将本期的实际数据与前期的实际数据进行比较,可以了解企业财务状况及发展趋势;②将本期的实际数据与计划数据相比较,考核企业管理层受托责任的完成情况,分析达成长期目标的可能性;③将本期的实际数据与同行业同类数据相比较,便于找出企业与行业标杆企业的差距,制定新的目标,增强企业的竞争力。

(二) 比率分析法

比率分析法是通过计算各种比率指标来确定财务活动变动程度的方法。比率指标的类型主要有构成比率、效率比率和相关比率三大类。

1. 构成比率

构成比率又称结构比率,它是某项财务指标的各组成部分数值占总体数值的百分比,反映部分与总体的关系,其基本公式如下:

$$构成比率 = \frac{某个组成部分数值}{总体数值} \times 100\%$$

比如,企业资产中流动资产、固定资产和无形资产占资产总额的百分比(资产构成比率),企业负债中流动负债和长期负债占负债总额的百分比(负债构成比率)等,利用构成比率,可以考察总体中某个部分的形成和安排是否合理,以便协调各项财务活动。

2. 效率比率

效率比率,是某项财务活动中所费与所得的比率,反映投入与产出的关系。利用效率比率指标,可以进行得失比较,考察经营成果,评价经济效益。比如,将利润项目与销售成本、销售收入、资本金等项目加以对比,可以计算出成本利润率、销售利润率和资本金利润率指标,从不同角度观察比较企业获利能力的高低及其增减变化情况。

3. 相关比率

相关比率,是以某个项目和与其有关但又不同的项目加以对比所得的比率,反映有关经济活动的相互关系。利用相关比率指标,可以考察企业相互关联的业务安排得是否合理,以保障经营活动顺畅进行。

将流动资产与流动负债进行对比计算出流动比率,可以判断企业的短期偿债能力;将负债总额与资产总额进行对比,可以判断企业长期偿债能力。采用比率分析法时,应当注意:对比项目的相关性;对比口径的一致性;衡量标准的科学性。

（三）因素分析法

因素分析法，是根据分析指标与其影响因素之间的关系，按照一定的程序和方法，从数量上确定各因素对指标差异影响程度的一种方法。采用这方法主要基于：当有若干因素对分析指标产生影响时，假定其他各个因素既定的情况下，顺序地确定每一个因素单独变化所产生的影响。

因素分析法具体有两种：一是连环替代法；二是差额分析法。连环替代法是将分析指标分解为各个可以计量的因素，并根据各个因素之间的依存关系，顺次用各因素的比较值（通常是实际值）替代基准值（通常是标准值或计划值），据以测定各因素对分析指标的影响。

差额分析法是连环替代法的一种简化形式，它是利用各个因素的比较值与基准值之间的差额，来计算对分析指标的影响。

（四）趋势分析法

各个时期的财务状况及经营成果处于不断的变化之中，这种变化的结果表现为同一指标在不同时期具有不同的结果，通过对同一指标不同时期资料的对比分析，就可以分析评价该项指标的变化趋势和发展前景，而这种变化趋势对预测未来是非常有用的。如将不同时期的营业收入进行列示和对比，可以分析了解营业收入的发展趋势，为进行收入预测提供相关资料。在实际工作中，这种分析方法往往要收集若干年度的财务资料，然后将某个年度的该项经济指标数据作为基数，其他各年度的数据与基数进行比较，分析该项经济指标的发展变化趋势。趋势分析可以通过编制不同时期的对比分析表来进行。

第二节　基本财务指标分析

小贴士

企业的各利益相关者关注的财务指标各有侧重点，他们为提高企业价值这一目标而相互合作，构成了利益共同体。为实现企业的长期可持续发展，必须协调好各利益相关者之间的关系。企业各利益相关者之间的和谐、公平、合作尤为重要，这和社会主义核心价值观的要求也是一致的。

一、偿债能力分析

偿债能力是指企业偿还自身所欠债务的能力。偿债能力的高低直接表明企业财务风险的大小。企业偿债能力低不仅说明企业资金紧张，难以支付日常经营支出，而且说明企业资金周转不灵，难以偿还到期债务，甚至面临破产危险。按照时间可以将其分为短期偿债能力和长期偿债能力。

为便于说明,本节以甲公司为例,进行各项财务指标的计算。该公司的资产负债表、利润表如表 3-1 和表 3-2 所示。

表 3-1 甲公司资产负债表

编制单位:甲公司　　　　　　　　2×19 年 12 月 31 日　　　　　　　　单位:万元

资产	年初数	期末数	负债和净资产	年初数	期末数
流动资产			流动负债		
货币资金	800.00	900.00	短期借款	2 000.00	2 300.00
交易性金融资产	1 000.00	500.00	应付款项	1 000.00	1 200.00
应收款项	1 200.00	1 300.00	预收账款	300.00	400.00
预付账款	—	70.00	其他应付款	100.00	100.00
存货	4 000.00	5 200.00	流动负债合计	3 400.00	4 000.00
其他流动资产		30.00	非流动负债		
流动资产合计	7 000.00	8 000.00	长期借款	2 000.00	2 500.00
非流动资产			负债合计	5 400.00	6 500.00
长期股权投资	400.00	400.00	所有者权益		
固定资产	12 000.00	14 000.00	实收资本	12 000.00	12 000.00
无形资产	600.00	600.00	盈余公积	1 600.00	1 600.00
非流动资产合计	13 000.00	15 000.00	未分配利润	1 000.00	2 900.00
			所有者权益合计	14 600.00	16 500.00
资产总计	20 000.00	23 000.00	负债和所有者权益总计	20 000.00	23 000.00

表 3-2 甲公司利润表

编制单位:甲公司　　　　　　　　2×19 年　　　　　　　　单位:万元

项目	2×18 年	2×19 年
一、营业收入	19 000.00	22 000.00
二、营业总成本	14 800.00	17 600.00
其中:营业成本	11 100.00	13 200.00
税金及附加	1 080.00	1 200.00
销售费用	1 620.00	1 900.00
管理费用	800.00	1 000.00
财务费用	200.00	300.00
加:投资收益	300.00	300.00
三、营业利润	4 500.00	4 700.00
加:营业外收入	100.00	150.00
减:营业外支出	600.00	650.00
四、利润总额	4 000.00	4 200.00
减:所得税费用	1 000.00	1 050.00
五、净利润	3 000.00	3 150.00

(一) 短期偿债能力

短期偿债能力分析是指企业流动资产对流动负债及时足够偿还的保证程度，它是衡量企业当前产生现金的能力。通常流动负债需以流动资产来偿付，因此通过分析企业近期转化为现金的流动资产与流动负债之间的关系可以判断企业短期偿债能力，反映企业短期偿债能力的比率主要有流动比率、速动比率、现金比率等。

1. 流动比率

流动比率是企业流动资产除以流动负债的比值，它反映企业每一元流动负债有多少流动资产作为偿还的保证，其计算公式为

$$流动比率 = \frac{流动资产}{流动负债} \times 100\%$$

一般认为，流动比率越高，反映企业短期偿还能力越强，债权人的权益越有保障，根据西方企业的长期经验，生产型企业合理的流动比率在2∶1左右。这主要是因为在流动资产中为满足企业日常生产经营的存货金额比重较大，且变现能力较差，因此要有流动性较强的流动资产来满足到期短期债务的偿付。

流动比率是个相对数，是对营运资金的补充，适合于不同规模企业之间及本企业不同历史时期的比较。在运用该比率时应注意以下几个问题。

（1）虽然流动比率越高，企业偿还短期债务的流动资产保证程度越强，但这不等于说企业已有足够的现金或存款用来偿债。流动比率高有可能是存货积压、应收账款增多且收账期长，以及预付账款和其他流动财产增加所致，而真正可用于偿付短期债务的现金和存款严重短缺，所以企业应在分析流动比率的基础上，进一步加强对现金流量的考察。

（2）尽管过高的流动比率有利于保障短期债权人的权益，但从企业经营角度看，则意味着企业持有过多的闲置资金，必然造成企业机会成本的增加和盈利能力的降低。因此，企业应尽可能将流动比率维持在不使货币资金闲置的水平。

（3）该比值大小没有绝对标准，不同的企业及同一企业不同时期的评价标准是不尽相同的。

（4）应充分考虑各项流动资产的减值问题，如应收账款的坏账准备和存货的跌价准备等。

（5）企业的营业周期、应收账款数额和存货的周转速度也是影响流动比率的主要因素。

【例3-1】 根据表3-1的数据，甲公司的流动比率计算如表3-3所示。

表3-3 流动比率计算表

项　目	年初	年末
流动资产/万元	7 000.00	8 000.00
流动负债/万元	3 400.00	4 000.00
流动比率/%	205.88	200.00

由表3-3可知，该企业年初和年末流动比率均不低于公认标准（200%）。表明企业短期偿债能力较强，债权人的短期债权有保证。

2. 速动比率

速动比率又称酸性测试比率，是企业速动资产与流动负债的比率。其计算公式为

$$速动资产 = 流动资产 - 存货 - 预付账款 - 待摊费用$$
$$= 货币资金 + 交易性金融资产 + 应收账款 + 应收票据$$

$$速动比率 = \frac{速动资产}{流动负债} \times 100\%$$

计算速动比率时，流动资产中扣除存货，是因为存货在流动资产中变现速度较慢，有些存货可能滞销，无法变现。至于预付账款和待摊费用根本不具有变现能力，只是减少企业未来的现金流出量，因此理论上也应加以剔除，但是在实务中，由于它们在流动资产中所占的比重较小，计算速动资产时也可以不扣除。

传统经验认为，速动比率维持在 1 较为正常，表明企业的每 1 元流动负债就有 1 元易于变现的流动资产来抵偿，短期偿债能力有可靠的保证。

速动比率过低，企业的短期偿债风险较大；速动比率过高，企业在速动资产上占用资金过多，会增加企业投资的机会成本。但是以上评判标准并不是绝对的。

【例 3-2】 根据表 3-1 的数据，甲公司的速动比率计算如表 3-4 所示。

表 3-4 速动比率计算表

项 目	年 初	年 末
速动资产/万元	3 000.00	2 700.00
流动负债/万元	3 400.00	4 000.00
速动比率/%	88.23	67.5

由表 3-4 可知，该企业年末速动比率比年初有所下降，虽然该公司流动比率超过一般公认标准，但由于流动资产中存货所占比重过大，导致速动比率低于公认标准，公式的实际短期偿债能力并不理想，需采取措施。

3. 现金比率

现金比率是指一定时期内企业的现金及现金等价物与流动负债的比率。现金指企业的货币资金，现金等价物一般为交易性金融资产。它代表了企业随时可以偿债的能力或对流动负债的随时支付程度。其计算公式为

$$现金比率 = \frac{现金类资产}{流动负债} \times 100\%$$

速动比率已将变现能力较差的流动资产，如存货等予以剔除，但速动资产中的应收账款等有时也会因客户倒闭、抵押等情况使变现能力受影响，甚至出现坏账，最终减弱企业的短期偿债能力，尤其在企业一旦面临财务危机时，即使有较高的流动比率和速动比率，也无法满足债权人的要求。因此，现金比率是比流动比率和速动比率更加保守的反映企业短期偿债能力的指标，一般认为 20% 以上为好。

【例 3-3】 根据表 3-1 的数据,甲公司的现金比率计算如表 3-5 所示。

表 3-5 现金比率计算表

项 目	年 初	年 末
现金类资产/万元	1 800.00	1 400.00
流动负债/万元	3 400.00	4 000.00
现金比率/%	52.94	35.00

计算结果表明该企业短期偿债能力较好。

(二) 长期偿债能力

长期偿债能力与企业的获利能力、资本结构有十分密切的关系,可通过以下指标进行分析。

1. 资产负债率

资产负债率是从整体角度反映公司债务状况及偿债能力的财务指标,总资产反映了对总负债的抵押能力及其质量属性。其计算公式为

$$资产负债率 = \frac{负债总额}{资产总额} \times 100\%$$

该指标以时点数作为计算依据。从偿债能力来看,该指标反映了总资产对总负债的偿还保证程度。资产负债率越高,表明公司资产源于借债的比率越高,公司面临的偿债压力越大、财务风险越大,反之则财务风险越低。

企业的债权人和股东往往从不同的角度来评价资产负债率。从债权人角度来看,他们最关心的是贷出资金的安全性。如果这个比率过高,说明在企业的全部资产中,股东提供的资本所占比重太低,企业的财务风险主要由债权人承担,其贷款的安全性缺乏可靠的保障。

从企业股东角度来看,他们关心的主要是投资收益的高低,企业借入的资金与股东投入的资金在生产经营中可以发挥同样的作用。如果企业负债所支付的利息率低于资产报酬率,股东就可以利用举债经营取得更多的投资收益。资产负债率的高低没有一个明确的标准,不同行业、不同类型的企业存在较大差异。作为企业经营者在确定企业的负债比率时,一定要审时度势充分考虑企业内部各种因素和企业外部的市场环境,在收益与风险之间权衡利弊,这样才能作出正确的财务决策。

【例 3-4】 根据表 3-1 的数据,甲公司的资产负债率计算如表 3-6 所示。

表 3-6 资产负债率计算表

项 目	年 初	年 末
负债/万元	5 400.00	6 500.00
资产/万元	20 000.00	23 000.00
资产负债率/%	27.00	28.26

计算结果表明,甲公司年初和年末的资产负债率均不高,说明公司的长期偿债能力较强,这有助于增强债权人对公司借出资金的信心。

2. 产权比率

产权比率是指负债总额与所有者权益的比率，是企业财务结构稳健与否的重要标志，也称资本负债率。它反映企业所有者权益对负债人权益的保障程度，其计算公式为

$$产权比率 = \frac{负债总额}{所有者权益总额} \times 100\%$$

产权比率不仅反映了由债务人提供的资本与所有者提供的资本的相对关系，而且反映了企业自有资金偿还全部债务的能力，因此它又是衡量企业负债经营是否安全有利的重要指标。一般来说，这一比率越低，表明企业长期偿债能力越强，债权人权益保障程度越高，承担的风险越小，一般认为这一比率为1∶1，即100%以下时，应该是有偿债能力的，但还应该结合企业的具体情况加以分析。当企业的资产收益率大于负债成本率时，负债经营有利于提高资金收益率，获得额外的利润，这时的产权比率可适当高些。产权比率高是高风险、高报酬的财务结构；产权比率低，是低风险、低报酬的财务结构。

【例 3-5】 根据表 3-1 的数据，甲公司的产权比率计算如表 3-7 所示。

表 3-7 产权比率计算表

项目	年初	年末
负债/万元	5 400.00	6 500.00
所有者权益总额/万元	14 600.00	16 500.00
产权比率/%	36.99	39.39

计算结果表明，该企业年末和年初的产权比率都不高，说明企业长期偿债能力较强，债权人的保障程度提高。

3. 利息保障倍数

利息保障倍数又称已获利息倍数，是企业息税前利润与利息费用的比率，是衡量企业偿付负债利息能力的指标。其计算公式为

$$利息保障倍数 = \frac{息税前利润}{利息费用} \times 100\% = \frac{净利润+所得税费用+利息费用}{利息费用} \times 100\%$$

式中，利息费用是指本期发生的全部应付利息，包括流动负债的利息费用、长期负债中计入损益的利息费用及计入固定资产原价中的资本化利息。

利息保障倍数越高，说明企业支付利息费用的能力越强；利息保障倍数越低，说明企业难以保证用经营所得来及时足额地支付负债利息。因此，利息保障倍数是企业是否举债经营和衡量企业偿债能力强弱的主要指标。

若要合理地确定企业的利息保障倍数，需将该指标与其他企业，特别是同行业平均水平进行比较。根据稳健原则，应以指标最低年份的数据作为参照物。但是一般情况下，利息保障倍数不能低于1。

【例 3-6】 假如甲公司利润表中的财务费用全部为利息支出，则根据表 3-2，利息保障倍数计算如表 3-8 所示。

表 3-8　利息保障倍数计算表

项　目	2×18 年	2×19 年
息税前利润/万元	3 000＋1 000＋200＝4 200	3 150＋1 050＋300＝4 500
利息支出/万元	200.00	300.00
利息保障倍数	21	15

从表 3-8 中可以看出,甲公司 2×18 年和 2×19 年的利息保障倍数都很高,远高于国际公认水平,企业有较强的偿付债务及利息的能力。进一步的分析还需结合企业往年的情况和行业特点进行判断。

二、营运能力分析

企业的营运能力实际上就是指企业基于外部市场环境的约束,通过资源配置,对总资产及其各个组成要素的管理运作效率。通过营运能力分析,可以了解企业的经营状况和管理水平,以充分提高企业资源的使用效率。

1. 总资产周转率

总资产周转率是指企业在一定时期营业收入与平均资产总额的比值。它说明企业的总资产在一定时期内周转的次数。总资产周转率是综合评价资产管理或资本利用效率的重要指标,其计算公式为

$$总资产周转率(周转次数)=\frac{营业收入}{平均资产总额}$$

总资产周转速度也可以用总资产周转天数表示,其计算公式为

$$总资产周转期(周转天数)=\frac{360}{周转次数}=\frac{平均资产总额\times 360}{营业收入}$$

一般来说,总资产周转次数越多,周转天数越少,表明其周转速度越快,盈利能力越强。

【例 3-7】 根据表 3-1 和表 3-2 的数据,甲公司的总资产周转率计算如表 3-9 所示。

表 3-9　总资产周转率计算表

项　目	2×17 年	2×18 年	2×19 年
营业收入/万元		19 000	22 000
总资产年末余额/万元	18 000	20 000	23 000
平均资产总额/万元		19 000	21 500
总资产周转率		1.00	1.02
总资产周转期		360	351.82

计算结果表明,该公司在 2×19 年每一天的资产可产生 1.02 万元的营业收入,按当前的销售规模,需要 351.82 天可将公司资金周转一次。至于这意味着该公司资产管理效果是好是坏,则要结合该指标的变动情况,或与同行业平均水平比较才能作出判断。

2. 应收账款周转率

应收账款是企业销售商品和提供劳务应向购买单位或接受劳务单位收取的款项。应收账款管理水平的高低可通过周转率和周转天数两个指标的计算作出判断。

应收账款周转率是赊销收入净额与会计期内平均应收账款之间的比值,用一年的总天数360天除以应收账款周转率为应收账款周转天数,即平均收现期,应收账款周转率的有关计算公式如下:

$$应收账款周转率 = \frac{赊销收入净额}{平均应收账款}$$

$$赊销收入净额 = 赊销销售收入 - 销售折扣与折让$$

$$平均应收账款 = \frac{期初应收账款 + 期末应收账款}{2}$$

$$平均收现期 = \frac{360}{应收账款周转率}$$

在计算应收账款周转率时,分子采用的赊销收入净额,是赊销收入总额减去赊销部分销售折扣与折让后的余额,赊销收入是企业当期的销售收入扣除现金销售以后的部分,营业收入可以从利润表中直接获取,现金销售部分来源于现金流量表。由于企业外部报表使用者不能直接从现金流量表中找到该项数据,因此在实务中,对于外部的报表使用者来说只能采用营业收入指标计算应收账款周转率,公式中的应收账款是未扣除坏账准备前的收账款金额。

在计算平均收现期时,季度按90天计算,月度按30天计算。

应收账款实际上是企业采用信用政策的结果,如果企业的信用政策比较宽松,其应收账款就会比较多,如果企业的信用政策比较紧,其应收账款就会比较少,当赊销行为发生后,企业的应收账款能否及时收回,取决于企业对应收账款管理的好坏,应收账款周转率和平均收现期提供了企业应收账款管理方面的信息。

【例3-8】 根据表3-1和表3-2的数据,甲公司的应收账款周转率计算如表3-10所示。

表3-10 应收账款周转率计算表

项 目	2×17年	2×18年	2×19年
营业收入/万元		19 000	22 000
应收账款年末余额/万元	900	1 200	1 300
平均应收账款年末总额/万元		1 050	1 250
应收账款周转率		18.10	17.6
应收账款周转期		19.89	20.45

计算结果表明,该公司2×19年的应收账款在一年内可周转17.6次。按当前的资金回笼速度,只需要20.45天就可以将应收账款周转一次,与2×18年相比,应收账款的回笼速度变慢,应查明原因。

3. 存货周转率

存货周转率是一定时期企业的营业成本或销售成本与存货平均资金占用额的比率,也

称存货周转次数,是反映存货周转速度的指标。其计算公式为

$$存货周转率(周转次数)=\frac{营业成本}{平均存货总额}$$

$$存货平均余额=\frac{期初存货+期末存货}{2}$$

$$存货周转天数=\frac{360}{存货周转率}=\frac{360\times 存货平均余额}{营业成本}$$

通常,存货周转率越高,表明存货转化为应收账款和现金的速度就越快;反之亦然。但这并不意味着存货周转率总是越高越好,比如当公司通过减少原材料储备以提高存货周转率时,有可能面临因缺货而导致营业中断风险;当公司存货处于不断升值时,囤积部分存货可能也不完全是坏事。

存货周转率与公司采购与供应链管理、营销模式、生产工艺及流程等多种因素直接相关。比如供应链管理效率越高,材料采购资金占有越少,存货周转率则越高;采用订单式生产经营模式,其产成品占有额较低,存货周转率就越高;在产品储存时间越长(如白酒行业因工艺要求必须储存一定年限),其存货占用额越大,存货周转效率就越低。同时还应看到,存货周转率还与存货计价模式、存货结转方法等方法相关。

从报表分析角度,存货及其周转能力分析需要关注:①存货占用的真实性,保证账实相符;②存货周转率变动的周期性、各期之间的波动性;③存货计价及结转方式的合理性;④存货减值准备计提的合理性;⑤各存货项目(如原材料,在产品、产成品等)之间的内在关联及其联动性,等等。只有全面分析上述各项因素,才能真正了解存货占用质量及其周转效率。

【例3-9】 根据表3-1和表3-2的数据,甲企业的应收账款周转率计算如表3-11所示。

表3-11 存货周转率计算表

项 目	2×17年	2×18年	2×19年
营业成本/万元		11 100	13 200
存货年末余额/万元	3 200	4 000	5 200
平均存货年末总额/万元		3 600	4 600
存货周转率		3.08	2.87
存货周转期		116.76	125.45

计算结果表明,公司2×19年存货周转率与2×18年存货周转率相比,周转速度稍微变慢,可能与2×19年存货大幅提高有关。

4. 固定资产周转率

固定资产周转率是指企业一定时期营业收入与固定资产平均净值的比率,其计算公式为

$$固定资产周转率(周转次数)=\frac{营业收入}{固定资产平均净值}$$

$$固定资产平均净值=\frac{期初固定资产净值+期末固定资产净值}{2}$$

$$固定资产净值=固定资产原值-累计折旧$$

这里需要注意的是,计算时使用的是固定资产净值,即固定资产原价扣除已计提的累积

折旧后的金额,而不是固定资产原价或固定资产净额(固定资产原值－累计折旧－已计提的减值准备)。

固定资产周转率是反映企业固定资产周转情况,衡量企业固定资产利用效率的指标。一般情况下,固定资产周转率越高,表明企业固定资产利用充分,结构合理,能够充分发挥效率。反之,如果固定资产周转率不高,则表明固定资产使用效率较低,企业的营运能力不强,可能会影响企业的盈利能力。

运用固定资产周转率时,需要考虑固定资产因计提折旧,其净值在不断地减少,以及因更新重置,其净值突然增加的影响。同时,由于折旧方法的不同,可能影响其可比性,所以在分析时,一定要剔除掉这些不可比因素。

固定资产周转情况也可用固定资产周转天数来反映,其计算公式为

$$固定资产周转期(周转天数)=\frac{360}{固定资产周转率}=\frac{平均固定资产占用额\times 360}{营业收入}$$

【例 3-10】 根据表 3-1 和表 3-2 的数据,甲公司的应收账款周转率计算如表 3-12 所示。

表 3-12　固定资产周转率计算表

项　目	2×17 年	2×18 年	2×19 年
营业收入/万元		19 000	22 000
固定资产年末净额/万元	10 000	12 000	14 000
平均固定资产净额/万元		11 000	13 000
固定资产周转率		1.73	1.69
固定资产周转期		208.42	212.73

计算结果表明,公司 2×19 年固定资产周转率与 2×18 年固定资产周转率相比,周转速度稍微变慢,主要原因是固定资产增加幅度高于营业收入增长幅度。

三、盈利能力分析

通常,我们评价一个企业的盈利能力往往是以企业赚取利润的能力来衡量的,这里的利润是指按会计方法确认的利润。但按会计方法确认的利润来评价企业的盈利能力,也有其局限性。这主要是因为按会计利润衡量企业的盈利能力,有两个方面的缺陷:其一,一个新建的处于成长期的企业,其前期投入的费用会较高,因此,起初只有较低的利润,在此情况下,当前企业的利润就不足以评价其盈利能力;其二,两个企业即使其当期利润相同,但其风险显著不同,仅依据二者当期的利润相同而得出其盈利能力相同的结论是错误的。因此,用按会计方法确认的利润来衡量缺乏可以比较的基础。从经济意义的角度来说,企业具有较强的盈利能力,应是企业的收益率大于投资者自己能够从资本市场上赚取利润的收益率。但这并不否认企业可以根据会计方法对其当期的盈利能力进行判断。

1. 净资产收益率

净资产收益率也称所有者(股东)权益报酬率、股本报酬率、净值报酬率,是企业一定时期内净利润与平均净资产(所有者权益)之比,该指标反映了投资者投入资本的获利能力。

其计算公式为

$$净资产收益率 = \frac{净利润}{平均所有者权益} \times 100\%$$

上式中的净利润为企业税后净利,平均所有者权益为企业期初所有者权益总额和期末所有者权益总额的平均数。需要说明的是,对于股份公司来说,净资产收益率通常是指普通股股东权益报酬率。如果公司股份中有优先股,应将这部分内容剔除。财务制度规定,优先股股利在企业提取任意盈余公积和支付普通股股利之前支付,而且无论公司的收益如何,优先股的股利一般是固定不变的。因此,可以说普通股股东才是公司资产的真正所有者和风险的主要承担者。

【例 3-11】 利用表 3-1 和表 3-2 中的资料,计算 2×19 年企业的净资产收益率。

$$净资产收益率 = \frac{净利润}{平均所有者权益} \times 100\%$$

$$= \frac{3\,150}{(14\,600 + 16\,500) \div 2} \times 100\% = 20.26\%$$

判定资产占用额对总资产报酬率的影响时,不仅应注意尽可能降低资产占用额,提高资产运用效率,还应重视资产结构的影响,合理安排资产构成,优化资产结构。

净资产收益率的分析要点如下。

(1) 净资产收益率是立足于所有者权益的角度来考核企业获利能力和投资回报能力,因而它是所有者最为关注的,对企业具有重大影响的指标。一般来说,净资产收益率越高,企业净资产的使用效率就越高,投资者的利益保障程度也就越大。

(2) 报表使用者通过分析该指标,可以判定企业的投资效益,而且可以了解企业管理水平的高低。同时对该指标的分析还是所有者考核其投入企业的资本保值增值程度的基本途径。

2. 营业利润率

营业利润率反映的是利润与营业收入的比值,反映了每元营业收入中利润所占的比重。在实务中营业利润率有三种表现形式,包括营业净利率、营业毛利率、营业息税前利润率。其计算公式如下:

$$营业净利率 = \frac{净利润}{营业收入总额} \times 100\%$$

$$营业毛利率 = \frac{毛利}{营业收入总额} \times 100\% = \frac{营业收入 - 营业成本}{营业收入总额} \times 100\%$$

$$营业息税前利润率 = \frac{息税前利润}{营业收入总额} \times 100\%$$

一般来说,营业净利率反映了企业以较低的成本或较高的价格提供产品和劳务的能力。企业在增加收入的同时,必须获得更多的净利润。要获得较多的净利润,企业只有在增加收入和降低成本两方面做好管理工作。该项指标实际是向管理者提供了这样的信息:企业的营业净利率由高变低,应从收入和成本两方面分析原因。

营业毛利率反映了每元营业收入中毛利所占的比重。该指标在商业零售和批发企业中具有重要的作用。能否获得较高的毛利,直接关系到企业当期利润的多少。这里的毛利是企业当期的商品进销差价,在利润表上为当期的营业收入与当期的营业成本之差。

营业息税前利润率反映的是息税前利润占营业收入的比重。

【例3-12】 根据表3-1和表3-2的数据,甲公司的营业利润率计算如表3-13所示。

表3-13 营业利润率计算表

项 目	2×18年	2×19年
营业收入/万元	19 000	22 000
营业成本/万元	11 100	13 200
营业利润/万元	12 000	14 000
息税前利润/万元	4 200	4 500
净利润/万元	3 000	3 150
营业净利率/%	15.79	14.32
营业毛利率/%	41.58	40
营业息税前利润率/%	22.11	20.45

以上结果表明,企业的营业利润率总变动趋势是下降的,这意味着企业的营业业务获利水平的下降。特别是作为企业获利能力稳定性和持久性的重要指标的营业利润率的下降,不能不说企业的总获利能力已出现下降趋势。

3. 总资产报酬率

总资产报酬率是企业在一定时期内获得的报酬总额与企业平均资产总额的比值。它是反映企业资产综合利用效果的指标,也是衡量企业利用债权人和所有者权益总额获得盈利的重要指标。其计算公式为

$$总资产报酬率 = \frac{息税前利润总额}{平均资产总额} \times 100\%$$

总资产报酬率全面反映了企业全部资产的获利水平,企业所有者和债权人对该指标都非常关心。一般情况下,该指标越高,表明企业的资产利用效果越好,整个企业获利能力越强,经营管理水平越高。企业还可以将该指标与市场资本利率进行比较,如果前者较后者大,则说明企业可以充分利用财务杠杆,适当举债经营,以获得更多的收益。在分析企业的总资产报酬率时,通常要与该企业前期、同行业平均水平和先进水平进行比较,这样才能判断企业资产报酬率的变动趋势及在同行业中所处的地位,从而了解企业的总资产利用效率,发现经营管理中存在的问题,以便改进管理,提高效益。

【例3-13】 假如甲公司利润表中的财务费用全部为利息支出,2×17年年末资产总额为18 000万元,则总资产报酬率计算如表3-14所示。

表3-14 总资产报酬率计算表

项 目	2×18年	2×19年
营业息税前利润/万元	4 200	4 500
平均资产总额/万元	19 000	21 500
总资产报酬率/%	22.11	20.93

计算结果表明,该公司2×19年资产利用效率比2×18年下降1.18%,需分析资产的使

用情况,以便改进管理,提高效益。

4. 每股收益

每股收益,也称每股利润或每股盈余,是反映企业普通股股东持有每一股份所能享有企业利润或承担企业亏损,是衡量上市公司盈利能力时最常用的财务分析指标。每股收益越高,说明公司的盈利能力越强。

每股收益的计算包括基本每股收益和稀释收益。

企业应当按照归属于普通股股东的当期净利润,除以发行在外普通股的加权平均数计算基本每股收益。其计算公式为

$$基本每股收益 = \frac{归属于普通股股东的当期净利润}{当期发行在外普通股加权平均数}$$

$$当期发行在外普通股加权平均数 = \frac{期初发行在外普通股股数 + 当期新发行普通股股数 \times 已发行的时间}{当期发行在外普通股加权平均数} - \frac{当期回购普通股股数 \times 已回购时间}{报告期时间}$$

注:已发行时间、报告期时间和已回购时间一般按天数计算,在不影响计算结果的前提下,也可以按月份简化计算。

5. 市盈率

市盈率是股票每股市价与每股收益的比率,其计算公式为

$$市盈率 = \frac{每股股价}{每股收益}$$

一方面,市盈率越高,意味着企业未来成长的潜力越大,即投资者对该股票的评价越高;反之,投资者对该股票评价越低。另一方面,市盈率越高,说明投资于该股票的风险越大,市盈率越低,说明投资于该股票的风险越小。

影响企业股票市盈率的因素有三方面:①上市公司盈利能力的成长性。如果上市公司预期盈利能力不断提高,说明企业具有较好的成长性,虽然目前市盈率较高,但值得投资者进行投资。②投资者所获取报酬率的稳定性。如果上市公司经营效益良好且相对稳定,则投资者获取的收益也较高且稳定,投资者就愿意持有该企业的股票,则该企业的股票市盈率会由于众多投资者的普遍看好而相应提高。③市盈率也受到利率水平变动的影响。当市场利率水平变化时,市盈率也应作相应的调整。所以,上市公司的市盈率一直是广大股票投资者进行中长期投资的重要决策指标。

对于因送红股、公积金转增资本、配股造成股本总数比上一年年末增加的公司,其每股税后利润按变动后的股本总数予以相应的摊薄。

四、发展能力分析

公司价值取决于公司未来成长预期及可持续性。因此分析公司财务状况与经营成果,还应从可持续增长角度来透视公司发展潜能与增长趋势。

1. 营业收入增长率

营业收入是公司营业活动成果的主要表现,是公司价值增值的源头。作为投资增长的

结果,收入增长既反映公司的市场地位及自身经营状况,也反映公司价值增长趋势。收入增长率为正,说明公司的市场定位准确、市场前景看好;反之,收入增长为负,要么说明所处相关行业增长乏力、行业前景不佳,要么说明公司的市场地位不稳定、市场竞争力减弱、市场份额正在萎缩,公司未来价值增长空间变小。

财务指标测算上,收入增长率即本期营业收入增加额与上期营业收入的比率,其计算公式为

$$营业收入增长率 = \frac{本期营业收入 - 上期营业收入}{上期营业收入} \times 100\%$$

收入增长率分析应注意以下两个方面。

(1) 收入增长的有效性。它需要将该指标与资产增长率结合起来分析。当收入增长主要靠"投资增长"拉动,即收入增长率低于甚至远低于资产增长率时,就需要进一步分析收入增长的有效性、可持续性。长期来看,收入增长有效性意指收入增长率应长期地高于资产增长率。

(2) 收入构成及增长率。营业收入由不同业务、产品等构成,在分析收入增长时,需要针对不同产品或业务板块分析其对收入增长的贡献程度。对于传统产品或产业,公司要稳定已有市场份额,追求有现金流的收入增长;而对于新产品或新业务,公司需要追加投资以追求其快速增长。为此,收入增长需要明确其收入结构,根据战略定位、经营计划及预算目标等,进一步分析各业务收入增长对公司价值的影响。

【例 3-14】 根据表 3-2 的数据,甲公司营业收入增长率计算如表 3-15 所示。

表 3-15 营业收入增长率计算表

项 目	2×18 年	2×19 年	增长额	增长率
营业收入/万元	22 000	19 000	3 000	15.79%

计算结果表明,2×19 年甲公司营业收入增长率为 15.79%,这个指标很高,说明公司的营业收入增长较快,企业产品的市场前景较好。

2. 总资产增长率

总资产增长率是指企业一定时期资产净值增加额与期初资产总额的比率。它可以反映企业一定时期内资产规模扩大的情况,但在实际分析时应考虑资产规模扩张质和量的关系。其计算公式为

$$总资产增长率 = \frac{期末资产总额 - 期初资产总额}{期初资产总额} \times 100\%$$

3. 资本保值增值率

资本保值增值率是企业扣除客观因素后的本年末所有者权益总额与年初所有者权益总额的比率,反映企业当年资本在企业自身努力下的实际增减变动情况。其计算公式为

$$资本保值增值率 = \frac{扣除客观因素后的年末所有者权益总额}{年初所有者权益总额} \times 100\%$$

一般认为,资本保值增值率越高,表明企业的资本保全状况越好,所有者权益增长越快,债权人的债务越有保障。该指标通常大于 100%。

第三节 财务综合分析

一、财务综合分析的概念

财务综合分析就是将反映企业的偿债能力、营运能力、盈利能力等诸方面的财务指标纳入一个有机的整体中,系统、全面、综合地对企业财务状况、经营成果和财务状况的变动进行剖析、解释和评价,从而对企业经营绩效的优劣作出准确的评判。

与基本财务比率分析或单项财务指标分析相比,财务综合分析具有以下特点。

(1) 分析方法不同。基本财务比率分析采用由一般到个别,把企业财务活动的总体分解为每个具体部分,然后逐一考查分析;而综合分析则是通过归纳综合,从个别财务现象分析入手,再从财务活动的总体上作出总结评价。

(2) 财务分析性质不同。基本财务比率分析具有实务性和实证性;而综合分析则具有高度的抽象性和概括性,着重从整体上概括财务状况的本质特征。

(3) 财务分析的重点和比较基准不同。单项财务指标分析的重点和比较基准是财务计划、财务理论标准,而综合分析的重点和基准是企业整体发展趋势。

(4) 财务指标在分析中的地位不同。单项财务分析把每个分析的指标视为同等重要地位来处理,忽视了各种指标之间的相互关系;而财务综合分析则强调各种指标有主辅之分,并且特别注意主辅指标之间的本质联系和层次关系。

二、杜邦财务分析体系

杜邦分析法是利用各主要财务比率之间的内在联系,对企业财务状况和经营成果进行综合系统评价的方法。它是由美国杜邦公司在20世纪20年代率先采用的一种财务分析方法,故称杜邦财务分析体系。杜邦分析法是一种用来评价企业盈利能力和股东权益回报水平,从财务角度评价企业绩效的一种经典方法。其基本思想是将企业净资产收益率逐级分解为多项财务比率的乘积,这样有助于深入分析比较企业的经营业绩。在杜邦分析法下,净资产收益率可以分解为以下几个主要的财务比率。

净资产收益率=总资产净利率×权益乘数=销售净利率×总资产周转率×权益乘数

以净资产收益率作为杜邦分析的核心和起点,在于该指标是一个综合性极强、具有代表性的财务比率。公司财务管理的一个重要目标就是使股东财富最大化,净资产收益率正是反映了所有者投入资本的能力,因此,这一比率可以反映出公司筹资、投资等各种经营活动的效率。综上所述,杜邦分析体系的基本框架如图3-1所示。

从杜邦分析体系框架图可以发现提高净资产收益率的三种途径:
(1) 使销售收入增长幅度高于成本和费用的增加幅度;
(2) 增加销售收入或减少公司资产;
(3) 在不危及公司财务安全的前提下,增加债务规模,提高负债比率。

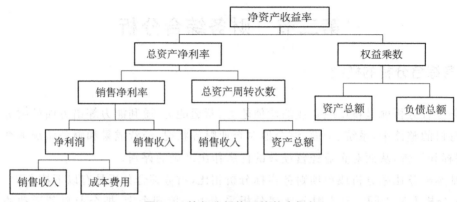

图 3-1 杜邦分析体系的基本框架

杜邦分析体系的作用在于通过自上而下的分析,了解企业财务状况、经营成果的全貌及各项指标之间的内在联系,明确影响净资产收益率变动的因素及其存在的主要问题,为经营者提供解决财务问题的思路;同时,也为企业提供了财务目标分解控制的途径。按照杜邦分析体系自下而上的运用,可以考查企业经营活动中各项财务指标的实际情况,为企业的财务控制和评价考核提供依据,有利于正确评价经营者的业绩。

本 章 小 结

财务分析是根据企业财务报表等信息资料,采用专门方法,系统分析和评价企业财务状况、经营成果及未来发展趋势的过程。本章主要内容包括财务分析的内容、企业偿债能力、营运能力、盈利能力、财务综合分析与评价。财务分析的方法主要包括比较分析法、比率分析法和因素分析法。

财务指标分析包括偿债能力分析、营运能力分析、盈利能力分析和发展能力分析。偿债能力分析包括短期偿债能力分析和长期偿债能力分析,短期偿债能力分析的常用指标有流动比率、速动比率、现金流动负债比率;长期偿债能力分析的指标有资产负债率、产权比率、利息保障倍数。营运能力分析的指标主要有总资产周转率、固定资产周转率、流动资产周转率、应收账款周转率和存货周转率。盈利能力分析的常用指标有营业利润率、销售净利率、总资产报酬率和净资产报酬率。发展能力分析的常用指标有营业收入增长率、总资产增长率、资本保值增值率。上市公司基本财务分析指标包括基本每股收益、市盈率。企业综合绩效分析方法有很多,传统方法主要有杜邦分析法和沃尔评分法。杜邦分析法是利用各主要财务比率指标间的内在联系,对企业财务状况及经济效益进行综合系统分析评价的方法。

本章重要概念

财务分析是指以财务报表和其他相关资料为主要依据,采用一定的标准和一系列专门的科学分析方法,对企业的财务状况、经营成果及其发展趋势进行的系统分析和评价。

财务报告是指企业对外提供的反映企业某一特定日期财务状况和某一会计期间经营成

果、现金流量的文件。财务报告主要包括基本财务报表和报表附注。

企业偿债能力分析包括短期偿债能力分析和长期偿债能力分析。其中,分析短期偿债能力的指标有流动比率、速动比率和现金比率等;分析长期偿债能力的指标有资产负债率、产权比率、权益乘数和利息保障倍数等。

企业营运能力是衡量公司资产管理效率的财务比率,主要包括应收账款周转率、存货周转率、固定资产周转率和总资产周转率。

盈利能力是指企业获取利润的能力。衡量盈利能力的指标主要包括销售净利率、总资产报酬率、净资产收益率等。除上述指标以外,上市公司还会采用一些特殊的评价指标,如每股收益、市盈率等评价其盈利能力。

企业的发展能力即企业的成长性,是指企业通过自身的生产经营活动,不断扩大积累而形成的发展潜能。分析发展能力的主要指标有销售增长率、总资产增长率、资本保值增值率等。

杜邦分析法是利用各主要财务比率之间的内在联系,对企业财务状况和经营成果进行综合系统评价的方法。杜邦分析体系的作用在于通过自上而下的分析,可以了解企业财务状况、经营成果的全貌及各项指标之间的内在联系,明确影响净资产收益率变动的因素及其存在的主要问题,为经营者提供解决财务问题的思路。

本章主要公式

(1) 流动比率 $=\dfrac{\text{流动资产}}{\text{流动负债}}\times 100\%$

(2) 速动资产 = 流动资产 − 存货 − 预付账款 − 待摊费用
   = 货币资金 + 交易性金融资产 + 应收账款 + 应收票据

(3) 速动比率 $=\dfrac{\text{速动资产}}{\text{流动负债}}\times 100\%$

(4) 现金比率 $=\dfrac{\text{现金类资产}}{\text{流动负债}}\times 100\%$

(5) 资产负债率 $=\dfrac{\text{负债总额}}{\text{资产总额}}\times 100\%$

(6) 产权比率 $=\dfrac{\text{负债总额}}{\text{所有者权益总额}}\times 100\%$

(7) 利息保障倍数 $=\dfrac{\text{息税前利润}}{\text{利息费用}}\times 100\% = \dfrac{\text{净利润}+\text{所得税费用}+\text{利息费用}}{\text{利息费用}}\times 100\%$

(8) 总资产周转率(周转次数) $=\dfrac{\text{营业收入}}{\text{平均资产总额}}$

(9) 应收账款周转率 $=\dfrac{\text{赊销收入净额}}{\text{平均应收账款}}$

(10) 赊销收入净额 = 赊销销售收入 − 销售折扣与折让

(11) 平均应收账款 $=\dfrac{\text{期初应收账款}+\text{期末应收账款}}{2}$

(12) 平均收现期 $= \dfrac{360}{\text{应收账款周转率}}$

(13) 存货周转率(周转次数) $= \dfrac{\text{营业成本}}{\text{平均存货总额}}$

(14) 存货平均余额 $= \dfrac{\text{期初存货} + \text{期末存货}}{2}$

(15) 存货周转天数 $= \dfrac{360}{\text{存货周转率}} = \dfrac{360 \times \text{存货平均余额}}{\text{营业成本}}$

(16) 固定资产周转率(周转次数) $= \dfrac{\text{营业收入}}{\text{固定资产平均净值}}$

(17) 固定资产平均净值 $= \dfrac{\text{期初固定资产净值} + \text{期末固定资产净值}}{2}$

(18) 固定资产净值 = 固定资产原值 − 累计折旧

(19) 净资产收益率 $= \dfrac{\text{净利润}}{\text{平均所有者权益}} \times 100\%$

(20) 营业净利率 $= \dfrac{\text{净利润}}{\text{营业收入总额}} \times 100\%$

(21) 营业毛利率 $= \dfrac{\text{毛利}}{\text{营业收入总额}} \times 100\% = \dfrac{\text{营业收入} - \text{营业成本}}{\text{营业收入总额}} \times 100\%$

(22) 营业息税前利润率 $= \dfrac{\text{息税前利润}}{\text{营业收入总额}} \times 100\%$

(23) 总资产报酬率 $= \dfrac{\text{息税前利润总额}}{\text{平均资产总额}} \times 100\%$

(24) 基本每股收益 $= \dfrac{\text{归属于普通股股东的当期净利润}}{\text{当期发行在外普通股加权平均数}}$

(25) 当期发行在外普通股加权平均数 $= \dfrac{\text{期初发行在外普通股股数} + \text{当期新发行普通股股数} \times \text{已发行的时间}}{\text{当期发行在外普通股加权平均数}} - \dfrac{\text{当期回购普通股股数} \times \text{已回购时间}}{\text{报告期时间}}$

(26) 市盈率 $= \dfrac{\text{每股股价}}{\text{每股收益}}$

(27) 营业收入增长率 $= \dfrac{\text{本期营业收入} - \text{上期营业收入}}{\text{上期营业收入}} \times 100\%$

(28) 总资产增长率 $= \dfrac{\text{期末资产总额} - \text{期初资产总额}}{\text{期初资产总额}} \times 100\%$

(29) 资本保值增值率 $= \dfrac{\text{扣除客观因素后的年末所有者权益总额}}{\text{年初所有者权益总额}} \times 100\%$

(30) 净资产收益率 = 总资产净利率 × 权益乘数
    = 销售净利率 × 总资产周转率 × 权益乘数

本章思考题

1. 企业偿债能力分析包括哪些方面?
2. 企业营运能力分析包括哪些方面?

3. 企业盈利能力分析包括哪些方面?
4. 企业发展能力分析包括哪些方面?

案 例

辉山乳业财务造假案

2017年3月24日,港股上市公司辉山乳业(06863HK)临近午盘直线暴跌,最低跌至90%,股价由2.81港元跌至0.25港元,尚不及上一个交易日收盘价的零头,一举创造港交所有史以来最大跌幅记录。截至24日上午收盘,辉山乳业下跌85%报收0.42港元。半个小时,320亿市值(港元)灰飞烟灭!让辉山乳业的市值仅剩下50多亿港元。一时间,市场哗然,矛头纷纷指向著名的美国沽空机构——浑水(Muddy Waters)。2016年12月浑水发布做空报告,称辉山乳业过去发布的盈利有造假之嫌,此外也夸大了牧场的资本支出。该机构指出公司主席涉嫌挪用公司资产,价值最少达1.5亿元人民币。虽然辉山乳业出台多份公告澄清,但是从多方面渠道来看这些指证都被一一证实。在做空报告中,浑水认为辉山乳业的欺诈行为包括以下几点:

(1) 虚减成本,虚增利润。辉山乳业宣称其用于奶牛饲养的苜蓿是自产自足,但大量证据表明这是个谎言,辉山乳业长期从第三方供应商处大量购买苜蓿,因此成本远远大于公司对外公布的成本,虚增了利润总额。

(2) 资本开支造假,报表舞弊。辉山乳业在其奶牛养殖场的资本开支方面存在造假行为,他们夸大了这些养殖场所需的花费,夸大程度在8.93亿到16亿元人民币。资本开支造假的主要目的很有可能是为了掩盖公司收入报表舞弊。

(3) 关联方交易,转移资产。辉山乳业董事局主席杨凯似乎从公司窃取了至少15亿元人民币的资产——实际数字可能更高。当中涉及将一家最少拥有4个乳牛牧场的附属公司向一位未披露的关联方转移。此事未有披露,杨凯控制着这家附属公司及相关牧场。

浑水报告认为,由于利润造假、现金流和生物类资产被高估,以及某些极有可疑的资产账户,辉山乳业资产负债表的资产端被严重夸大。

资料来源:李克亮. 辉山乳业崩盘带来的审计思考[J]. 财会月刊. 2018(9).

思考题:
1. 辉山乳业如何进行财务造假?
2. 如何针对辉山乳业的造假提出相应的对策?

第四章　投　资　管　理

◆ **学习目标**

1. 了解投资的意义、分类及投资管理的基本概念。
2. 掌握现金流量的概念、构成和计算方法。
3. 掌握各种投资决策指标的概念、计算方法、决策规则和优缺点。

◆ **知识框架**

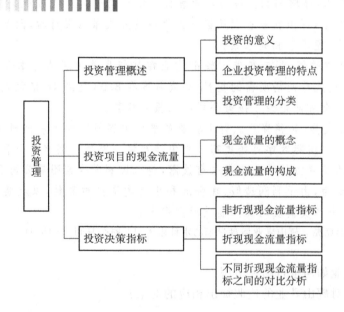

◆ **内容提要**

　　企业筹资的最终目的是进行投资,那么在投资时应选择哪些项目进行投资？选择投资的标准又有哪些？为了帮助企业的投资者更好地去进行投资分析,本章先后介绍了投资回收期、投资报酬率、净现值、现值指数及内含报酬率的计算与分析。通过以上各种指标的学习,可以帮助大家在未来的财务管理工作中,作出最佳的投资决策。

◆ **重点难点**

1. 各期现金流量的计算。

2. 净现值的计算。
3. 现值指数的计算。
4. 内含报酬率的计算。
5. 通过各类指标的计算,分析选择最优的投资方案。

引 例

在李克强总理提出"大众创业、万众创新"号召后,很多年轻人都希望闯出自己的一片天。小王本科学习酒店管理专业,工作了三年后,于2020年辞职准备创业。他看中了一个项目,准备加盟三品王公司。三品王是一家米粉餐饮连锁企业,多年来以经营三品王原汤牛肉粉为主,截至2020年8月,在广西、广东两地共有162家连锁店,日服务顾客超过10万人,年售出米粉近4 000万碗。小王本身也是南宁人,对广西各类的老友粉、螺蛳粉、桂林米粉等都非常喜欢,但是对三品王则情有独钟。经过初步洽谈,他了解到加盟初始费为5万元,新店投资约75万元(装修设备约55万,开业前费用约10万,货款保证金10万),同时按照销售额支付10%~15%的特许使用费和广告费。目前拟选定的粉店面积约为60平方米,租金大概3万元/月(租金需一次性预付半年),同时需要招聘员工4名,主要客户面向附近的居民和学生,日均销售400~500碗米粉,平均单价14元。投资总额约为100万元,资金来源为小王自有资金15万元,父母无息借款45万元,大学的三位室友投资入股40万元,小王为控股股东。

如果你是小王,你会选择投资该项目吗?通过本章,你将了解企业投资管理的相关知识,从而进行基本的投资判断。

第一节 投资管理概述

一、投资的意义

投资是指特定经济主体(政府、企业、个人)把资金直接或间接投放于一定对象,以期望在未来获得收益的经济活动。对企业而言,购建厂房,购买股票、债券与基金等活动都属于投资。简言之,企业进行筹资的最终目的就是为了进行投资。

(一) 投资是企业获得利润的基本前提

企业投资的目的是要通过支付一定数量的货币或实物形态的资本,购建和配置,形成企业的各类资产,从事某类经营活动,获取未来的经济利益。企业要获得利润,必须将筹集的资金投入使用,将资金直接用于企业的生产经营中,或将资金以股权、债权的方式投给其他企业以获取报酬。

(二) 投资是企业生存和发展的必要手段

企业从事正常的生产经营活动时,各项生产要素不断更新,为了保证生产的持续进行,就要求企业不断地将现金形态的资金投入使用,这是企业生存的基本条件。同样,当企业要扩大生产规模时，也需要进一步地投资，才能使企业的资产增加，而当企业生产规模扩大后，为了保证正常的生产，还需要追加营运资金，而这一切只有投资才能实现。

（三）投资是企业降低风险的重要途径

在市场经济条件下，企业的生产经营活动不可避免地存在风险，其根本原因在于商品销售数量的不确定性，而影响销售数量的因素较多，如商品的质量、市场对商品的需求、企业的销售策略和服务水平、企业的成本费用等。为了降低风险，企业经常要保持技术的领先水平，通过投资提高企业设备的技术含量；为了降低风险，企业还要进行多品种、跨行业经营，同样需要投资来支持。

二、企业投资管理的特点

企业的投资活动不同于经营活动，投资活动的结果对企业在经济利益上有较长期的影响。企业投资涉及的资金多、经历的时间长，对企业未来的财务状况和经营活动都有较大的影响。与日常经营活动相比，企业投资的主要特点表现在以下三方面。

（一）属于企业的战略性决策

企业的投资活动一般涉及其未来的经营发展方向、生产能力规模等问题，如厂房设备的新建与新产品的研制与开发、对其他企业的股权控制等。企业的投资活动先于经营活动，这些投资活动往往需要一次性地投入大量的资金，并在一段较长时期内发生作用，对企业经营活动的方向产生重大影响。

（二）属于企业的非程序化管理

企业的投资项目涉及的资金数额较大。这些项目的管理不仅是一个投资问题，也是一个资金筹集问题，特别是对设备和生产能力的购建及对其他关联企业的并购等，需要大量的资金。对于单个产品制造或商品流通的实体性企业而言，这种筹资和投资不会经常发生。因此，企业对于这类非重复性特定经济活动，应根据特定的影响因素、相关条件和具体要求来进行审查和抉择。

（三）投资价值的波动性大

投资项目的价值是由投资标的物资产的内在获利能力决定的。这些标的物资产的形态是不断转换的，未来收益的获得具有较强的不确定性，其价值也具有较强的波动性。同时，各种外部因素如市场利率、物价等变化，也时刻影响投资标的物的资产价值。因此，企业投资管理决策时，要充分考虑投资项目的时间价值和风险价值。

三、投资管理的分类

我们将企业投资进行分类，有利于分清投资的性质，按不同的特点和要求进行投资决策，加强投资管理。

(一) 直接投资和间接投资

按投资活动与企业本身生产经营活动的关系,企业投资可以划分为直接投资和间接投资。

直接投资是指将资金直接投放于形成生产经营能力的实体性资产,直接谋取经营利润的企业投资。通过直接投资,购买并配置劳动力、劳动资料和劳动对象等具体生产要素,开展生产经营活动。

间接投资是指将资金投放于股票、债券等权益性资产上的企业投资。之所以称为间接投资,是因为股票、债券的发行方在筹集到资金后,再把这些资金投放于形成生产经营能力的实体性资产,获取经营利润。而间接投资的投资方不直接介入具体生产经营过程,通过股票、债券上所约定的收益分配权利,获取股利或利息收入,分享直接投资的经营利润。基金投资也是一种间接投资,企业可以通过投资于股票、债券、基金等的投资组合获取收益。

(二) 项目投资与证券投资

按投资对象的存在形态和性质,企业投资可以划分为项目投资和证券投资。

企业可以通过投资,购买具有实质内涵的经营资产,包括有形资产和无形资产,形成具体的生产经营能力,开展实质性的生产经营活动,谋取经营利润,这类投资称为项目投资。项目投资的目的在于改善生产条件、扩大生产能力,以获取更多的经营利润,项目投资属于直接投资。

企业可以通过投资,购买证券资产,通过证券资产上所赋予的权利,间接控制被投资企业的生产经营活动,获取投资收益,这类投资称为证券投资。证券投资的目的在于通过持有权益性证券,获取投资收益,或控制其他企业的财务或经营政策,并不直接从事具体生产经营过程。因此,证券投资属于间接投资。

直接投资与间接投资、项目投资与证券投资,两种投资分类方式的内涵和范围是一致的,只是分类角度不同。直接投资与间接投资强调的是投资的方式性,项目投资与证券投资强调的是投资的对象性。

(三) 对内投资与对外投资

按投资活动资金投出的方向,企业投资可以划分为对内投资和对外投资。

对内投资是指在本企业范围内部的资金投放,用于购买和配置各种生产经营所得的经营性资产。

对外投资是指向本企业范围以外的其他单位的资金投放。对外投资多以现金、有形资产、无形资产等资产形式,通过联合投资、合作经营、换取股权、购买证券资产等投资方式,向企业外部其他单位投放资金。

对内投资都是直接投资,对外投资主要是间接投资,也可能是直接投资。

(四) 独立投资与互斥投资

按投资项目之间的相互关联关系,企业投资可以划分为独立投资和互斥投资。

独立投资是相容性投资,各个投资项目之间互不关联、互不影响,可以同时存在。例如,建造一个服装厂和建造一个啤酒厂,它们之间并不冲突,可以同时进行。对于一个独立投资项目而言,其他投资项目是否被采纳,对本项目的决策并无显著影响。因此,独立投资项目决策考虑的是方案本身是否满足某种决策标准。例如,可以规定凡提交决策的投资方案,其预期投资收益率都要求达到15%才能被采纳。这里,预期投资收益率达到15%,就是一种预期的决策标准。

互斥投资是非相容性投资。各个投资项目之间相互关联,相互替代,不能同时存在。如对企业现有设备进行更新,购买新设备就必须处置旧设备,它们之间是互斥的。对于一个互斥投资项目而言,其他投资项目是否被采纳或放弃直接影响本项目的决策,其他项目被采纳,本项目就不能被采纳。因此,互斥投资项目决策考虑的是各方案之间的排斥性,也许每个方案都是可行方案,但有互斥决策需要从中选取最优方案。例如,企业投资资金有限,投资啤酒厂和建造服装厂之间只能二选一,就属于互斥投资项目。

第二节　投资项目的现金流量

一、现金流量的概念

现金流量(cash flow)是指在项目投资决策中与项目投资决策相关的现金流入和现金流出的数量,净现金流量(net cash flow)是指现金流入量与现金流出量之差。投资项目财务可行性分析的主要分析对象,净现值、内含报酬率、回收期等财务评价指标,均是以现金流量为对象进行可行性评价的。利润只是期间财务报告的结果,对于投资方案财务可行性而言,项目的现金流量状况比会计期间盈亏状况更为重要。一般固定资产投资决策也是建立在投资项目现金流估算基础之上的。

🖋 小贴士

企业投资项目决策是企业财务决策的重要组成部分,投资决策正确与否关系企业经营的成败、甚至影响它的生死存亡。由此,企业在进行投资决策时必须严格按照规范的程序、进行科学的论证,以促进企业财务管理目标的实现。除此之外,企业的投资项目不应只包括盈利性项目,也应该着眼于长期发展,如投资一些环保设备、环保材料的应用等,这些项目支出有可能短期增加支出,但从长远来看,有利于企业的绿色、可持续发展。

投资项目中的现金流量是与决策相关的现金流量。在确定投资方案相关的现金流量时,应遵循最基本的原则是:只有增量现金流量才是与项目相关的现金流量。增量现金流量是指接受或拒绝某个投资方案后,企业总现金流量因此发生的变动。只有那些由于采纳某个项目引起的现金支出增加额,才是该项目的现金流出;只有那些由于采纳某个项目引起的现金流入增加额,才是该项目的现金流入。为了正确计算投资方案的增量现金流量,需要正确判断哪些支出会引起企业总现金流量的变动,哪些支出不会引起企业总现金流量的变动。在进行这种判断时,要注意以下几个问题。

1. 区分相关成本和非相关成本

相关成本是指与特定决策有关的、在分析评价时必须加以考虑的成本。例如,差额成本、未来成本、重置成本、机会成本等都属相关成本。与此相反,与特定决策无关的、在分析评价时不必加以考虑的成本是非相关成本。例如,沉没成本、账面成本等往往是非相关成本。

例如,某公司在 2019 年曾经打算新建一个车间,并请一家咨询公司作了可行性分析,支付咨询费 10 万元。后来由于公司有了更好的投资机会,该项目被搁置,但是费用已经入账。2020 年旧事重提,在进行投资分析时,这笔咨询费是否计入相关成本?答案当然是否定的。因为该笔支出已经发生,不管公司是否采纳新建一个车间的方案,它都已经无法收回,与公司未来的总现金流量无关。

如果将非相关成本纳入投资方案的总成本,则一个有利的方案可能因此变得不利,一个较好的方案可能变为较差的方案,从而造成决策错误。

2. 不可忽视机会成本

在投资方案的选择中,如果选择了一个投资方案,则必须放弃投资于其他途径的机会。其他投资机会可能取得的收益是实行本方案的一种代价,被称为这项投资方案的机会成本。例如,上述公司新建车间的投资方案,需要使用公司拥有的一块土地。在进行投资分析的时候,因为公司不必动用资金购买土地,可否不将土地的成本考虑在内?答案是否定的。因为公司若不利用土地兴建车间,则它可以将土地移作他用,并取得一定的收入。只是由于在这块土地上兴建车间才放弃了这笔收入,而这笔收入就是兴建车间使用土地的机会成本。假设这块土地出售可净得 100 万元,它就是兴建车间的一项机会成本。值得注意的是,不管该公司当初是以 50 万元还是 80 万元购进这块土地,都应以现行市价作为这块土地的机会成本(类似于会计中的公允价值)。

机会成本不是我们通常意义上的"成本",它不是一种支出或费用,而是失去的收益。这种收益不是实际发生的,而是潜在的。机会成本总是是针对具体方案的,离开放弃的方案就无从计量确定。

3. 要考虑投资方案对公司其他项目的影响

当我们采纳一个新的项目后,该项目可能对公司的其他项目造成有利或者不利影响。

例如,若新建车间生产的产品上市后,原有其他产品的销路可能减少,而且整个公司的销售额也许不增加甚至减少。因此,公司在进行投资分析时,不应将新车间的销售收入作为增量收入来处理,而应扣除其他项目因此减少的销售收入。当然,也可能发生相反的情况,新产品上市后将促进其他项目的销售增长。这要看新项目和原有项目是竞争关系还是互补关系。当然,诸如此类的影响,事实上很难准确计量,但决策者在进行投资分析时仍要将其考虑在内。

4. 对营运资本的影响

在一般情况下,当公司开办一个新业务并使销售额扩大后,对于存货和应收账款等经营性流动资产的需求也会增加,公司必须筹措新的资金以满足这种额外需求;另外,公司扩充的结果,应付账款与应付费用等经营性流动负债也会同时增加,从而降低公司营运资金的实际需要。营运资本的需要是指增加的经营性流动资产与增加的经营性流动负债之间的差额。

当投资方案的寿命周期快要结束时,公司将与项目有关的存货出售,应收账款变为现金,应付账款和应付费用也随之偿付,营运资本恢复到原有水平。通常,在进行投资分析时,假定开始投资时筹措的营运资本在项目结束时一次性全部收回。

二、现金流量的构成

投资项目的现金流量由建设期现金流量、经营期现金流量、终结期现金流量三部分组成。

1. 建设期现金流量

建设期现金流量即项目建设期开始至项目建设完成投资使用过程中发生的现金流量,主要为现金流出量。一般包括:固定资产投资,即房屋和建筑物、机器设备等的购入,或建造、运输、安装成本等;流动资产投资,即由于新增固定资产而增加的营运资金;其他投资费用,与固定资产投资有关的其他费用,如筹建费用、职工培训费;原有固定资产的变现收入,表现为现金流入,常见于固定资产更新投资。建设期投资可以一次投入,也可以分期投入。营运资金一般在经营期的期初投入,并随着生产规模的扩大而追加。在进行投资分析时,通常假定开始时投资的营运资金在项目结束时收回。流动资金投资额估算方法如下:

某年流动资金投资额(垫支数)=本年流动资金需用额−截至上年的流动资金投资额

或 某年流动资金投资额(垫支数)=本年流动资金需用额−上年流动资金需用额

本年流动资金需用额=本年流动资产需用额−本年流动负债需用额

【例 4-1】 A 服装厂拟建的生产线项目,预计投产第一年的流动资产需用额为 30 万元,流动负债需用额为 15 万元;预计投产第二年流动资产需用额为 40 万元,流动负债需用额为 20 万元。

根据上述资料,可估算该项目各项指标如下:

投产第一年的流动资金需用额=30−15=15(万元)

第一次流动资金投资额=15−0=15(万元)

投产第二年的流动资金需用额=40−20=20(万元)

第二次流动资金投资额=20−15=5(万元)

流动资金投资合计=15+5=20(万元)

2. 经营期现金流量

经营期是指项目投产至项目终结的时间段。经营期现金流量表现为净现金流量(NCF),等于现金流入量减去现金流出量。其计算公式为

经营期现金净流量=销售收入−付现成本−所得税

经营期现金净流量=净利润+折旧等非付现成本

经营期现金净流量=(销售收入−付现成本)×(1−所得税税率)+非付现成本×所得税税率

【例 4-2】 某企业计划投资购买 1 台设备,设备价值为 35 万元,使用寿命为 5 年,以直线法计提折旧,期末无残值,使用该设备每年给企业带来销售收入 38 万元,付现成本 15 万元,若企业适用的所得税税率为 25%,计算该项目经营期每年现金净流量。

年折旧额＝35÷5＝7（万元）
税前利润＝38－15－7＝16（万元）
所得税＝16×25%＝4（万元）
净利润＝16－4＝12（万元）
经营期每年现金净流量＝38－15－4＝19（万元）

3. 终结期现金流量

终结期的现金流量主要是现金流入量，包括固定资产变价净收入、固定资产变现净损益对现金净流量的影响和垫支营运资金的收回。

1）固定资产变价净收入

投资项目在终结期，原有固定资产将退出生产经营，企业对固定资产进行清理处置。固定资产变价净收入，是指固定资产出售或报废时的出售价款或残值收入扣除清理费用后的净额。

2）固定资产变现净损益对现金净流量的影响

固定资产变现净损益对现金净流量的影响用公式表示如下：

固定资产变现净损益对现金净流量的影响＝（账面价值－变价净收入）×所得税税率

固定资产的账面价值＝固定资产原值－按照税法规定计提的累计折旧

如果，账面价值－变价净收入＞0 则意味着发生了变现净损失，可以抵税，减少现金流出，增加现金净流量。

如果，账面价值－变价净收入＜0 则意味着实现了变现净收益，应该纳税，增加现金流出，减少现金净流量。

【例 4-3】 某企业 2020 年 12 月 31 日以 20 000 元价格处置一台闲置设备，该设备于 2012 年 12 月以 80 000 元价格购入，并于当期立即投入使用，预计可使用 10 年，预计净残值率为零，按照年限平均法计提折旧（均与税法规定相同）。企业适用的所得税税率为 25%，不考虑其他相关税费，计算该业务对该企业当期现金流量的影响。

年折旧额＝80 000÷10＝8 000（元）
目前账面价值＝80 000－8 000×8＝16 000（元）
该业务对该企业当期现金流流量的影响＝20 000－（20 000－16 000）×25%＝19 000（元）

3）垫支营运资金的收回

随着固定资产的出售或报废，投资项目的经济寿命结束，企业将与该项目相关的存货出售，应收账款收回，应付账款也随之偿付。营运资金恢复到原有水平，项目开始时垫支的营运资金在项目结束时候得到回收。

4. 投资决策中采用现金流量的原因

财务会计计算企业的收入和费用，并以收入扣减费用后的利润来评价企业的经济效益。投资决策则计算现金流入和现金流出，并以净现金流量作为评价投资项目经济效益的基础。投资决策中采用现金流量而不采用利润，主要有以下两方面的原因。

（1）采用现金流量有利于科学地考虑资金的时间价值。利润的计算是以权责发生制为基础的，它不考虑资金收付的具体时间。而现金流量则反映了每一笔资金收付的具体时间。

由于科学的投资决策必须认真考虑资金的时间价值,因此与利润相比,现金流量是更好的选择。

(2) 采用现金流量使投资决策更加客观。利润的计算带有一定的主观性,采用不同的会计政策、会计估计可能出现不同的利润数据。相比之下,现金流量更加客观、真实,不易受到人为因素的影响。因此,在投资决策中采用现金流量更符合客观实际。

第三节 投资决策指标

投资决策指标是指评价投资方案是否可行或孰优孰劣的标准。投资决策指标非常丰富,可分为非折现现金流量指标和折现现金流量指标两大类。

一、非折现现金流量指标

非折现现金流量指标是指不考虑资金时间价值的各种指标。常见的非折现现金流量指标有投资回收期和平均报酬率。

1. 投资回收期

(1) 投资回收期的计算。投资回收期是指回收初始投资所需要的时间,一般以年为单位。投资回收期的计算,因投资方案投入使用后每年的净现金流量是否相等而有所不同。如果投资方案每年净现金流量相等,则投资回收期可按下式计算:

$$投资回收期 = \frac{初始投资额}{每年的净现金流量} \tag{4-1}$$

如果投资方案每年净现金流量不相等,则投资回收期要根据每年年末尚未收回的投资额加以确定。假设初始投资在第 n 年和第 $n+1$ 年之间收回,则投资回收期可按下式计算:

$$投资回收期 = n + \frac{第\ n\ 年尚未收回的投资额}{第\ n+1\ 年的净现金流量} \tag{4-2}$$

【例 4-4】 通威机械厂准备从甲、乙两种机床中选购同样性能的一种机床。甲机床购价为 35 000 万元,投入使用后,每年现金净流量为 7 000 万元;乙机床购价为 36 000 万元,投入使用后,每年现金净流量为 8 000 万元。

求:如果企业期望的回收期是 5 年,用回收期指标决策该厂应选购哪种机床?

$$甲机床回收期 = \frac{35\ 000}{7\ 000} = 5(年)$$

$$乙机床回收期 = \frac{36\ 000}{8\ 000} = 4.5(年)$$

计算结果表明,乙机床的回收期比甲机床短,该工厂应选择乙机床。

【例 4-5】 通威机械厂准备购买丙机床,购价为 35 000 万元,投入使用后,预计使用寿命 5 年。每年现金净流量分别为 9 000 万元、9 000 万元、7 000 万元、8 000 万元和 5 000 万元。

丙机床投入使用后各年尚未收回的投资额计算见表 4-1。

表 4-1　丙机床投入使用后各年尚未收回的投资额　　　　　单位：万元

年数	年初尚未收回的投资额	每年现金净流量	年末尚未收回的投资额
1	35 000	9 000	26 000
2	26 000	9 000	17 000
3	17 000	7 000	10 000
4	10 000	8 000	2 000
5	2 000	5 000	—

丙机床的投资回收期＝4＋2 000÷5 000＝4.4(年)

(2) 投资回收期的决策规则。在采用投资回收期这一指标进行决策时，先确定一个企业要求达到的投资回收期。在只有一个备选方案的决策时，低于企业要求的投资回收期的方案就采纳，高于企业要求的投资回收期则拒绝。在多个投资方案的互斥选择投资决策中，应在投资回收期低于企业要求的投资回收期的方案中选择最短者。

(3) 投资回收期的优缺点。投资回收期的概念容易理解，计算也比较简单，但是它没有考虑资金的时间价值，也没有考虑初始投资收回后的现金流量状况，现举例说明其不足。

【**例 4-6**】　A、B 两个方案的预计现金流量如表 4-2 所示。应选择哪个方案？

表 4-2　A、B 两个方案预计现金流量　　　　　单位：元

方案	$t=0$	$t=1$	$t=2$	$t=3$	$t=4$	$t=5$
A 方案	−60 000	10 000	20 000	30 000	20 000	20 000
B 方案	−60 000	20 000	20 000	20 000	30 000	30 000

两个方案的投资回收期都是 3 年，但是 B 方案显然优于 A 方案。首先，在前 3 年内，虽然两者的营业现金流量之和都是 60 000 元，但是第 1 年 B 方案流入较多，而第 3 年 A 方案流入较多。其次，在初始投资收回后的第 4 年和第 5 年，B 方案的营业现金流量都明显多于 A 方案。投资回收期都未考虑这两个因素。

2. 平均报酬率

(1) 平均报酬率的计算。平均报酬率是指投资项目寿命周期内平均的年投资报酬率，也称平均投资报酬率。其计算公式为

$$平均报酬率＝\frac{年平均现金流量}{初始投资额}\times100\% \tag{4-3}$$

式中，分子的年平均现金流量是指项目投入使用后的年平均现金流量，等于所有营业现金流量和终结现金流量之和除以投资项目寿命。

例 4-6 中的 B 方案，

$$平均报酬率＝\frac{(20\ 000＋20\ 000＋20\ 000＋30\ 000＋30\ 000)\div 5}{60\ 000}\times100\%＝40\%$$

(2) 平均报酬率的决策规则。在采用平均报酬率这个指标进行决策时，应事先确定一个企业要求达到的平均报酬率，即必要的平均报酬率。在只有一个备选方案的采纳与否决策中，高于必要平均报酬率的方案就采纳，低于必要平均报酬率的方案则拒绝。在多个投资方案的互斥选择决策中，应在平均报酬率高于必要报酬率的方案中选择最高者。

(3) 平均报酬率的优缺点。平均报酬率与投资回收期类似,其概念易于理解,计算也比较简便,但是没有考虑资金的时间价值,将前期的现金流量等同于后期的现金流量。不过,平均报酬率考虑了投资项目整个寿命期内的现金流量,而不是只考虑回收初始投资前的现金流量,这一点较投资回收期更加合理。

二、折现现金流量指标

折现现金流量指标是指考虑了资金时间价值的指标。比较常见的折现现金流量指标有如下三个。

1. 净现值

(1) 净现值的计算。净现值是指从投资开始到项目寿命终结所有现金流量(现金流入量为正,现金流出量为负)的现值之和。其计算公式为

$$NPV = \sum_{t=0}^{n} \frac{NCF_t}{(1+r)^t} = \sum_{t=0}^{n} (NCF_t \cdot PVIF_{r,t}) \qquad (4-4)$$

式中,n 为投资开始到项目寿命终结的年数;NCF_t 为第 t 年的现金净流量;r 为折现率(资金成本或企业要求的必要报酬率)。

由于投资项目的初始投资往往为现金流出,即为负现金流量,而投资项目投入使用后,各年的净现金流量往往为正现金流量,因此可以考虑将二者区分开来。所以,净现值计算公式还有另外一种表达形式:

$$NPV = \sum_{t=0}^{n} \frac{NCF_t}{(1+r)^t} - C = \sum_{t=0}^{n} (NCT_t \cdot PVIF_{r,t}) - C \qquad (4-5)$$

式中,C 为初始投资额,n、NCF_t 和 r 的含义同上式。需要注意的是,如果投资期超过 1 年,则 C 应为各年投资额的现值之和,同时 t 的开始年份可能不再是 1,而是投资项目开始投入使用的年份。

如果投资项目投入使用后每年的净现金流量相等,记作 NCF,公式可以演化为

$$NPV = NCF \cdot (P/A\, r, n) - C \qquad (4-6)$$

(2) 净现值的决策规则。在只有一个备选方案的采纳与否决策中,净现值为正者就采纳,净现值为负者就拒绝。在多个备选方案的互斥选择决策中,应选择净现值为正值中的最大者。

(3) 净现值的优缺点。净现值考虑了资金的时间价值,并且能够真实反映各投资方案的净收益,但是它作为一种绝对值指标,不便于比较不同规模投资方案的获利程度,不能揭示各投资方案的实际报酬率。

2. 获利指数

(1) 获利指数的计算。获利指数又称现值指数,是投资项目投入使用后现金流量的现值之和与初始投资额之比。其计算公式为

$$PI = \frac{\sum_{t=1}^{n} \frac{NCF}{(1+r)^t}}{C} \qquad (4-7)$$

式中，PI 为获利指数；其他各符号的含义与净现值计算公式相同。如果投资期超过1年，则 C 应为各年投资额的现值之和，同时 t 的开始年份可能不再是1，而是投资项目开始投入使用的年份。

(2) 获利指数的决策规则。在只有一个备选方案的采纳与否决策中，获利指数大于1就采纳，小于1则拒绝。在多个方案的互斥选择决策中，应在获利指数大于1的方案中选择最高的。

(3) 获利指数的优缺点。获利指数考虑了资金的时间价值，并且用相对数表示，从而有利于在投资规模不同的各方案中进行对比。但是获利指数的概念不容易理解，它既不属于绝对值指标，又不同于一般的报酬率性质的相对值指标。

【例 4-7】 某企业计划进行某项投资活动，现有甲、乙两个互斥项目可供选择，相关资料如下。

(1) 甲项目需要投入150万元，其中投入固定资产110万元，投入营运资金40万元，第一年即投入运营，营业期为5年，预计期满净残值收入15万元，预计投产后，每年营业收入120万元，每年营业总成本90万元。

(2) 乙项目需要投入180万元，其中，投入固定资产130万元，投入营运资金50万元，固定资产于项目第一年初投入，营运资金于建成投产之时投入。该项目投资期2年，营业期5年，项目期满，估计有残值净收入18万元，项目投产后，每年营业收入160万元，每年付现成本80万元。

固定资产折旧均采用直线法，垫支的营运资金于项目期满时全部收回。该企业为免税企业，资本成本率为10%。

已知：$(P/A,10\%,4)=3.1699$，$(P/F,10\%,2)=0.8264$，$(P/F,10\%,5)=0.6209$，$(P/F,10\%,7)=0.5132$。

求：(1) 计算甲、乙项目各年的现金净流量。

(2) 计算甲、乙项目的净现值。

解：(1) 甲项目各年的现金净流量：

$$折旧=(110-15)\div 5=19(万元)$$

$$NCF_0=-150(万元)$$

$$NCF_{1\sim 4}=(120-90)+19=49(万元)$$

$$NCF_5=49+40+15=104(万元)$$

乙项目各年的现金净流量：

$$NCF_0=-130(万元);NCF_1=0(万元)$$

$$NCF_2=-50(万元);NCF_{3\sim 6}=160-80=80(万元)$$

$$NCF_7=80+50+18=148(万元)$$

(2) 甲方案的净现值 $=49\times(P/A,10\%,4)+104\times(P/F,10\%,5)-150$

$$=49\times 3.1699+104\times 0.6209-150$$

$$=69.90(万元)$$

乙方案的净现值 $=80\times(P/A,10\%,4)\times(P/F,10\%,2)+148\times(P/F,10\%,7)$

$$-50\times(P/F,10\%,2)-130$$

$$= 80 \times 3.1699 \times 0.8264 + 148 \times 0.5132 - 50 \times 0.8264 - 130$$
$$= 114.20(万元)$$

请思考：如果该企业适用的企业所得税税率是25%，重新计算上述指标。

3. 内含报酬率

(1) 内含报酬率的计算。内含报酬率又称为内部报酬率，它是使投资方案的净现值为零的折现率。内含报酬率反映了投资项目的真实报酬率。由于净现值的计算公式有两个，因此内含报酬率的公式也有两个。

$$\sum_{t=0}^{n} \frac{NCF_t}{(1+r)^t} = 0 \tag{4-8}$$

$$\sum_{t=0}^{n} \frac{NCF_t}{(1+r)^t} - C = 0 \tag{4-9}$$

对于投资项目投入使用以后，各期的NCF不相同的时候，可以采用以下步骤进行。

第一步：先根据经验值，估算一个折现率 i_1，求出其 NPV_1，再估算出一个折现率 i_2，然后求出 NPV_2。经过反复的测算，直到找出使净现值一正一负接近于零的两个折现率为止，与之对应的是净现值分别是 NPV_1 和 NPV_2；当 $NPV=0$ 时候的折现率就是内含报酬率。如表4-3所示。

表4-3 折现率与净现值表

折现率	净现值
i_1	NPV_1
$r=?$	$NPV=0$
i_2	NPV_2

第二部：采用插值法计算该投资方案的内部报酬率 r（第二章已经介绍过插值法）。

列式

$$\frac{i_1 - r}{r - i_2} = \frac{NPV_1 - 0}{0 - NPV_2} \tag{4-10}$$

求解得

$$r = \frac{NPV_1}{NPV_1 - NPV_2}(i_2 - i_1) + i_1 \tag{4-11}$$

(2) 内含报酬率的决策规则。在只有一个备选方案的采纳与否决策中，内含报酬率高于企业资金成本或必要报酬率就采纳，低于企业资金成本或必要报酬率则拒绝。在多个备选方案的互斥选择决策中，应在内部报酬率超过资金成本或必要报酬率的项目中选择最高者。

(3) 内含报酬率的优缺点。内含报酬率考虑了资金的时间价值，反映了投资项目的真实报酬率，但它的计算过程比较复杂，尤其是在投资项目投入使用后各年NCF不相等时，一般要经过多次测算才能求得。

【例4-8】已知有A项目，初始投资9 000万元，项目没有建设期，使用寿命3年，各年的现金流量如表4-4所示，测算该投资项目的内含报酬率。

表 4-4　A 项目的内含报酬率的测试表　　　　　　　　　单位:万元

年数	现金净流量	折现率=18%		折现率=16%	
		折现系数	现值	折现系数	现值
0	(9 000)	1	(9 000)	1	(9 000)
1	1 200	0.847	1 016	0.862	1 034
2	6 000	0.718	4 308	0.743	4 458
3	6 000	0.609	3 654	0.641	3 846
净现值			(22)		338

将上述的数据转化为表格分析,如表 4-5 所示。

表 4-5　折现率与净现值对照表

折现率	净现值
$i_1=18\%$	$NPV_1=-22$
$r=?$	$NPV=0$
$i_2=16\%$	$NPV_2=338$

列式计算

$$\frac{18\%-r}{r-16\%}=\frac{-22-0}{0-338}$$

解得 $r=17.87\%$

三、不同折现现金流量指标之间的对比分析

1. 净现值与获利指数的对比分析

由净现值的计算公式和获利指数的计算公式可知:净现值为正,说明投资项目投入使用后的现金流量现值大于初始投资,则获利指数大于1;净现值为负,说明投资项目投入使用后的现金流量现值小于初始投资,则获利指数小于1。因此,在对一个备选方案的采纳与否决策中,二者的结论总是一致的。但是,在多个备选方案的互斥选择决策中,二者可能出现分歧。当不同投资方案的初始投资规模不同时,由于净现值是绝对值指标,获利指数是相对值指标,因而二者得出的结论可能会不一致。

【例 4-9】 两个互斥项目 A 和 B 的现金流量情况如表 4-6 所示,资金成本为 10%,分别计算出 NPV 和 PI。

表 4-6　项目 A、B 的现金流量及 NPV 和 PI 表

t	0	1	2	3	4	5	NPV	PI
A 项目	−20 000	6 000	6 000	6 000	6 000	6 000	2 746	1.14
B 项目	−100 000	28 000	28 000	28 000	28 000	28 000	6 148	1.06

根据表中的计算结果可知,如果采用 NPV 净现值,应当选择投资 B 方案;如果采用现值指数 PI,应当选择 A 方案。

2. 净现值与内含报酬率的对比分析

由净现值和内含报酬率的概念可知,如果采用企业资金成本或必要报酬率作为折现率计算出的净现值为正,那么使净现值为零所采用的折现率即为内含报酬率,就应大于资金成本或必要报酬率;相反,如果采用企业资金成本或必要报酬率作为折现率计算出的净现值为负,那么使净现值为零所采用的折现率即内部报酬率,就应小于资金成本或必要报酬率。因此,在一个备选方案的采纳与否决策中,二者得出的结论总是一致的。但是,在多个备选方案的互斥选择决策中,二者的结论则可能不同。对常规项目来说,在如下两种情况下,二者得出的结论可能出现差异。

(1) 各方案的初始投资规模不同。和净现值与获利指数的差异类似,净现值是绝对值指标,内部报酬率是相对值指标,因而在投资规模不同时,二者的结论可能会不一致。

(2) 各方案的现金流量发生的时间不一致,净现值和内部报酬率对投资项目使用过程中产生的现金净流量的再投资报酬率持有不同的假定:净现值假定再投资报酬率为企业资金成本或必要报酬率,内含报酬率则假定再投资报酬率为内含报酬率。这种差异可能导致两种方法对现金流入时间不同的投资项目做出不同的判断。

(3) 获利指数与内含报酬率的对比分析。由上述两个问题的分析可知:当净现值为正时,获利指数大于1,内含报酬率高于资金成本或必要报酬率;当净现值为负时,获利指数小于1,内含报酬率低于资金成本或必要报酬率。因此,在只有一个备选方案的采纳与否决策中,利用获利指数或内含报酬率会得出相同结论。在多个备选方案的互斥决策中,二者可能出现差异。获利指数和内部报酬率都是相对值指标,因而投资规模对二者的结论没有影响。二者的结论可能出现差异的情况就只有一种,即现金流量发生的时间不一致,其差异原因同样是由于二者对再投资报酬率的假定不同。

(4) 折现现金流量指标的选择。通过前面的对比分析可知,在只有一个备选方案的采纳与否决策中,净现值、获利指数和内含报酬率总会得出相同的结论,因此采用哪个指标都可以。但是,在多个备选方案的互斥选择决策中,三个指标可能给出不同的判断,此时就存在指标选用的问题。

首先,来看投资规模的问题。如果项目的投资规模不同,则净现值这个绝对值指标和获利指数、内含报酬率这两个相对值指标可能得出不同的结论。如果资金是无限量的,也就是说企业总有足够的资金或能筹集到足够的资金用于所有有利的投资机会,那么投资项目只要能给企业带来更多的净现值,就能增加企业的价值,而不用考虑其相对的收益程度。因此,在资金无限量的情况下,不同投资规模的互斥投资项目的选择以净现值指标更优。至于资金有限情况下如何进行投资决策的问题,将在第五章详细阐述。

其次,来看现金流入时间不一致的问题。当不同投资项目现金流入时间不一致时,净现值和获利指数对再投资报酬率的假定与内部报酬率不同。在实际的经济活动中,投资项目带来的现金流入进行再投资所获得的报酬率要受到经济形势、市场状况等诸多因素的影响,不可能一成不变,既不可能总是等于资金成本或必要报酬率,也不可能总是等于投资项目的内部报酬率。因此,这两种假定都缺乏一定的客观性。此外,假定再投资报酬率等于项目的内部报酬率,将导致对不同的投资项目赋予不同的再投资报酬率;内部报酬率高,则再投资报酬率也高;内部报酬率低,则再投资报酬率也低。这显然是不符合实际情况的,因为不管是哪个投资项目,只要是在同一时间带来的现金流入,进行再投资时所面临的投资环境和投资机会都应该是一样的,不会出现截然不同的再投资报酬。而假定再投资报酬率等于资金成本或者必要报酬率,就克服了这一主观性,因为它假定的再投资报酬率对于每个投资项目都是相同的,不会人为地对不同项目赋予不同的再投资报酬率。因此,相比较而言,净现值和获利指数的假定要相对合理。

综上所述,只要资金没有限量,净现值就是最优的互斥选择投资决策指标。

本 章 小 结

本章在投资管理概述的基础上,重点讨论投资决策中的现金流量和投资决策指标。

(1) 投资的意义、分类及投资管理的基本要求是对企业投资管理的一个基本介绍,让读者对投资管理有一个大致的了解。

(2) 现金流量是各个投资决策指标的重要基础,因此对现金流量的准确分析和计算是正确进行投资决策的关键。但是,现金流量是在预测的基础上进行的估计,要做到完全准确是不现实的,只能在对投资环境和项目本身进行周全考虑的基础上,尽量科学、合理地预计。在现金流量的计算中,所得税对现金流量的影响不容忽视,且营业现金流量的三种计算方法是一个重要问题。在确定现金流量的金额后,其时点的确定也至关重要,因为这直接影响各个折现指标的计算。

(3) 项目投资的五个常用投资决策指标(投资回收期、平均报酬率、净现值、获利指数和内含报酬率)是本章的重点内容。每个指标的计算方法、决策规则和优缺点都非常重要,应当在相互比较中深入理解。

本章重要概念

(1) 现金流量(cash flow)
(2) 沉没成本(sunk costs)
(3) 机会成本(opportunity costs)
(4) 投资回收期(payback period)
(5) 平均报酬率(average rate of return)
(6) 净现值(net present value)
(7) 获利指数(profitability index)
(8) 内含报酬率(internal rate of return)

本章主要公式

(1) 固定资产变现净损益=变价净收入-固定资产的账面价值
(2) 固定资产的账面价值=固定资产原值-按照税法规定计提的累计折旧
(3) 营业现金净流量=税后营业利润+非付现成本

= 收入×(1−所得税率)−付现成本×(1−所得税率)
+ 非付现成本×所得税率

(4) 投资回收期

$$投资回收期 = \frac{初始投资额}{每年的净现金流量}$$

$$投资回收期 = n + \frac{第\ n\ 年尚未收回的投资额}{第\ n+1\ 年的净现金流量}$$

(5) 平均报酬率

$$平均报酬率 = \frac{年平均现金流量}{初始投资额} \times 100\%$$

(6) 净现值

$$NPV = \sum_{t=0}^{n} \frac{NCF_t}{(1+r)^t} = \sum_{t=0}^{n}(NCF_t \cdot PVIF_{r,t})$$

$$NPV = \sum_{t=0}^{n} \frac{NCF_t}{(1+r)^t} - C = \sum_{t=0}^{n}(NCF_t \cdot PVIF_{r,t}) - C$$

(7) 获利指数

$$PI = \frac{\sum_{t=1}^{n} \frac{NCF}{(1-r)^t}}{C}$$

(8) 内含报酬率

$$\sum_{t=0}^{n} \frac{NCF_t}{(1+r)^t} = 0$$

$$\sum_{t=0}^{n} \frac{NCF_t}{(1+r)^t} - C = 0$$

$$r = \frac{NPV_1}{NPV_1 - NPV_2}(i_2 - i_1) + i_1$$

本章思考题

(1) 在投资决策中为什么采用现金流量而不是利润？
(2) 投资决策中的营业现金流量由哪些部分构成？应如何计算？
(3) 投资项目中的营业现金流量中是否应包括利息支出？为什么？
(4) 所得税对投资项目中的现金流量有哪些影响？
(5) 为什么折现现金流量指标优于非折现现金流量指标？
(6) 在什么情况下，净现值、获利指数和内部报酬率的决策结果一致？在什么情况下会出现分歧？
(7) 在资金没有限量的情况下，哪个投资决策指标最优？为什么？

案 例

ofo共享单车的没落

ofo创立的时间2014年刚好是大众创业，万众创新提出的"双创"时代，全国兴起风风火火的创业潮，资本异常活跃，在星巴克咖啡，街头巷尾都能见到充满热血和期待的年轻人，他们渴望成功。戴威就是其中的一位，这位毕业于北大的风之骄子，热爱骑行，在青海做过支教,后与好兄弟一起创办了 ofo。那时的 ofo 的初心还是:让所有北大师生,随时随地有车骑。他们解决的痛点是:高校内的主要交通工具是单车,但高校学生又面临买车、修车和丢车等痛点。ofo 共享单车主要的车辆还是来源于师生携车加入以及校园废旧自行车回收再利用,有车的用户加入"ofo 共享单车"后,可以换取所有共享单车的免费使用权,无车用户使用共享单车只需支付低廉的费用。

  资本市场的大鳄们总是拥有着极其敏锐的嗅觉,在 2015 年 3 月,ofo 完成天使轮融资,融资金额高达数百万人民币,投资方为唯猎资本。2016 年 2 月 1 日,完成 A 轮融资,融资金额高达 1 500 万人民币,此轮融资由金沙江创投领投,东方弘道跟投。2016 年 4 月 2 日,完成 A+轮融资,融资金额高达 1 000 万人民币,投资方为真格基金和天使投资人王刚。2016 年 9 月 2 日,完成 B 轮融资,融资金额高达数千万美元,此轮融资由经纬中国领投、金沙江创投、唯猎资本跟投。2016 年 10 月 10 日,完成 C 轮融资,融资金额高达 1.3 亿美金,此次融资由美国对冲基金 Coatue(曾参与滴滴出行的融资)、顺为(小米)、中信产业基金领投(曾投资滴滴出行、饿了么),元璟资本、著名风险投资家 Yuri Milner 以及 ofo 的早期投资方经纬中国、金沙江创投等早期投资机构继续跟投。2017 年 3 月 1 日,完成 D 轮融资,融资金额高达 4.5 亿美元,投资方为唯猎资本和东方弘道。2017 年 7 月,完成了 E 轮融资,融资金额超 7 亿美元,此次融资由阿里巴巴、弘毅投资和中信产业基金联合领投,滴滴出行和 DST 跟投。2018 年 3 月 13 日,完成了 E2-1 轮融资,融资金额高达 8.66 亿美元,此轮融资由阿里巴巴领投,灏峰集团、天合资本、蚂蚁金服与君理资本共同跟投,采取股权与债权并行的融资方式(包括把所有自行车抵押给阿里巴巴而换取的 17.66 亿元融资)。

  但是竞争总是很残酷的,几乎从 2018 年开始,就有许许多多的 ofo 小黄车用户前往 ofo 总部办公室退押金,该用户队伍被戏称为"中国漫长的队伍"。排号一度到了 1 600 万号,据不完全统计,直到现在,ofo 小黄车的负债也已达到了 16 亿元!而现如今 ofo 小黄车的用户们,也再无法从任何一个官方渠道联系到他们,包括客服电话、微信公众号等。而处于北京的 ofo 小黄车总部办公室,早已人去楼空,其创始人戴威,由于欠款过多,已被法院列为第 35 次的失信人,他选择退出 ofo 法人和执行董事。

  ofo 小黄车的一轮一轮融资,然后进行投资一线二线城市的共享单车市场,在不断地通过资本市场上的输血与摩拜单车进行一轮轮的对决。江湖依然还是那个江湖,但是已经见不到 ofo 小黄车和橙色摩拜单车的身影,如今已是哈罗单车和美团单车的天下。

  资料来源:第二届中国"互联网+"大学生创新创业大赛优秀项目.

  思考题:如果您是 ofo 共享单车的掌舵人,在这场资本盛宴中,您将如何调整投资方向?如何选择投资项目?

第五章　投资决策实务

◆ **学习目标**

1. 掌握独立方案的投资决策。
2. 掌握固定资产更新决策(包括寿命期相同的固定资产更新决策和寿命期不相同的固定资产更新决策两种不同的情况)。
3. 掌握资金限量投资决策。
4. 掌握通货膨胀对投资项目决策的影响。
5. 掌握投资风险决策。

◆ **知识框架**

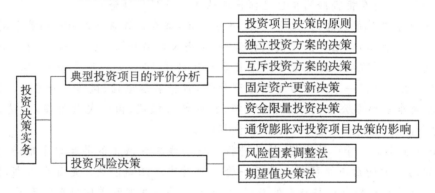

◆ **内容提要**

投资决策指标的应用:固定资产更新决策,分为项目寿命相同和项目寿命不等的投资决策(最小公倍寿命法、年均净现值法)两种情况;资金限量决策、通货膨胀对投资决策的影响分析。

风险投资决策:按风险调整折现率(用资本资产定价模型调整折现率、按风险报酬率调整折现率)、按风险调整现金流量、期望值决策法等。

◆ **重点难点**

教学重点:固定资产更新决策、项目寿命不等的投资决策(最小公倍寿命法、年均净现值法)、资金限量决策、通货膨胀对投资决策的影响、风险调整折现率(用资本资产定

第五章　投资决策实务

价模型）。

教学难点：固定资产更新决策、项目寿命不等的投资决策（最小公倍寿命法、年均净现值法）、资金限量决策、通货膨胀对投资决策的影响。

引例

3年开店近4 000家，锅圈食汇称加盟1年内回本

锅圈食汇是一家专供火锅烧烤食材生鲜供应企业，在河南郑州成立，总部目前在上海，是"一站式"火锅烧烤食材超市，通过布局线下门店，实现线上线下双渠道销售。锅圈食汇官网显示，自2017年开设第一家门店起，短短3年时间，已在全国开设近3 600家门店。

开设一家门店，锅圈食不收取加盟费，但是统一要求选址一家临街60～80平方米的店面，标准店铺启动资金需要25万～28万元，费用包含店铺的基本装修、店内设施购买、首批食材物料费用及押金2万元等。除了25万～28万元的初始一次性投资外，门店的租金费用也是一笔较大的固定费用支出。那么门店何时才能收回投资，实现盈利呢？锅圈食汇声称在加盟后的第一年便可以收回初始投资。那么事实是否真的是这样子呢？实际上，不同的门店，由于其选址不一样，客户群有差异，管理水平不一致等原因，会导致不同门店的收益状况不一样，那么就不能对所有门店进行笼统简单概括何时回本。通过查看相关资料也会发现，不但不同门店的收益会有所不同，并且线上、线下销售量也存在较大的差异，线下门店的销售量要明显好于线上相关平台的销售，线上平台销售并不乐观。由此我们不难发现，要想获得较多的盈利，如何进行投资并不是简单拍板做出的决定，需要投资人在投资前进行科学、客观地论证、分析评价，才能保证尽快收回投资的同时，还能获取更多的盈利。

资料来源：新浪财经 https://baijiahao.baidu.com/s?id=16741021403123369l5&wfr=spider&for=pc.

第一节　典型投资项目的评价分析

一、投资项目决策的原则

为了进行科学的投资决策管理，在进行投资项目的决策时需要遵守一定的原则。总的原则是坚持相关性原则，也就是说只有相关的现金流量才需要考虑，不相关的现金流量在决策时不予以考虑。具体的原则如下。

（一）增量现金流量原则

对于投资项目而言，只有增量自由现金流量才是符合相关性原则的。换言之，公司实施了某个新项目则会产生该部分现金流量，不实施则不会有。此外，某个项目的实施所带来的增量现金流量不仅考虑项目本身，作为公司众多项目的一分子，还要考虑某个项目实施后对公司其他项目的影响情况，这种影响有可能是有利的也可能是不利的。比如，如果某个新项目的实施导致公司原有项目的市场占有率下降，收益减少了，那么在考虑新项目的增量现金流量时应该把其他项目的损失考虑进去,需要减掉这部分损失之后才是新项目实际给企业带来的净现金流量。

(二) 考虑机会成本、忽略沉没成本

经济资源是稀缺的,某项资源如果用于特定的投资项目,那么就得放弃用在其他投资项目上,所放弃的投资项目产生的现金流即是选定的项目的机会成本。比如,某种产品的生产占用了该设备的产能,如果该设备不被用于生产该产品,那么该设备可以被用于生产其他的产品或者对外出租。简言之,机会成本现金流量反应的是被放弃的投资项目产生的净现金流量。

沉没成本是指过去已经产生的现金流量,与新的投资项目采纳与否没有关系,并且该部分现金流量已经被投入项目中,不属于增量现金流量。因而在投资项目决策中,不予以考虑。

(三) 不考虑利息费用的影响

投资项目决策和筹资决策是企业财务活动的两个方面,不能混为一谈,在决策顺序时,先进行投资项目的决策,决定了某个投资项目,然后才会存在为该项目的顺利开展而筹措资金。利息费用是属于筹资成本之一,与投资活动无关。再者,在计算投资项目的相关折现现金流量指标时以最低报酬率作为折现率时,已经将筹资成本考虑在内了。

小贴士

企业在进行投资项目决策时,企业除了需要考虑自身的目标之外,还必须履行一定的社会责任。有的投资项目有可能给企业带来丰厚的投资回报,但是该项目的实施将会对周围的环境产生污染物(废水、废气、噪声等),这种投资项目必须审慎进行决策,必须有相应的环境保护对策,不可以以牺牲环境为代价为企业谋取私利。

二、独立投资方案的决策

独立投资方案是指对备选的方案是否采纳的决策,备选的方案可以是单一方案,也可以是两个或者两个以上的方案,但是这些方案相互之间是互不影响、相互独立的。对于独立投资方案的决策是以是否达到一定的可行性标准为依据的,仅仅针对方案本身,并不考虑方案之间的影响。

独立方案的评价标准可以有多种,既可以用折现现金流量指标(净现值、获利指数、内部报酬率等),也可以选用非折现现金流量指标(投资回收期、平均报酬率等指标)。从客观实际而言,采用折现现金流量指标进行评价的结果更加客观、准确,因而实务中更偏向于这种方法。基于股东财富最大化的企业理财目标,在多个折现现金流量指标出现矛盾的时候,较常用的方法是净现值法等。

【例 5-1】 2020 年 6 月 30 日,学信公司有甲、乙两个独立投资方案可供选。其中,甲方案的初始投资额 1 000 万元,期限是 3 年,每年产生的净现金流量 NCF 为 500 万元;乙方案

的初始投资额1 500万元,期限是5年,每年产生的净现金流量NCF为600万元。学信公司的资本成本率为10%,且该公司资金充裕,可以投资所有符合收益标准的方案。该公司应如何作出投资决策?

甲、乙两个方案的评价指标计算结果如表5-1所示。

表5-1 甲、乙两个方案的评价指标计算结果

评价指标	方案		各个方案的优劣排序
	甲方案	乙方案	
净现值/万元	243	774	甲<乙
内含报酬率	23.38%	28.65%	甲<乙
获利指数	1.24	1.52	甲<乙
投资回收期	2	2.5	甲>乙

由表5-1的计算结果可知,从四个指标来看,每个方案单独进行判断都是符合可行性标准的,也就是甲、乙方案都是属于可行方案,由于学信公司没有资金限制,因而两个都可以进行投资。并且如果需要给甲、乙两个方案进行排序的话,出于实现股东财富最大化目标的角度,乙方案是优于甲方案的。

三、互斥投资方案的决策

互斥投资方案是指两个或者两个以上的方案之间是相互排斥,不能同时共存的。其决策方法与单一方案的决策是不一样的,对于互斥方案的备选方案除了满足财务可行性的要求之外,还要对各个方案进行排序,然后选择最优的方案作为中选方案。互斥投资方案的决策方法通常有排序法、增量分析法、总成本变现法、年均现值法等。

四、固定资产更新决策

固定资产的多少体现了一家企业生产经营能力的强弱、生产规模的大小。固定资产更新决策是投资管理的重要部分,它是指用新设备去替换掉技术水平、生产效率等偏低的旧设备,从而实现高效率生产的决策,或者指用先进的技术对旧设备进行局部改造,提高其效能。固定资产更新决策又称为继续使用旧设备与购置新设备的决策,该决策涉及两个方案,但只能二选一,属于典型的互斥投资方案决策。固定资产更新决策的选择要视固定资产寿命期是否相同而有所不同。如果新旧设备的继续使用寿命期相同,可选择的方法有:差量分析法或者净现值法;如果新旧设备的继续使用寿命期不相同,则需要使用年均净现值法或者最小公倍寿命法来进行决策。

(一)寿命期相同的固定资产更新决策

【例5-2】 学信公司计划对已有的旧设备用一台效率更高的新设备来替换,以达到提高生产效率,实现降低成本、增加利润的目的。新旧设备均采用年限平均法计提折旧。学信公司的资本成本率为10%,适用的企业所得税税率为25%。学信公司是否应该进行设备更

新？其他的相关资料如表5-2所示。

表5-2　新旧设备相关资料

项目	新设备	旧设备
原值	90 000	120 000
已使用年限/年	0	5
未来可用年限/年	5	5
预计使用年限/年	5	10
预计净残值/元	9 000	15 000
可变现价值/元	90 000	30 000
每年产生的营业收入/元	60 000	40 000
每年发生的付现成本/元	20 000	25 000

初始投资额及年折旧额的差量现金流量

差量初始投资额 = 90 000 − 30 000 − (67 500 − 30 000) × 25% = 50 625(元)

差量折旧额 = 16 200 − 10 500 = 5 700(元)

各年现金流量指标的计算如表5-3所示。

表5-3　各年现金流量指标的计算　　　　　　　　　　单位:元

项目	第1~5年每年的金额	计算过程
营业收入	20 000	60 000 − 40 000 = 20 000
付现成本	−5 000	20 000 − 25 000 = −5 000
折旧额	5 700	16 200 − 10 500 = 5 700
利润总额	19 300	20 000 − (−5 000) − 5 700 = 19 300
税额	4 825	19 300 × 25% = 4 825
净利润	14 475	19 300 − 4 825 = 14 475
营业现金流量	20 175	14 475 + 5 700 = 20 175

更新设备与继续使用旧设备的差量现金流量如表5-4所示。

表5-4　更新设备与继续使用旧设备的差量现金流量　　　　单位:元

项目	初始年	第1~4年	第5年
初始投资	−50 625		
营业现金流量		20 175	20 175
终结现金流量			−6 000

$$差量净现值 = -50\ 625 + 20\ 175 \times PVIFA_{10\%,4} + 14\ 175 \times PVIF_{10\%,5}$$
$$= -50\ 625 + 20\ 175 \times 3.170 + 14\ 175 \times 0.621$$
$$= 22\ 132(元)$$

由计算结果可知，设备更新比继续使用旧设备能多创造22 132元的净现值，说明更新设备在经济上是更为合适的。因而，学信公司应该购买新设备取代旧设备，同时出售旧设备。

在本例中，新旧设备的预计尚可使用年限是相同的，因而除了可以采用差额分析法之外，还可以分别计算设备更新方案的净现值及继续使用旧设备的净现值，然后比较这两个方案的净现值大小，从而选择净现值较大的方案为较优方案。但是，如果新旧设备的预计尚可使用寿命不一致，上述两种方法都不适用，需要采用新的方法进行决策。

（二）寿命期不相同的固定资产更新决策

在固定资产更新决策中，如果新旧设备未来期间的使用寿命不相同，那么直接采用折现现金流量指标进行比较而做出决策是不正确的，因为不具备可比性。为此，为了作出科学的决策，必须消除不同寿命期对决策的影响。比较常用的办法有年均净现值法和最小公倍寿命法。

【例 5-3】 学信公司正在进行一项固定资产更新决策方案的决策，以提高生产效率。新旧设备均采用直线法计提折旧。学信公司的资本成本率为 10%，适用的企业所得税税率为 25%。学信公司应如何做出决策？其他的相关资料如表 5-5 所示。

表 5-5 新旧设备相关资料　　　　　　　　　　　单位：元

项目	新设备	旧设备
原值	50 000	60 000
已使用年限/年	0	3
未来可用年限/年	6	3
预计使用年限/年	6	6
预计净残值/元	2 000	0
可变现价值/元	50 000	25 000
每年产生的营业收入/元	25 000	21 500
每年发生的付现成本/元	8 000	9 000

新、旧设备净现值计算见表 5-6。

表 5-6 新、旧设备净现值计算　　　　　　　　　　单位：元

项目	新设备	旧设备
营业收入	25 000	21 500
付现成本	8 000	9 000
折旧额	8 000	10 000
利润总额	9 000	2 500
企业所得税额	2 250	625
净利润	6 750	1 875
营业现金流量（第 1~5 年）	14 750	
营业现金流量（第 6 年）	14 750+2 000=16 750	
营业现金流量（第 1~3 年）		11 875
出售旧设备发生净损失的所得税节余	（30 000−25 000）×0.25=1 250	
出售旧设备的收入	25 000	

购置新设备方案的净现值：
$$NPV_1 = 14\,750 \times PVIFA_{10\%,5} + 16\,750 \times PVIF_{10\%,6} - 50\,000$$
$$= 14\,750 \times 3.791 + 16\,750 \times 0.564 - 50\,000$$
$$= 15\,364.25(元)$$

继续使用旧设备方案的净现值：
$$NPV_2 = 11\,875 \times PVIFA_{10\%,3} - (25\,000 + 1\,250)$$
$$= 11\,875 \times 2.487 - 26\,250 = 3\,283(元)$$

(1) 年均净现值法

$$ANPV_1 = \frac{NPV_1}{PVIFA_{10\%,6}} = \frac{15\,364.25}{4.355} = 3\,527.96$$

$$ANPV_2 = \frac{NPV_2}{PVIFA_{10\%,3}} = \frac{3\,283}{2.487} = 1\,320$$

由年均净现值法计算结果可知，购置新设备方案的年均净现值要大于继续使用旧设备方案的年均净现值。因此，选择更新设备方案。

(2) 最小公倍寿命法（项目复制比法）

更新设备方案的未来使用年限为 6 年，继续使用旧设备的未来使用年限是 3 年，二者的最小公倍寿命为 6 年。对于继续使用旧设备方案还需连续投资 1 次，才能达到 6 年。

购置新设备方案在最小公倍寿命内的净现值为
$$NPV_1 = 15\,364.25(元)$$

继续使用旧设备方案在最小公倍寿命内重复投资的净现值为
$$DNPV_2 = 3\,283 + 3\,283 \times PVIF_{10\%,3} = 3\,283 + 3\,283 \times 0.751 = 5\,749(元)$$

由上述计算结果可知，应该选择更新设备方案。

五、资金限量投资决策

资金限额（capital rationing）投资决策是指，在投资决策时由于投资资金总额有限，企业不能够投资于所有具备财务可行性的项目，为了实现企业最佳经济效益，而进行的投资项目组合决策。换言之，资金限额投资决策是指在资金有限的前提下，对给定的各个独立备选项目进行筛选、投资组合，从中选择不超过资本限额的能产生最大净现值的组合方案，从而实现企业的理财目标。具体步骤如下：

(1) 计算各个独立投资项目的净现值 NPV，$NPV>0$ 的投资项目为具备可行性的方案，而 $NPV<0$ 的投资方案为不可行的方案，应该去除。

(2) 将所有具备财务可行性的独立投资项目组合成不同的项目组，如果有 n 个符合条件的项目，则有 2^n-1 个互斥项目组合方案。

(3) 根据资本量约束大小，对所有互斥项目组合的初始投资额进行筛查，超过资本限量的项目组合将被剔除。

(4) 计算符合资本约束条件的项目组合的净现值总额，以净现值总额最大的组合为最优组合。

【例 5-4】 学信公司目前正在对 5 个备选投资项目进行评价,每个投资项目的投资期限均是 6 年,投资项目的折现率为 10%,学信公司的最大资金总额为 710 万元。各投资项目的初始投资额及各年现金流量如表 5-7 所示。

表 5-7　学信公司 5 个投资项目的现金流量　　　　　　　　　　　　　单位:万元

项目	初始	第 1~5 年	第 6 年
A	−400	140	155
B	−260	100	105
C	−360	120	131
D	−300	90	99
E	−100	22	25

(1) 5 个备选项目的净现值计算过程如下:

$$NPV_A = -400 + 140 \times PVIFA_{10\%,5} + 155 \times PVIF_{10\%,6}$$
$$= -400 + 140 \times 3.791 + 155 \times 0.564 = 218.16(万元)$$
$$NPV_B = -260 + 100 \times PVIFA_{10\%,5} + 105 \times PVIF_{10\%,6}$$
$$= -260 + 100 \times 3.791 + 105 \times 0.564 = 178.32(万元)$$
$$NPV_C = -360 + 120 \times PVIFA_{10\%,5} + 131 \times PVIF_{10\%,6}$$
$$= -360 + 120 \times 3.791 + 131 \times 0.564 = 168.80(万元)$$
$$NPV_D = -300 + 90 \times PVIFA_{10\%,5} + 99 \times PVIF_{10\%,6}$$
$$= -300 + 90 \times 3.791 + 99 \times 0.564 = 97.03(万元)$$
$$NPV_E = -100 + 30 \times PVIFA_{10\%,5} + 40 \times PVIF_{10\%,6}$$
$$= -100 + 22 \times 3.791 + 25 \times 0.564 = -2.50(万元)$$

由计算结果可知,E 项目的净现值小于 0,不具备财务可行性,A、B、C、D 项目可接受。

(2) 4 个具备财务可行性的项目可以组合成 (2^4-1) 个项目组合。具体表现为:A,B,C,D,AB,AC,AD,BC,BD,CD,ABC,BCD,ABD,ACD,ABCD。由于最大资金总额为 710 万,因此,只有 A,B,C,D,AB,AD,BC,BD,CD 9 个项目组合在资金限额之内,其余项目均不符合要求。各投资组合的初始投资额和净现值如表 5-8 所示。

表 5-8　各投资组合的初始投资额和净现值　　　　　　　　　　　　　单位:万元

投资项目组合	初始投资额	净现值
A	400	218.16
B	260	178.32
C	360	168.8
D	300	97.3
AB	660	396.48
AD	700	315.46
BC	620	347.12
CD	660	266.1

从表 5-8 的比较结果可知,应该选择 AB 这两个项目组成的组合,其净现值为 396.48 万元,是 9 个符合资金限制条件的投资组合中,净现值最大的组合。

六、通货膨胀对投资项目决策的影响

通货膨胀(inflation)是造成一国货币贬值的物价上涨,其对处于特定经济环境的企业有着重要影响,因而在进行投资项目决策时必须予以考虑。通货膨胀时期的典型特征是大多数商品和劳务的价格普遍上涨,纸币贬值并且购买力下降。通货膨胀影响的是绝大部分商品,而投资项目本身也不能幸免,其对投资项目决策的影响可以分为两方面:一方面,是对现金流量的影响;另一方面,是影响利率进而影响资本成本率的计算。

(一) 利率与通货膨胀

在考虑通货膨胀的情况下,存在两种利率形式:名义利率(nominal interest rate)和实际利率(real interest rate)。名义利率指的是包含通货膨胀率的利率,而实际利率则正好相反,其剔除了通货膨胀率的影响。名义利率与实际利率之间的关系可以用公式表示:

$$(1+实际利率)\times(1+通货膨胀率)=1+名义利率$$

由此可推导出实际利率的计算公式为

$$实际利率 = \frac{1+名义利率}{1+通货膨胀率} - 1 \tag{5-1}$$

(二) 现金流量与通货膨胀

与利率一样,当存在通货膨胀的情况下,也存在两种现金流量形式:名义现金流量(nominal cash flow)和实际现金流量(real cash flow)。名义现金流量是指经济活动中,实际收付的款项,其包含了通货膨胀的影响。实际现金流量是指剔除了通货膨胀影响,反映实际购买能力的现金流量。实际现金流量与名义现金流量二者之间的关系可用下式表示:

$$名义现金流量 = 实际现金流量\times(1+通货膨胀率)^n \tag{5-2}$$

由于利率有名义利率与实际利率之分,而现金流量也有名义现金流量和实际现金流量之分。在进行投资项目决策的时候,究竟应该选择哪些变量进行决策呢?

在投资决策时,决策者应该遵守现金流量与利率之间保持一致的原则。也就是,实际现金流量折现时使用实际利率,而名义现金流量折现时则使用名义利率。无论使用哪种计算类型进行决策,只要保持计算口径的一致性,那么计算结果都应该是一样的。

【例 5-5】 学信公司预测 A 项目的实际现金流量如表 5-9 所示,该公司的名义资金成本率为 10%,预计的通货膨胀率为 6%。要求计算 A 项目的净现值。

表 5-9　A 项目各年实际现金流量

年 份	0	1	2	3	4
实际现金流量	-200	60	80	70	65

方法一:由于已知实际现金流量,因而可以先求出实际资金成本率,然后用该折现率进行折现,以求出净现值。

实际资金成本率＝(1＋10％)÷(1＋6％)－1＝3.77％

方法一 A项目净现值计算如表5-10所示。

表5-10 方法一 A项目净现值计算

年　数	0	1	2	3	4
实际现金流量	－200	60	80	70	65
各年现金流量现值计算	－200	$\dfrac{60}{1+3.77\%}$	$\dfrac{80}{(1+3.77\%)^2}$	$\dfrac{70}{(1+3.77\%)^3}$	$\dfrac{65}{(1+3.77\%)^4}$
净现值(NPV)		$NPV=-200+57.82+74.29+62.64+56.06=50.81$			

方法二：先将实际现金流量转化为名义现金流量，然后用名义资金成本率进行折现，以此求得净现值NPV。

方法二 A项目净现值计算如表5-11所示。

表5-11 方法二 A项目净现值计算

年　数	0	1	2	3	4
实际现金流量	－200	60	80	70	65
名义现金流量	－200	$60\times(1+6\%)$	$80\times(1+6\%)^2$	$70\times(1+6\%)^3$	$65\times(1+6\%)^4$
各年现金流量现值计算	－200	63.6×0.9091 $=57.82$	89.89×0.8264 $=74.29$	83.37×0.7513 $=62.64$	82.06×0.6830 $=56.05$
净现值(NPV)		$NPV=-200+57.82+74.29+62.64+56.05=50.80$			

由表5-10和表5-11的计算结果可知，两种方法计算出来的净现值是基本一致的，但本例题的计算由于受小数位数的轻微影响，导致结果有一些微小偏差，但这并不影响两种计算方法的本质结果是一致的结论。另外，本例题中，实际资金成本率为3.77％，近似等于名义资金成本率与通货膨胀率之差，因而，当通货膨胀轻微时，名义资金成本率等于实际资金成本率。在通货膨胀情况严重时，必须予以考虑，否则将会严重影响计算结果的准确性。

第二节　投资风险决策

前面的投资项目决策都没有考虑风险因素，均假设现金收支的金额及发生时间为确定的。事实上，由于项目投资周期长、投资金额大，因而不确定性程度较高，风险较大，涉及的风险类型(市场风险、财务风险、通货膨胀风险、技术风险等)也比较多。因此，为了提高决策的准确性，在投资项目决策时，需要把风险因素包含进去。考虑了不确定性(风险)因素的投资决策叫作不确定性投资决策或者风险投资决策。风险投资决策方法种类非常多，具体方法有：风险因素调整法、期望决策法、决策树法、敏感性分析法、盈亏平衡分析法、情景分析法及模拟分析法等多种方法，本书将重点介绍较为常见的风险因素调整法及期望决策法的原理及应用。

一、风险因素调整法

(一) 按风险调整现金流量法

按风险调整现金流量法又称为肯定当量法或者约当系数法,它是指将各年不确定的现金流量使用肯定当量系数进行折算,调整为确定的现金流量,接着以无风险报酬率作为折现率计算得到新的净现值,以此评价风险投资项目的可行性的决策方法。

$$\text{风险调整后净现值} \ NPV = \sum_{t=0}^{n} \frac{d_t \times \text{现金流量期望值}}{(1+\text{无风险报酬率})^t} \tag{5-3}$$

式中,d_t 是第 t 年现金流量的肯定当量系数,取值范围在 0~1。

$$\text{肯定当量系数} \ d = \frac{\text{肯定的现金流量}}{\text{不肯定的现金流量期望值}} \tag{5-4}$$

肯定当量系数是指不确定的 1 元现金流量相当于使投资者满意的确定的现金流量的系数。利用肯定当量系数可以将不肯定的期望现金流量换算成肯定的现金流量。换言之,即是把全部风险(含特定风险及系统风险)成分从现金流量中分离出来,使得现金流量成为"安全"的不含任何风险的现金流量。肯定当量系数的大小介于 0~1,不同年份的现金流量风险大小不同,应该选用不同的肯定当量系数进行折算。具体如表 5-12 所示。

表 5-12 不同风险范围下的肯定当量系数

现金流量的风险级别	肯定当量系数的取值范围
现金流量确定	d=1.00
现金流量的风险较小	0.80≤d<1.00
现金流量的风险一般	0.40≤d<0.80
现金流量的风险较大	0<d<0.40

一般而言,肯定当量系数的选择会因人而异,决策者对待风险的态度不一致,面对同样的现金流量期望,他们的选择会有所差异,比如激进的决策者偏向于选择较高的肯定当量系数,而稳健或者保守的决策者则偏向于选择较低的肯定当量系数。为了避免决策过程受到过多人为因素的影响,实务中,有一些企业会以标准离差率(变异系数)衡量风险的特性,以其作为选择约当系数的依据。

【例 5-6】 学信公司资金量充裕,现有甲、乙两个投资项目可供选择,有关资料如表 5-13 所示。该公司的最低的无风险报酬率为 5%。

表 5-13 甲、乙项目的现金流量状况

年数	现金流量	肯定当量系数	肯定现金流量	复利现值系数(5%)	调整前现值/元	调整后现值/元
甲 项 目						
0	−50 000	1.0	−50 000	1.000	−50 000	−50 000
1	15 000	0.9	13 500	0.952	14 280	12 852
2	15 000	0.8	12 000	0.907	13 605	10 884

续表

年数	现金流量	肯定当量系数	肯定现金流量	复利现值系数(5%)	调整前现值/元	调整后现值/元
3	15 000	0.7	10 500	0.864	12 960	9 072
4	15 000	0.6	9 000	0.823	12 345	7 407
5	15 000	0.5	7 500	0.784	11 760	5 880
净现值					14 950	−3 905
乙 项 目						
0	−57 000	1.0	−57 000	1.000	−57 000	−57 000
1	19 000	0.9	17 100	0.952	18 088	16 279
2	19 000	0.8	15 200	0.907	17 233	13 786
3	19 000	0.7	13 300	0.864	16 416	11 491
4	19 000	0.6	11 400	0.823	15 637	9 382
5	19 000	0.5	9 500	0.784	14 896	7 448
净现值					25 270	1 387

由表5-13的计算结果可知,调整前甲、乙两个项目的净现值均大于0,均为可行性投资项目,调整后甲项目的净现值为0,而乙项目的净现值只有1 387元,金额较低。因此,如果学信公司不对现金流量进行,则很有可能作出错误的决策,这将给公司带来损失。

(二) 风险调整折现率法

风险调整折现率法是指将风险因素添加到资本成本率或者必要报酬率上,通过使用提高后的折现率对期望现金流量进行折现从而计算出新的净现值,以进行投资项目决策的方法。风险调整折现率法是一种较为实用、更贴合实际的项目处置风险方法。它的基本思路是对于高风险项目采用较高的风险调整折现率法,而低风险项目则采用低的风险调整折现率法,以计算风险项目的净现值。

$$调整后净现值(NPV) = \sum_{t=0}^{n} \frac{期望现金流量 NCF_t}{(1+风险调整折现率)^t} \quad (5-5)$$

式中,期望现金流量 $= \sum$ 现金流量 $\times$ 概率。

风险调整折现率的确定方法有好多种,比较常用的方法有资本资产定价模型法、按风险报酬模型来确定等。

1. 用资本资产定价模型来确定折现率

在资本资产定价模型中,证券风险可以分为可分散风险和不可分散风险。而投资项目的风险也可以参考证券风险的方法来确定,将特定投资项目的风险分为可分散风险和不可分散风险,其中可分散风险可以通过多元化投资消除,而不可分散风险不可以消除,在投资项目决策中必须考虑。

$$K_J = R_F + \beta_J(R_M - R_F) \quad (5-6)$$

式中,K_J 为项目 J 按风险调整的折现率;R_F 为无风险报酬率;β_J 为项目 J 的不可分散风险的

β 系数；R_M 为所有项目平均的平均报酬率。

2. 按风险报酬模型来调整折现率

特定投资项目的总报酬可分为两部分：无风险报酬率及风险报酬率。其计算公式为

$$K_J = R_F + b_J \times V_J \tag{5-7}$$

式中，K_J 为项目 J 按风险调整的折现率；R_F 为无风险报酬率；b_J 为项目 J 的风险报酬系数；V_J 为项目 J 的预期标准离差率。

【例 5-7】 学信公司目前有一个备选项目需要进行决策，项目的预期股权现金流量风险较大，其 β 值为 2。当前市场平均报酬率为 10%，无风险报酬率为 5%。各年现金流量如表 5-14 所示。

表 5-14 各年现金流量数据

年数	0	1	2	3	4	5
现金流量	−56 000	16 000	16 000	16 000	16 000	16 000

根据资本资产定价模型来确定折现率：

$$项目的风险调整折现率 = 5\% + 2 \times (10\% - 5\%) = 15\%$$

由表 5-15 的计算结果可知，如果不进行折现率调整，该项目的净现值为 13 280 元，表明该项目具备财务可行性，可以进行投资。但是如果考虑风险因素，进行折现率调整，该项目的净现值就小于零了，不具备投资可行性。由此可知，学信公司不考虑风险因素，不对折现率进行调整，将会作出错误的投资决策，不利于公司发展。

表 5-15 折现率调整前后净现值的计算

年数	现金流量	复利现值系数(5%)	调整前现值	复利现值系数(15%)	调整后现值
0	−56 000	1.000	−56 000	1.000	−56 000
1	16 000	0.952	15 232	0.870	13 920
2	16 000	0.907	14 512	0.756	12 096
3	16 000	0.864	13 824	0.658	10 528
4	16 000	0.823	13 168	0.572	9 152
5	16 000	0.784	12 544	0.497	7 952
净现值(NPV)			13 280		−2 352

（三）两种方法的区别

按风险调整现金流量法与按风险报酬模型来调整折现率这两种方法的评论不一致。按风险调整现金流量法因其可以分别对时间和风险价值进行调整而普遍得到好评。而按风险调整折现率法因其只需要对折现率进行调整就可以实现风险的调整目标，简单明了、易于理解，在实务中应用广泛，但是正因为其用单一的折现率就同时完成对风险价值和时间价值的调整，直接假设风险随时间推移而增大，不尽合理，因而在应用时也存在较大争议。

因此，为了更好地兼顾两种方法的优缺点，实务中，有的企业会使用不可分散风险来调

整资本成本率,而根据项目的特定风险来调整各期的现金流量。

二、期望值决策法

期望值决策法又称为概率法,该决策方法首先根据各期现金流量的概率分布情况,计算出各个年份的期望现金流量,在此基础上计算出期望净现值,以其作为风险项目投资决策判断依据的一种方法。

运用期望值决策法时,各个年份期望现金流量的计算公式为

$$\overline{NCF_t} = \sum_{i=1}^{n} NCF_{ti} P_{ti} \tag{5-8}$$

式中,$\overline{NCF_t}$ 表示第 t 年的期望净现金流量;NCF_{ti} 表示第 t 年第 i 种状态的净现金流量;P_{ti} 表示第 t 年的第 i 种状态发生的概率。

【例 5-8】 学信公司的 A 投资项目每年的现金流量及对应的概率分布情况如表 5-16 所示。该公司资本成本率为 10%。请计算 A 项目的期望净现值指标以判断其是否值得投资。

表 5-16 A 项目各年现金流量及概率分布

年数	第 0 年		第 1 年		第 2 年		第 3 年		第 4 年		第 5 年	
	概率	NCF_0	概率	NCF_1	概率	NCF_2	概率	NCF_3	概率	NCF_4	概率	NCF_5
A 项目现金流量及概率分布	1.00	−70 000	0.4	16 000	0.3	20 000	0.2	30 000	0.4	15 000	0.3	15 000
			0.3	13 000	0.4	30 000	0.6	20 000	0.2	25 000	0.4	20 000
			0.4	18 000	0.3	10 000	0.2	32 000	0.4	35 000	0.3	25 000

(1) 计算各年期望现金流量。

$$\overline{NCF_1} = 0.4 \times 16\,000 + 0.3 \times 13\,000 + 0.4 \times 18\,000 = 17\,500(元)$$
$$\overline{NCF_2} = 0.3 \times 20\,000 + 0.4 \times 30\,000 + 0.3 \times 10\,000 = 21\,000(元)$$
$$\overline{NCF_3} = 0.2 \times 30\,000 + 0.6 \times 20\,000 + 0.2 \times 32\,000 = 24\,400(元)$$
$$\overline{NCF_4} = 0.4 \times 15\,000 + 0.2 \times 25\,000 + 0.4 \times 35\,000 = 25\,000(元)$$
$$\overline{NCF_5} = 0.3 \times 15\,000 + 0.4 \times 20\,000 + 0.3 \times 25\,000 = 20\,000(元)$$

(2) 计算 A 投资项目的期望净现值。

$$\begin{aligned}\overline{NPV} &= \sum_{t=0}^{n} \overline{NCF_t} \times PVIF_{i,t} \\ &= -70\,000 + 17\,500 \times 0.909 + 21\,000 \times 0.826 + 24\,400 \times 0.751 \\ &\quad + 25\,000 \times 0.683 + 20\,000 \times 0.621 \\ &= 11\,073(元)\end{aligned}$$

A 投资项目的期望净现值为 11 073 元,可以进行投资。

本 章 小 结

本章介绍了典型投资项目的评价分析及项目投资风险决策两部分内容。
(1) 在典型投资项目评价分析部分,包括独立投资项目决策和互斥项目决策,其中互斥

项目决策又进一步细分为:固定资产更新决策(分为寿命期相同的固定资产更新决策和寿命期不相同的固定资产更新决策两种情形)、资金限量投资决策、通货膨胀对投资决策的影响分析等内容。在这些典型投资项目的评价分析过程中,充分运用了折现现金流量指标的评价功能,尤其是净现值指标的运用。

(2) 为了提高决策的准确性,在投资项目决策时,需要把风险因素包含进去。风险投资决策方法种类非常多,本章重点介绍了风险因素调整法及期望决策法的应用。风险因素调整法包括按风险调整现金流量法与按风险报酬模型来调整折现率。按风险调整现金流量法可以分别对时间和风险价值进行调整而普遍得到好评,而按风险调整折现率法在应用时简单明了。期望值决策法又称为概率法,是风险项目投资决策的一种重要方法。

本章重要概念

固定资产更新(replacement of fixed assets)
资金需要量决策(capital requirement)
通货膨胀(inflation)
风险调整现金流量法(risk-adjusted cash flow)
风险调整折现率(risk-adjusted discount rate)
期望值决策法(expected value decision)

本章主要公式

(1) 实际利率 $= \dfrac{1+名义利率}{1+通货膨胀率} - 1$

(2) 名义现金流量 $=$ 实际现金流量 $\times (1+通货膨胀率)^n$

(3) 风险调整后净现值 $NPV = \sum\limits_{t=0}^{n} \dfrac{d_t \times 现金流量期望值}{(1+无风险报酬率)^t}$

(4) 肯定当量系数 $d = \dfrac{肯定的现流量}{不肯定的现金流量期望值}$

(5) 调整后净现值 $(NPV) = \sum\limits_{t=0}^{n} \dfrac{期望现金流量 NCF_t}{(1+风险调整折现率)^t}$

$K_J = R_F + \beta_J (R_M - R_F)$

$K_J = R_F + b_J \times V_J$

$\overline{NCF_t} = \sum\limits_{i=1}^{n} NCF_{ti} P_{ti}$

本章思考题

(1) 固定资产更新决策中初始现金流量包含哪些内容?是否需要考虑税负的影响?
(2) 项目寿命不等的投资项目能否直接比较净现值、获利指数或内部报酬率?应如何消除寿命不等的影响?

(3) 当公司资金总量有限时,应如何进行投资决策?

(4) 什么是通货膨胀?通货膨胀对企业投资决策有何影响?

(5) 按风险调整折现率和按风险调整现金流量两种方法的思路分别是什么?各自的优缺点是什么?

(6) 什么是期望值决策法?该方法的适用范围是什么?

案 例

云南绿大地公司舞弊案

云南绿大地生物科技股份有限公司(以下简称云南绿大地公司)创建于1996年,2001年成股份制改造,2006年11月,云南绿大地公司申请深交所上市失败。2007年12月,公司股票在深交所上市,成为国内绿化行业第一家上市公司,云南省第一家民营上市企业。公司主营业务为绿化工程设计及施工,绿化苗木种植及销售。2008年10月以来,云南绿大地公司三度更换财务总监、三度变更审计机构;2009年度公司业绩预告和快报则五度反复;2010年3月,云南绿大地公司因信息披露严重违规等问题被证监会调查。2010年12月,董事长何学葵持有的4 325.8万股云南绿大地股票被冻结,引起连锁反应,四个交易日内公司市值蒸发12.2亿元,超过80%的投资人损失惨重。2011年公司又擅自变更了会计估计。

2011年3月,董事长何学葵因涉嫌欺诈发行股票罪被公安机关逮捕。2011年4月,财务总监李鹏因信息披露违规被公安机关控制。2011年12月,云南省官渡区人民法院一审判决:云南绿大地公司因犯欺诈发行股票罪,被判处罚金人民币400万元,何学葵、蒋凯西因犯欺诈发行股票罪,各判处有期徒刑三年、缓刑四年;相关人员也受到了相应的处罚。2012年1月,云南省昆明市人民检察院抗诉认为,云南绿大地舞弊发行案一审判决确有错误,原审法院对舞弊发行股票罪部分量刑偏轻,应当认定被告单位及各被告人违规披露重要信息罪,且原审审级违法。

仔细分析绿大地公司财务舞弊的深层次原因可以发现,管理者独断专行,内部控制形同虚设,是其重要原因之一。具体表现在,比如财务核算控制不准确,云南绿大地公司项目变更签证不及时,随意性强;一些特殊原因造成的工程设计变更、市场气候变化、政策因素影响项目建设;零星与隐蔽工程,不但无设计变更,也不办理现场签证,而是事后补签或不签。由于上述信息传递不及时,造成工程量难以准确核实,影响了财务核算的及时性与准确性。众所周知,项目投资所设计金额大、周期长、风险大,如果不进行严把控一旦投资失败,将会给企业带来很大的损失。

资料来源:刘晓波,王玥. 云南绿大地公司财务舞弊案例研究[J]. 会计之友,2013(5).

思考题:

1. 绿大地公司应该如何进行科学、有效的投资项目决策?
2. 绿大地公司投资失败的根本原因是什么?

下 篇

第六章 筹资管理（上）

◆ **学习目标**

1. 了解不同筹资的目的或动机。
2. 掌握各种筹资方式的优点及不足之处。
3. 掌握销售百分比法的应用。

◆ **知识框架**

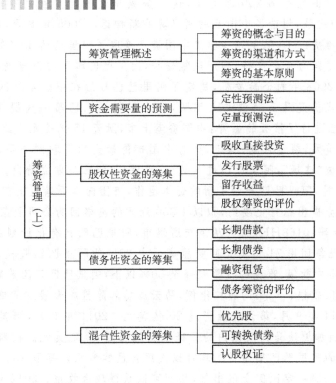

◆ **内容提要**

　　资本是企业持续地从事生产经营活动的基本条件。企业根据其生产经营、对外投资和调整资本结构的需要，通过适当的筹资渠道和不同的金融市场，运用多种筹资方式，经济有效地向企业的投资者、债权人及其他有关方面筹措资本，是保证企业生产经营资金需求的一项重要理财活动。当企业的投资方向、投资规模及分配政策等重要问题被解决之后，筹资问题便自然而然地、合乎逻辑地凸显出来。本章重点探讨企业筹资的目的与动机、筹资渠道与筹资方式、筹资特征及相关规定等诸多问题，旨在揭示市场经济条件下企业筹资渠道的广泛性和筹资方式的多样性。

重点难点

1. 各种筹资方式的优点及不足之处。
2. 销售百分比法的应用。

引 例

阿里巴巴的融资历程

1999年9月，马云带领他的18位创始人在杭州湖畔花园小区的公寓里成立了阿里巴巴，当时启动资金仅仅为50万元。1999年10月，第一轮融资500万美元，来自高盛。2000年，第二轮融资2 500万美元，由日本软银领投。2004年2月，阿里巴巴在北京宣布了其第三轮融资的结果8 200万美元，这一金额超过了国内互联网热潮初起之时新浪6 000万美元的纪录，创造了中国互联网私募的新神话。2005年8月，阿里巴巴第四轮融资10亿美元，雅虎以10亿美元和雅虎中国资产换取了阿里巴巴39%的股权，这次交易为阿里巴巴提供了强力资金支持，利用这笔资金，阿里巴巴旗下的淘宝网、支付宝迅速做大，并成功渡过了2008年的金融危机，奠定了阿里巴巴日后在中国互联网中的"江湖地位"，但这一交易的代价是马云及创始人团队，让出了阿里巴巴第一大股东的地位。2007年11月，阿里巴巴进行了第五轮融资：中国香港上市，融资15亿美元。此时阿里巴巴公司市值已达280亿美元，超过百度、腾讯，成为中国市值最大的互联网公司，在上市前，其他风险投资商基本被"清场"，阿里巴巴进入马云、雅虎、软银三足鼎立阶段。

2012年2月，阿里巴巴开始了新的资本运作，集团向旗下港股上市公司阿里巴巴网络有限公司董事会提出私有化要约，拟以1 350港元的价格回购公司股票。2012年6月，阿里巴巴（股票代码：0168HK）正式从港交所退市，阿里巴巴私有化计划完成。2012年5月21日，阿里巴巴集团用71亿美元回购雅虎手中20%的阿里巴巴股权，这一交易完成后，新的公司董事会中软银、雅虎的投票权降至50%以下，阿里巴巴集团董事会将维持2：1：1（阿里巴巴集团、软银、雅虎）的股权比例，马云成功解除雅虎大股东的威胁，重新控制了公司董事会。2011年9月，第六轮融资近20亿美元。2011年9月，阿里巴巴向美国银湖、俄罗斯DST、新加坡淡马锡及国内的云锋基会融资近20亿美元。按照当时的融资计划，所有符合条件的阿里巴巴集团员工均可以按照自己的意愿以每股135美元的价格将所持有的集团股票按照一定比例上限出售，从而可以获得现金收益。2012年8月，第七轮融资43亿美元，铆足劲收购雅虎股份。2012年8月，为了支付回购雅虎股份所需的70多亿美元，除了商业贷款外，在2012年阿里巴巴私有化和2012年回购雅虎股份中，国开行都给阿里巴巴提供了10亿美元的贷款。阿里巴巴向一系列PE基金和主权财富基金出售了26亿美元的普通股和1 688亿美元的可转换优先股，由中投、中信资本、博裕资本、国开金融等构成的国家队成为阿里巴巴的新股东。2014年9月，第八轮融资，阿里巴巴在美国成功上市,首个交易日收盘时,阿里巴巴公司总市值达到2 285亿美元。2014年9月19日,阿里巴巴在美国纽约交易所正式挂牌,交易股票代码"BABA",按照其68美元ADS的发行价计算,其融资额超过220亿美元,超越VSA上市时的197亿美元,刷新美国股票市场首次公开募股(PO)的交易纪录,成为美国股票市场有史以来最大IPO。这个交易日,阿里巴巴以92.70美元开盘,高出发行价36.32%,总市值达到2 285亿美元。阿里巴巴股票自上市以来,一路走高,公司总市值2018年5月已突破5 000亿美元,成为全球市值超过5 000亿美元的六大公司之一,也是我国唯一一个跻身世界豪门的上市公司。

资料来源:新浪财经.

第一节 筹资管理概述

一、筹资的概念与目的

企业财务活动是以筹集企业必需的资金为前提的,企业的生存与发展离不开资金的筹措。所谓企业筹资,是指企业作为筹资主体,根据其生产经营、对外投资和调整资本结构等的需要,通过各种筹资渠道和金融市场,运用各种筹资方式,经济有效地筹措和集中资本的财务活动。从企业资金运动的过程及财务活动的内容看,企业筹资是企业财务管理工作的起点,关系到企业生产经营活动的正常开展和企业经营成果的获取,因此企业应科学合理地进行筹资活动。

企业筹资的基本目的是企业自身正常生产经营与发展。企业的财务管理在不同时期或不同阶段,其具体的财务目标不同,企业为实现其财务目标而进行的筹资动机也不尽相同。筹资目的服务于财务管理的总体目标。因此,对企业筹资行为而言,其筹资目的可以概括为以下几类。

(一)满足企业创建的需要

具有一定数量的资本是创建企业的基础。企业的经营性质、组织形式不同,对资本的需要也不相同。因此,筹资是创建企业的必要条件。企业在生产经营过程中,需要购买设备、材料,支付日常经营业务的各项费用,这都需要筹集一定数量的资本。作为企业设立的前提,筹资活动是财务活动的起点。

(二)满足生产经营的需要

企业生产经营活动又可具体分为两种类型,即维持简单再生产和扩大再生产,如新产品、提高产品质量、改进生产工艺技术、追加有利的对外投资机会、开拓企业经营领域等。与此相对应的筹资活动,也可分为两大类型,即满足日常正常生产经营需要而进行的筹资和满足企业发展扩张而进行的筹资。其中,对于满足日常正常生产经营需要而进行的筹资,是因为企业设立并不等同于可以正常运营,实际经营过程中,资金的周转在数量上具有波动性,为了使企业经营活动正常运转,必须保证资金的供应;而对于满足企业发展扩张而进行的筹资,是因为随着企业生产经营规模不断扩大,企业对资金的需求也会不断增多,仅靠自身的积累是不够的,必须通过其他筹资方式来配合。处于成长阶段、具有良好发展前景的企业常常会进行扩张性的筹资活动。扩张性的筹资活动会使企业资产总额和筹资总额增加,也可能会使企业的资本结构发生变化。

(三) 满足资本结构调整的需要

资本结构的调整是企业为了降低筹资风险、减少资本成本而对资本与负债间的比例关系进行的调整,资本结构的调整属于企业重大的财务决策事项,同时也是企业筹资管理的重要内容。资本结构调整的方式很多。例如,有的企业负债比率较高,财务风险较大,这时为了控制财务风险,可能需要筹集一定数量的股权性资本以降低负债比率。反之,如果企业的负债比率过低,企业会承担较高的资本成本,财务杠杆的作用也会较小,这时企业就可能需要筹集一定数量的负债资本,并回购部分股票,以提高资产负债率,达到优化资本结构的目的。

(四) 满足偿还债务的需要

在现实经济生活中,负债经营普遍存在于企业界。对承担债务的企业来说,有按时偿还债务本金和支付利息的责任。偿还本金与利息需要现金,而当企业现金流出现短缺时,可以通过举新债等方式筹集资金用于偿还旧的债务,以维护企业的信誉。

(五) 外部筹资环境变化的需要

企业的筹资活动总是在一定的时间和空间进行的,并且受到各种外部因素的制约与影响,如国家税收政策的调整会影响企业内部现金流量的数量与结构,进而影响企业的筹资结构。这些外部筹资环境的变化会带来新的筹资需要。

二、筹资的渠道和方式

(一) 筹资渠道

企业筹资渠道是指筹措资金来源的方向与途径,体现着资金的源泉和流量。企业筹资渠道有国家财政资金、银行信贷资金、非银行金融机构资金、其他企业资金、民间资金、企业自留资金、外商资金七种。在筹资时应对这些筹资渠道进行分析,以了解各种筹资渠道资金的存量与流量大小;企业可以使用哪些筹资渠道;每种筹资渠道适于采用哪些筹资方式等,以便于企业充分开拓和正确、合理利用筹资渠道。

(二) 企业筹资方式

企业筹资方式是指筹措资金时所采取的具体方法和形式,体现着资金的属性。筹资方式主要有吸收直接投资、发行股票、利用留存收益、利用商业信用、银行借款、发行公司债券、融资租赁七种。筹资时也要对筹资方式进行分析,以了解各种筹资方式的法律限制和金融限制;各种筹资方式的资本成本高低和财务风险大小;各种筹资方式对企业资本结构的影响程度等,以利于企业选择适宜的筹资方式和进行筹资组合。

筹资渠道反映企业资金的来源渠道,是客观存在的。筹资方式是指应该采用何种方式取得资金,由企业自己主观确定。两者有区别,也存在一定的对应关系。一种筹资方式只能适用于某一特定的筹资渠道,但某一筹资渠道的资金可以采用不同的方式去取得。

筹资渠道解决的是资金来源问题,筹资方式则解决通过何种方式取得资金的问题,它们之间存在一定的对应关系。一定的筹资方式可能只适用于某一特定的筹资渠道,但是同渠道的资金往往可采用不同的方式取得,同一筹资方式又往往适用于不同的筹资渠道。因此,企业在筹资时,应实现两者的合理配合。详细如表6-1所示。

表6-1 筹资方式和筹资渠道的对应关系

渠道	方式						
	吸收直接投资	发行股票	留存收益	商业信用	银行借款	公司债券	融资租赁
国家财政资金	√	√					
银行信贷资金					√		
非银行金融机构资金	√	√			√	√	√
其他企业资金	√	√		√			√
民间资金	√						
企业自留资金	√		√				
外商资金	√	√		√	√		√

三、筹资的基本原则

企业筹资应遵循以下基本原则。

(1) 合法、合规原则。企业无论从何种渠道、以何种方式筹集资金,这种筹资行为既影响到企业自身的经济利益,也影响到投资者的经济利益,甚至有时还会影响到社会经济秩序。因此,企业的筹资行为和筹资活动必须遵循国家的相关法律法规,做到依法信息披露、依法筹集资金、依法履行责任,以维护各方的合法权益。

(2) 规模适当原则。企业筹资要根据现实和未来需求,正确合理预测资金需要量,既要避免因筹资不足,影响生产经营等的正常进行,又要防止筹资过多,造成资金的闲置,力争做到筹资规模与资金需要量的一致。

(3) 筹措及时原则。企业筹资要根据资金需求的具体情况,合理安排资金的筹集时间,适时获取所需资金。既要避免过早筹集资金形成的资金投放前闲置,又要防止取得资金的时间滞后,以免错过资金投放的最佳时间,力争做到筹资与用资在时间上的相互衔接。

(4) 来源合理原则。在市场经济条件下,企业筹资要付出资本成本的代价。筹资渠道和方式不同,决定其资本成本各有差异。企业应当在充分考虑筹资难易程度的基础上,认真分析并估计不同来源资金的资本成本,尽可能选择来源渠道合理的筹资方式,力求降低筹资成本。

(5) 方式经济原则。企业筹资要综合考虑股权筹资与债务筹资的关系、长期筹资与短期筹资的关系、内部筹资与外部筹资的关系,合理安排资本结构,保持适当的偿债能力,防止企业财务危机,提高筹资效益。

第二节 资金需要量的预测

企业资金预测是指企业根据生产经营的需要,对未来所需资金的估计和预测。企业筹集资金首先要对资金进行预测,即对企业未来组织生产经营活动的资金进行估计、分析和判断,它是企业制订融资计划的前提。资金是筹资的数量依据,必须科学合理地进行预测。筹资数量预测的基本目的,是保障筹集的资金既能满足生产经营的需要,又不会产生资金多余而闲置。

企业资金的预测方法主要有定性预测法和定量预测法两种。

一、定性预测法

定性预测法,是根据调查研究所掌握的情况和数据资料,凭借预测人员的知识和经验,对资金需要量所做的判断。这种方法一般不能提供有关事件确切的定量数据,而主要是定性地估计某一事件的发展趋势、优劣程度和发生的概率。定性预测是否正确,完全取决于预测者的知识和经验。在进行定性预测时,虽然要汇总各方人士的意见来综合说明财务问题,但也需要将定性的财务资料进行量化,这并不改变这种方法的性质,定性预测主要是根据经济理论和实际情况进行理性的、逻辑的分析和论证,以定量方法作为辅助,一般在缺乏完整、准确的历史资料时采用。定性预测法主要包括德尔菲法、市场调查法和相互影响预测法。

(一) 德尔菲法

德尔菲法主要是通过向财务管理专家进行调查,利用专家的经验和知识,对过去发生的财务活动、财务关系和有关资料进行综合分析,从财务方面对未来经济的发展作出判断。预测一般分为两步进行:首先,由熟悉企业经营情况和财务情况的专家,根据其经验对未来情况进行分析判断,提出资金需要量的初步意见;其次,通过各种形式如信函调查、开座谈会等,在与本地区一些同类企业的情况进行对比的基础上,对预测的初步意见加以修订,最终得出预测结果。

(二) 市场调查法

市场的主体是在市场上从事交易活动的组织和个人,客体是各种商品和服务,商品的品种、数量和质量、交货期、金融工具和价格则是市场的配置资源。在我国,既有消费品和生产资料等商品市场,又有资本市场、劳动力市场、技术市场、信息市场及房地产市场等要素市场。市场调查的主要内容是对各种与财务活动有关的市场主体、市场客体和市场要素的调查。市场调查以统计抽样原理为基础,包括简单随机抽样、分层抽样、分群抽样、规律性抽样和非随机抽样等技术,主要采用询问法、观测法和实验法等,以使定性预测准确、及时。

(三) 相互影响预测方法

德尔菲法和市场调查法所获得的资料只能说明某一事件的现状发生的概率和发展的趋

势,而不能说明有关事件之间的相互关系,相互影响预测方法就是通过分析各个事件由于相互作用和联系引起概率发生变化的情况,研究各个事件在未来发生的可能性的一种预测方法。

二、定量预测法

定量预测法是指以资金与有关因素的关系为依据,在掌握大量历史资料的基础上选用一定的数学方法加以计算,并将计算结果作为预测的一种方法。定量预测的方法很多,下面主要介绍销售百分比法和资金习性预测法。

(一) 销售百分比法

销售百分比法是根据各个资金项目与销售收入之间的依存关系,以及预测期销售收入的增长情况来预测企业融资数量的方法。这种方法的基本思路是:在生产经营过程中所需要的资金首先来自留存收益的增加,即依靠内部融资解决;在内部融资不能满足资金需要的情况下再进行外部融资。

销售百分比法需要建立两个基本假设条件:①资产负债表中的资产和负债及利润表中成本费用与销售收入成比例关系;②资产负债表中资产、负债及利润表中的成本、费用占销售收入的比例为最优比例,企业在未来予以继续保持。

为此,运用销售百分比法,需要通过预计资产负债表和预计利润表完成:①通过预计利润表预测留存收益的增加额;②通过预计资产负债表,预计需要追加的外部融资。

销售百分比法的优点是能为财务管理提供短期预计财务报表和外部筹资的数量,简便易行。但是若有关固定比例失实,预测结果则会发生较大的偏差。

销售百分比法的基本步骤如下。

(1) 预测预测期的销售收入。在企业生产经营过程中,尽管影响融资数量的因素很多,但影响程度最大的是预测期销售收入的增长情况。因此,销售收入预测就成为融资数量预测的起点。预测销售收入的方法有很多,主要包括定性预测法和定量预测法,其中最常用的是定量预测法,定量预测主要包括简单平均法、线性回归分析法和本量利分析法等。

(2) 编制预计利润表,预测留存收益增加额。一是通过分析基期年度利润表资料,计算利润表中成本费用项目与实际销售收入的百分比;二是根据利润表各成本费用项目的销售百分比和预计销售收入编制预计利润表;三是根据预计利润、所得税税率和留存收益比例计算预计留存收益增加额。

(3) 编制预计资产负债表,预测外部融资需求。通过分析基期年度资产负债表资料,确定敏感项目和不敏感项目,并计算敏感项目的销售百分比。所谓敏感项目是指与销售收入存在固定比例关系的项目,包括敏感资产项目和敏感负债项目。敏感资产项目一般包括货币资金、应收账款、存货等项目,敏感负债项目一般包括应付账款、应付职工薪酬、应交税金等项目。不敏感项目是指与销售收入不存在固定比例关系的项目,一般包括实收资本、资本公积、留存收益等项目。实际上,不同企业的销售收入增长引起的资产、负债、所有者权益变化的项目是不同的,企业需要根据历史数据逐项研究加以确定,根据资产负债表各项目的销售百分比和预计销售收入编制预计资产负债表,并确定外部融资需求。

【例 6-1】 A公司2×19年度利润表及其各项目与销售收入的百分比、2×19年资产负债表及其各项目与销售收入的百分比分别如表6-2和表6-3所示。经过预测,该公司2×20年销售收入将增长20%,达到6 000万元;经过对历史资料的研究,该公司资产负债表中的现金、应收账款、存货、应付账款为敏感项目。该公司的所得税税率为25%,2×19年留存收益比例为40%,2×20年继续保持。预测A公司2×20年需要追加的外部融资需求。

表6-2　2×19年度利润表　　　　　　　　　　　单位:万元

项目	2×19年实际数	占销售收入百分比	2×20年预计数
营业收入	5 000	100.0	6 000
减:营业成本	3 500	70.0	4 200
税金及附加	500	10.0	600
销售费用	70	1.4	84
管理费用	100	2.0	120
财务费用	30	0.6	36
营业利润	800	16.0	960
加:营业外收入	100	—	100
减:营业外支出	75	—	70
利润总额	825	16.5	990
减:所得税	206.25	—	247.5
税后利润	618.75		742.5

表6-3　2×19年度资产负债表　　　　　　　　　　单位:万元

项目	2×19年实际数	占销售收入百分比	2×20年预计数
资产			
现金	100	2.0	120
应收账款	1 170	23.4	1 404
存货	1 430	28.6	1 716
固定资产	1 500	—	1 500
资产总额	4 200	54.0	4 740
负债及所有者权益			
短期借款	400		400
应付账款	1 000	20.0	1 200
应付职工薪酬	100		100
长期负债	600		600
负债合计	2 100	20.0	2 300
实收资本	1 100	—	1 100
留存收益	1 000		1 297
所有者权益合计	2 100		2 397
追加外部融资	—	—	43
负债及所有者权益总额	4 200		4 740

根据上述资料,2×20 年 A 公司需要追加的外部融资需求预测如下。

(1) 计算利润表各项目与销售收入的百分比,并编制 2×20 年预计利润表,如表 6-2 所示。

(2) 根据 2×20 年税后利润预计数和留存收益比例,计算 2×20 年留存收益增加额。

$$留存收益增加额 = 预计税后利润 \times 留存收益比例$$
$$= 742.5 \times 40\% = 297(万元)$$

(3) 计算资产负债表敏感项目与销售收入的百分比,并编制 2×20 年预计资产负债表,如表 6-3 所示。

(4) 比较(2)和(3),即可计算出 2×20 年需要追加的外部融资需求。

$$预计外部融资需求 = 预计资产 - 预计负债 - 预计所有者权益$$
$$= 4\,740 - 2\,300 - 2\,397 = 43(万元)$$

这说明,2×20 年 A 公司预计资产总额,即预计资金需求总量为 4 740 万元。其资金来源有两部分——负债和所有者权益,预计负债为 2 300 万元,预计所有者权益为 2 397 万元,两者共计 4 697 万元,与总资金需求量相差 43 万元,需要企业从外部筹集。

根据上述销售百分比法的预测步骤和预测方法,可推导出预测追加外部融资需求的简便计算公式:

$$追加融资需求 = 需要增加的资金总量 - 负债增加量 - 留存收益增加量$$
$$= (资产销售百分比 - 负债销售百分比)$$
$$\times 销售收入增加额 - 留存收益增加量 \tag{6-1}$$

根据上例,运用简便计算公式,可直接计算出 2×20 年需要追加的外部融资需求。

$$2011 年需要追加的外部融资需求 = (54\% - 20\%) \times 1\,000 - 297 = 43(万元)$$

这说明,2×20 年 A 公司为满足销售收入增长 1 000 万元的需要,企业资产需要增加 540 万元,即需要追加资金 540 万元,而随着销售的增加,负债增加 200 万元,其余 340 万元要通过内容融资和外部融资解决。内部融资通过留存收益解决 297 万元,其余 43 万元只能靠外部融资解决。

(二) 资金习性预测法

资金习性预测法是指根据资金习性预测未来资金需要量的方法。这里所说的资金习性,是指资金的变动与产销量变动之间的依存关系。按照资金习性,可以把资金区分为不变资金、变动资金和半变动资金。

不变资金是指在一定的产销量范围内,不受产销量变动的影响而保持固定不变的那部分资金。也就是说,产销量在一定范围内变动,这部分资金保持不变。不变资金主要包括为维持营业而占用的最低数额的现金、原材料的保险储备、必要的成品储备及厂房、机器设备等固定资产占用的资金。

变动资金是指随产销量的变动而同比例变动的那部分资金。变动资金一般包括直接构成产品实体的原材料、外购件等占用的资金。另外,在最低储备以外的库存现金、存货、应收账款等也具有变动资金的性质。

半变动资金是指虽然受产销量变化的影响,但不成同比例变动的资金,如一些辅助材料所占用的资金。半变动资金可以采用一定的方法划分为不变资金和变动资金两部分。

资金习性预测法有两种形式:一种是根据资金占用总额同产销量的关系来预测资金需要量;另一种是采用先分项后汇总的方式预测资金需要量。

设产销量为自变量 x,资金占用量为因变量 y,它们之间的关系可用下式表示:

$$y = a + bx$$

式中,a 为不变资金,b 为单位产销量所需变动资金,其数值可采用高低点法或回归直线法求得。

1. 高低点法

资金预测的高低点法是指根据企业一定期间资金占用的历史资料,按照资金习性原理和 $y=a+bx$ 直线方程式,选用最高收入期和最低收入期的资金占用量之差,同这两个收入期的销售额之差进行对比,先求出 b 的值,然后代入原直线方程,求出 a 的值,从而估计推测资金发展趋势。其计算公式为

$$b = \frac{\text{最高收入期资金占用量} - \text{最低收入期资金占用量}}{\text{最高销售收入} - \text{最低销售收入}}$$

$$a = \text{最高点资金占用量} - b \times \text{最高点的业务量} \qquad (6\text{-}2)$$

或

$$a = \text{最低点资金占用量} - b \times \text{最低点的业务量} \qquad (6\text{-}3)$$

【例 6-2】 某企业历史上现金占用与销售收入之间的关系如表 6-4 所示。

表 6-4 现金与销售收入变化情况表   单位:元

年度	销售量(x_i)	现金占用(y_i)
2015	1 000 000	60 000
2016	1 175 000	68 000
2017	1 335 000	76 500
2018	1 430 000	83 000
2019	1 500 000	85 000

根据以上资料采用高低点法计算如下:

$$b = \frac{85\,000 - 60\,000}{1\,500\,000 - 1\,000\,000} = 0.05$$

$$a = 85\,000 - 0.05 \times 1\,500\,000 = 10\,000$$

按照资金习性预测模型可表示为 $y = 10\,000 + 0.05x$。

如果 2020 年的预计销售收入为 1 600 000 元,则

2020 年的现金需求量 $= 10\,000 + 0.05 \times 1\,600\,000 = 90\,000$(元)

2. 回归直线法

回归直线法是假定资金需要量与营业业务量之间存在线性关系,建立数学模型,然后根据有关历史资料,用线性回归方程确定参数预测资金需要量的方法。其预测模型为

$$y = a + bx$$

式中,y 为资金需求量,a 为不变资金,b 为单位产销量所需的变动资金,x 为产销量。

按照资金习性,可以把资金分为不变资金、变动资金和半变动资金。不变资金是指在一定的营业规模内不随业务量变动的资金;变动资金是指随业务量变动而同比例变动的资金。

半变动资金可以通过一定的方法分解为不变资金和变动资金两部分。

运用以上预测模型,在利用历史资料确定 a、b 数值的条件下,即可预测一定产销量 x 所需要的资金总量。

【例 6-3】 某公司产销量和资金变化情况如表 6-5 所示。2020 年预计销售量为 40 万件,试计算 2020 年的资金需要量。

表 6-5　2013—2019 年产销量与资金需要量的关系

年度	销售量 x_i/万件	资金平均占用量 y_i/万元
2013	20	8
2014	16	7.5
2015	18	8
2016	19	9
2017	21	10
2018	25	12
2019	30	13

资金需要量的预测步骤如下。

第一步,根据表 6-5 的资料计算整理出来表 6-6 的资料。

表 6-6　线性回归方程数据计算

n	x	y	xy	x^2
2013	20	8	160	400
2014	16	7.5	120	256
2015	18	8	144	324
2016	19	9	171	361
2017	21	10	210	441
2018	25	12	300	625
2019	30	13	390	900
$n=7$	$\sum_{i=1}^{n} x = 149$	$\sum_{i=1}^{n} y = 67.5$	$\sum_{i=1}^{n} xy = 1\,495$	$\sum_{i=1}^{n} x^2 = 3\,307$

第二步,将表 6-6 的数据代入下列方程。

$$\begin{cases} \sum_{i=1}^{n} y_i = na + b\sum_{i=1}^{n} x_i \\ \sum_{i=1}^{n} x_i y_i = a\sum_{i=1}^{n} x_i + b\sum_{i=1}^{n} x_i^2 \end{cases} \tag{6-4}$$

求出 a、b 值,即 $\begin{cases} 7a + 149b = 67.5 \\ 149a + 3\,307b = 1\,495 \end{cases}$

解得:$a = 0.49$,$b = 0.43$。

第三步,将 $a = 0.49$、$b = 0.43$ 代入 $y = a + bx$ 中,$y = 0.49 + 0.43x$。

第四步,将 2020 年预计销售量 40 万件代入上式,求得资金需要总量或占用总量为
$$y=0.49+0.43\times40=17.69(万元)$$

第三节　股权性资金的筹集

股权筹资形成企业的股权资金,是企业最基本的筹资方式。权益资金,又称主权资金或自由资金,是企业依法筹集并长期持有的、可自主调配使用的资金。股权筹资的基本形式有吸收直接投资、发行股票和利用留存收益。

一、吸收直接投资

吸收直接投资是指公司按照"共同投资共同经营、共担风险共享利润"原则,以协议合同等形式吸收国家、各类法人、个人等以货币、实物为主要出资形式融入权益资本的行为,它是大多数非上市类公司权益融资的主要形式。

(一) 出资方式

吸收直接投资主要包括以下两类出资方式。

1. 现金

现金是公司股东最主要的直接出资方式。现金因其使用灵活性(既可用于资产购置,也可直接用于公司营运等)、价值确定性(现金是一种无须评估的资产)而被公司最乐意接受。

2. 非现金

股东非现金出资主要分为两类:①实物资产投资,即股东以房屋、建筑物、设备等固定资产和材料、商品等流动资产作价出资,并投入于公司;②无形资产投资,即股东以专利权、商标权、非专有技术、土地使用权等无形资产投入于公司。与现金出资方式比较,非现金投资能直接形成生产经营活动所需的资产,有利于缩短公司经营筹备期、提高运作效率。但与现金出资方式相比,它存在以下两个问题。

1) 资产作价问题

有时,由于对投入公司的非现金资产的价值存在分歧,进而影响各股东方在公司的出资比例及相关权益要求,因此,出资各方对非现金资产均存在各自的疑虑或担心。为保证资产作价的公允性,出资各方均需通过多轮谈判来协商确定其价值,必要时还要引入第三方资产评估机构对这类资产价值进行合理评估,并以此为基础再经各方商议后,确定各股东方的出资比例。

2) 无形资产出资额限定问题

无形资产是不具有实物形态但有价值的资产,如商标使用权、品牌、专利技术等。在财务上,这些资产都具有价值不稳定性、担保性较低等特点。为保证公司生产经营的正常开展,股东会对投入的各类无形资产就其总额、比例进行某种限定。

(二) 吸收直接投资的程序

企业吸收其他单位或个人的直接投资,一般要遵循以下程序。

(1) 确定吸收投资所需的资金数量。企业新建或扩大经营规模时,可采取吸收直接投资方式,但在吸收直接投资前,应先确定资金的需要量以便合理筹集一定数量的资金,在满足正常生产经营需要的前提下,防止资金占压和浪费,提高资金使用效率。

(2) 联系投资单位,商定投资数额及投资方式。企业应作一些必要的宣传,以便出资单位了解企业的经营和财务状况,有利于企业在众多投资者中选择最合适的投资伙伴。

投资单位确定以后,企业应同投资人进行具体协商,以便合理确定投资数额和出资方式,从使用的灵活性上来考虑,企业应尽可能吸收现金投资,如果出资方有较先进的适用于企业的固定资产、无形资产等,也可采取非现金投资方式。

(3) 签署投资协议,付诸实施。企业与投资人初步协商,没有太大异议便可进一步协商。当出资数额、资产作价确定后,便可签署投资协议等,并加以落实。

投资者有权参与企业的经营决策,但多数投资者一般并不直接参与经营管理,他们最关心的是投资报酬问题。企业应按有关条款,从实现的净利润中,向投资者支付报酬。

(三) 吸收直接投资的评价

1. 吸收直接投资的优点

(1) 有利于增强企业信誉。吸收直接投资所筹集的资金属于自有资金,能增强企业的信誉和借款能力,对扩大企业经营规模、壮大企业实力具有重要作用。

(2) 有利于尽快形成生产能力。吸收直接投资可以直接获取投资者的先进设备和先进技术,有利于尽快形成生产能力,尽快开拓市场。

(3) 有利于降低财务风险。吸收直接投资可以根据企业的经营状况向投资者支付报酬,企业经营状况好,可向投资者多支付一些报酬;企业经营状况不好,则可不向投资者支付报酬或少支付报酬,报酬支付较为灵活,因此财务风险较小。

2. 吸收直接投资的缺点

(1) 资金成本较高。一般而言,企业是用税后利润支付投资者报酬的,并且视经营状况而定,因此资金成本较高。

(2) 容易分散企业控制权。采用吸收直接投资方式筹集资金,投资者一般都要求获得与投资数量相适应的经营管理权,这是企业接受外来投资的代价之一。如果外部投资者的投资较多,则投资者会有相当大的管理权,甚至会对企业实行完全控制,这是吸收直接投资的不利因素。

二、发行股票

股票筹资是指资金不通过金融中介机构,借助股票这一载体直接从资金盈余部门流向资金短缺部门,资金供给者作为所有者(股东)享有对企业控制权的融资方式。这种控制权是一种综合性权利,如参加股东大会投票表决、参与公司重大决策、收取股息、分享红利等。

(一) 股票的分类

一般来讲,股份公司只发行一种普通股,所有普通股股东享有同样的权利和义务,但是有时出于某种特殊的需要,股份公司也可根据权利、义务的不同而将普通股分为不同的类别。在我国,目前主要有以下几种普通股的分类方法。

1. 根据投资主体不同,分为国家股、法人股、个人股

其中国家股为有权代表国家投资的有关部门和投资公司以国家资产投入公司形成的股份;法人股为企业法人以其依法可支配的资产投入公司形成的股份;个人股为社会个人或公司内部职工以个人合法财产等投入公司形成的股份;外资股为外国和我国香港、澳门、台湾地区投资者以购买人民币特种股票向公司投资形成的股份。国家股、法人股、个人股彼此间的权利义务关系有所不同。比如,同为上市公司的普通股股东,只有个人股股东的股票在交易所可以上市转让,而国家股和法人股为受限流通股,随着我国股权分置改革工作的完成,国家股和法人股正逐步消除其流通限制。

2. 按股票购买和交易的币种不同,分为 A 股和 B 股

A 股为人民币普通股票,由国内投资者用人民币购买和交易,目前外资股股东还不能购买和交易,B 股为人民币特种股票,以人民币标明股票面值,由外资股股东用外币购买和交易。

3. 按股票上市地点的不同,分为 H 股、N 股等

目前,我国已有几十家股份公司在中国香港、美国纽约等证券交易所上市,这些公司在海外上市发行的股票分别以其在上市地货币标明其面值并进行交易。因此,我们根据其上市地点的外文缩写称它们为 H 股(中国香港上市)、N 股(美国纽约上市),等等。此外,根据其记名与否,分为记名股票和无记名股票;根据发行时间的先后,分为新股和旧股;根据有无面值,分为有面值股票和无面值股票等,这里不再详述。

(二) 股票的发行和销售方式

1. 股票的发行方式

股票发行方式是指公司通过何种方式发行股票,一般包括公开间接发行和不公开直接发行两种方式。

1) 公开间接发行

公开间接发行是指公司通过中介机构,公开向社会公众发行股票。按照我国《公司法》的规定,采取募集设立方式设立的股份有限公司向社会公开募集的股份,应当由依法设立的证券公司承销并签订承销协议,这就属于公开间接发行。这种发行方式的优点是:发行范围广、发行对象多,易于足额地募集股本;股票的变现性强,流通性好;股票的公开发行有助于提高发行公司的知名度和扩大其影响力。但这种股票发行方式也有其不足,主要是发行成本高,手续繁杂。

2) 不公开直接发行

不公开直接发行是指公司不通过中介机构对外公开发行股票,只向少数特定的对象直接发行。按照我国《公司法》的规定,采取发起设立方式或向特定对象募集而设立的股份有限公司发行的股份,就属于不公开直接发行。这种发行方式的优点是发行成本低,弹性较大。但其不足之处主要是发行范围小,股票的变现性较差。

2. 股票的销售方式

股票的销售方式是指股份有限公司向社会公开发行股票时所采取的股票销售方法。股票销售方式分为两类:自销和承销。

1) 自销

股票发行的自销方式是指发行公司自己直接将股票销售给投资者,而不需通过中介机构承销,这是股份公司与投资者直接进行的融资活动,无须经过证券经营机构代理。这种销售方式可节约发行费用,整个发行过程由公司直接控制,便于其发行意图的实现。但是发行公司要承担全部发行风险,且融资时间较长。一般仅适用于发行风险较小,手续较为简单、数额不多的股票。

2) 承销

股票发行的承销方式是指公司将股票销售业务委托给证券经营机构代理。证券经营机构是指专门从事证券买卖业务的金融中介机构,在我国主要为证券公司、信托投资公司等,股票承销又分为包销和代销两种具体办法。

股票发行的包销,是由发行公司与证券经营机构签订承销协议,全权委托证券承销机构代理股票的发售业务。采用这种方法,一般由证券承销机构根据承销协议商定的价格一次性全部购进发行公司公开发行的全部股票,然后以较高的价格出售给社会上的投资者。在规定的募股期限内,若实际销售的股票数达不到预定发行股数,剩余部分由证券承销机构全部承购。对于发行公司而言,选择股票包销的办法能够及时足额筹集资金,且不必承担发行风险。但是,采用包销方式股份公司往往只能以较低的价格将股票销售给承销商。

股票发行的代销,是由证券经营机构代理股票发售业务,并由此获取一定佣金。在规定的募股期限内,若实际销售的股票数达不到预定的发行股数,承销机构不负承购剩余股份的责任,而是将未售出的股份归还给发行公司。采用这种方式销售股票,公司能够以较高的价格发售股票,但是发行风险全部由公司自己承担。

(三) 股票筹资的评价

1. 股票筹资的优点

(1) 两权分离,有利于公司自主经营管理。所有权与经营权相分离,分散公司控制权,有利于公司自主管理、自主经营。普通股筹资的股东众多,公司的日常经营管理事务主要由公司的董事会和经理层负责。

(2) 资本成本较高。由于股票投资的风险较大,收益具有不确定性,投资者就会要求较高的风险补偿。同时,发行股票花销巨大,使得股票筹资的资本成本较高。

(3) 能增强公司的社会声誉。股票筹资使得股东大众化,由此给公司带来了广泛的社会影响。特别是上市公司,其股票的流通性强,有利于市场确认公司的价值。

（4）促进股权流通和转让。股票筹资以股票为媒介的方式便于股权的流通和转让，便于吸收新的投资者。

2. 股票筹资的缺点

（1）不易及时形成生产能力。股票筹资吸收的是货币资金，还需要通过购置或建造形成生产经营能力。

（2）容易分散公司控制权。公司容易被经理人控制，同时，流通性强的股票交易也容易被恶意收购。

三、留存收益

留存收益是指将年度经营所获得的净利润留下一部分，进行资金积累的财务行为。它既是企业收益分配活动，又是企业筹资活动，属于内部筹资（内源融资）。留存收益也是权益资金的一种，包括企业的盈余公积、未分配利润等。留存收益的实质是投资者对企业的再投资，但这种筹资方式受制于企业盈利的多寡及企业的分配政策。

1. 留存收益筹资的优点

（1）资金成本较普通股低。用留存收益筹资，不用考虑筹资费用，资金成本较普通股低。

（2）保持普通股股东的控制权。用留存收益筹资，不用对外发行股票，由此增加的权益资本不会改变企业的股权结构，不会稀释原有股东的控制权。

（3）增强公司的信誉。留存收益筹资能够使企业保持较大的可支配的现金流，既可以解决企业经营发展的资金需要，又能提高企业举债的能力。

2. 留存收益筹资的缺点

（1）筹资数额有限制。留存收益筹资最大可能的数额是企业当期的税后利润和上年未分配利润之和。如果企业经营亏损，则不存在这一渠道的资金来源。此外，留存收益的比例常常受到某些股东的限制，其可能从消费需求、风险偏好等因素出发，要求股利支付比率要维持在一定水平上。留存收益过多，股利支付过少，可能会影响到今后的外部筹资。

（2）资金使用受制约。留存收益中某些项目的使用，如法定盈余公积金等，要受国家有关规定的制约。

四、股权筹资的评价

（一）股权筹资的优点

1. 股权筹资是企业稳定的资本基础

股权资本没有固定的到期日，无须偿还，是企业的永久性资本，除非企业清算时才有可能予以偿还。这对于保障企业对资本的最低需求，促进企业长期持续稳定经营具有重要意义。

2. 股权筹资是企业良好的信誉基础

股权资本作为企业最基本的资本,代表了公司的资本实力,是企业与其他单位组织开展经营业务,进行业务活动的信誉基础。同时,股权资本也是其他方式筹资的基础,尤其可为债务筹资,包括银行借款、发行公司债券等提供信用保障。

3. 企业财务风险较小

股权资本不用在正常运营期内偿还,不存在还本付息的财务风险,相对于债务资本而言,股权资本筹资限制少,资本使用上也无特别限制。另外,企业可以根据其经营状况和业绩的好坏,决定向投资者支付报酬的多少。

(二) 股权筹资的缺点

1. 资本成本负担较重

尽管股权资本的资本成本负担比较灵活,但一般而言,股权筹资的资本成本要高于债务筹资。

2. 容易分散企业的控制权

利用股权筹资,由于引进了新的投资者或出售了新的股票,必然会导致企业控制权结构改变,分散了企业的控制权,控制权的频繁迭变,势必要影响企业管理层的人事变动和决策效率,影响企业的正常经营。

3. 信息沟通与披露成本较大

投资者或股东作为企业的所有者,有了解企业经营业务、财务状况、经营成果等权利,企业需要通过各种渠道和方式加强与投资者的关系管理,保障投资者的权益。特别是上市公司,其股东众多而分散,只能通过公司的公开信息披露了解公司的状况,这就需要花更多的精力,有些公司还需要设置专门的部门,进行公司的信息披露和投资者关系管理。

第四节 债务性资金的筹集

债务筹资是通过举债筹集资金。债务资金主要通过银行借款、发行债券、融资租赁等方式筹措取得的。由于负债要归还本金和利息,因此被称为企业的借入资金或债务资金。

一、长期借款

长期借款是指企业向银行等金融机构及向其他单位借入的期限在1年以上的各种借款,主要用于购建固定资产和满足长期流动资金占用的需要,是企业长期负债筹资的主要形式之一。

(一) 长期借款的种类

(1) 按照贷款的用途,长期借款可分为基本建设贷款、专项贷款和流动资金贷款。其中基本建设贷款是为满足新建、扩建或改建等建设项目需要而借入的,通常数量较大、期限较长。专项贷款是为满足某种专门用途需要,如出口商品、引进技术、科研开发等用途。流动资金贷款是企业为满足流动资金的需求而向银行申请借入的款项。

(2) 按照贷款有无担保分为信用贷款和抵押贷款。

(3) 按照提供贷款的机构分为商业性银行贷款和政策性银行贷款。

小贴士

借款合同的签订、借款利率、授信额度、借款期限等,这些与企业的信用评级相关,都要履行法律程序。企业为了保持或提高信用评级,更顺利地取得银行贷款,企业必须坚持诚信经营、遵纪守法。这与社会主义核心价值观在社会层面和公民基本道德规范层面的"法制""诚信"要求异曲同工。

(二) 长期借款的程序

因为长期借款可能会给银行带来较大的风险。长期借款时间长,数额较大,而且在借款期限内,借款人的财务状况可能会发生较大变化,所以银行在从事长期贷款时,一般都比较小心,要求按一定程序进行。

1. 提出申请

企业根据筹资需求向银行提出书面申请,按照银行要求的条件和内容填报借款申请书。内容包括:①借款的原因或用途;②借款期限,一般 3~7 年为宜;③借款数额。

2. 银行审批

银行按照有关政策和贷款条件,对借款企业进行信用审查,依据审批权限,核准公司申请的借款金额和用款计划。银行审查的内容主要有:公司的财务状况、信用情况、盈利的稳定性、发展前景、借款投资项目的可行性、抵押品和担保情况。

3. 签订借款合同

经过银行审核以后,如果银行决定接受借款合同的申请,双方可进一步协商借款的具体条件,然后签订正式的贷款合同。这一合同规定贷款的数额、利率、期限和一些限制性条款。

4. 取得借款

借款合同签订后,企业在核定的贷款指标范围内,根据用款计划和实际需要,一次或多次将贷款转入公司的存款结算户,以便使用。

5. 归还长期借款

银行长期借款有固定的到期日,必须按时归还。其还款方式主要有三种:①到期日一次归还;②定期偿还相同数额的本金;③分批偿还,但每次金额不一定相等。

(三) 长期借款筹资的优缺点

1. 长期借款的优点

(1) 融资迅速。银行借款办理程序相对于股票债券等方式更为简单,具有程序简便、迅速快捷的特点。

(2) 借款弹性较大。无论是用款进度或是还款安排,由于只和某一银行进行一对一的协商,因此,有利于公司按照自身要求和能力,协商变更借款数量与还款期限,具有一定的灵活性。

(3) 成本低。由于利息在税前开支,且间接融资费用低,因此,其债务成本相对较低。

(4) 易于公司保守财务秘密。向银行办理借款,可以避免向公众公开财务信息,保守财务秘密。

2. 长期借款缺点

(1) 财务风险高。尽管借款具有某种程度的弹性,但还本付息义务是固定的,公司偿付的压力大,融资风险较高。

(2) 限制条款多。银行为保证贷款的安全性,对借款使用附加了很多约束性条款,这些条款在一定意义上限制了公司自主调配与运用资金的能力。

二、长期债券

债券是发行人依法定程序发行的、约定在一定时期内还本付息的债权债务凭证。债券发行人是债务人,投资于债券的人是债权人。债券按发行主体,可分为政府债券、金融债券和公司(企业)债券。这里所说的债券是指公司(企业)债券。

债券筹资是指公司(企业)采用发行债券的方式融通资金。在国外,没有企业债券和公司债券的划分,统称为公司债券。在我国,企业债券和公司债券是有区别的。企业债券按照《企业债券管理条例》的规定发行,是指企业依照法定程序发行、约定在一定期限内还本付息的有价证券。而公司债券按照《公司法》和《证券法》等规定发行,是指公司依照法定程序发行、约定在一定期限还本付息的有价证券。本教材只介绍公司债券。

(一) 债券的基本要素

不论属于何种债券,债券发行时除发行者名称外,债券票面都具有四个基本要素:债券面值、票面利率、债券期限和付息方式及日期。

1. 债券面值

债券面值是债券票面上标出的金额。债券既有大额面值,也有小额面值。

2. 票面利率

票面利率可细分为固定利率和浮动利率两种。公司根据自身资信情况、利率变化趋势、债券期限长短等因素决定采用何种利率形式及确定利率的高低。

3. 债券期限

债券期限是债券发行日至到期日为止。企业通常根据资金需求期限、未来市场利率走势、流通市场的发达程度、债券市场上其他债券的期限情况、投资者偏好等来确定发行债券的期限。

4. 付息方式及日期

公司债的每年付息次数决定了债券的付息日期并影响债券价值。债券可以到期一次性付息，也可以分期付息。分期付息可选择按年、半年或按季度付息。

(二) 债券的分类

按照不同标准，公司债券可分为以下几类。

1. 按债券是否记名划分

公司债券可分为记名债券和不记名债券。在公司债券上记载持券人姓名或名称的为记名公司债券，反之为不记名公司债券。对于记名公司债券，公司应当在公司债券存根簿上载明下列事项：债券持有人的姓名或者名称及住所；债券持有人取得债券的日期及债券的编号；债券总额，债券的票面金额、利率、还本付息的期限和方式；债券的发行日期。对于不记名公司债券，公司应当在公司债券存根簿上载明债券总额、利率、偿还期限和方式、发行日期及债券的编号。

2. 按发行的保证条件的不同划分

公司债券可分为抵押债券、担保债券和信用债券。抵押债券是发行公司以特定的财产作为抵押品发行的债券，它又分为一般抵押债券，即以公司的全部财产作为抵押品而发行的债券；不动产抵押债券，即以公司的不动产为抵押品发行的债券；设备抵押债券，即以公司的机器设备为抵押发行的债券；证券信用债券，即以公司持有的股票及其他担保证书交付给信用公司作为抵押而发行的债券。担保债券是由担保人做担保发行的债券。信用债券是凭信用发行的债券。

3. 按能否转换为公司的股份划分

公司债券可分为可转换公司债券和不可转换公司债券。若公司债券按照一定的法定程序发行，在一定的时期内依据约定的条件可以转换为股份的，则分为可转换债券；反之，则分为不可转换债券。

(三) 债券的发行方式和销售方式

1. 债券的发行方式

与股票类似，债券的发行方式也有公募发行和私募发行两类。公募发行是指公司公开向社会发行债券；私募发行是指公司不公开向社会发行，只向少数特定对象直接发行债券。

2. 债券的销售方式

与股票类似，债券的销售方式是指公司向社会公募发行时所采取的销售方法，分为自销和承销两大类，承销又具体分为包销和代销。我国相关法规规定，公司向社会公开发行债券，必须与依法设立的证券经营机构签订承销协议，由证券经营机构承销。

(四) 债券的信用等级

企业公开发行债券需要由资信评级机构评定债券信用等级。债券信用等级表示债券质量的优劣,反映发行公司还本付息能力的强弱和债券投资风险的大小。国际上流行的债券等级,一般分为九级。AAA 级为最高级,AA 级为高级,A 级为中上级,BBB 级为中级,BB 级为中下级,B 级为投机级,CCC 级为完全投机级,CC 级为最大投机级,C 级为最低级。

目前,我国尚无统一的债券等级标准,尚未建立系统的债券评级制度。根据中国人民银行的规定,凡是向社会公开发行债券的企业,需由中国人民银行及其授权的分行指定的资信评级机构或者公证机构进行信用评级。债券的信用等级对于发行公司和购买人都有重要影响。

(五) 债券筹资的评价

1. 债券筹资的优点

(1) 便于筹集大额资金。利用发行债券筹资,能够筹集大额资金,满足公司大规模筹资的需要。

(2) 提高公司的社会声誉。公司债券的发行主体,有严格的资格限制,往往是股份有限公司和有实力的有限责任公司才有资格发行债券。通过发行债券筹资,能够扩大社会影响力。

(3) 募集资金的使用限制条件较少。与银行借款相比,债券筹资募集的资金的使用具有相对的灵活性和自主性。特别是发行债券所筹集的大额资金,能够用于流动性较差的公司长期资产上。从资金使用的性质来看,银行借款一般期限短、额度小,主要用途为增加适量存货、增加小型设备等;反之,期限较长、额度较大,用于公司扩展、增加大型固定资产和基本建设投资的需求多采用发行债券方式。

(4) 能够锁定资本成本的负担。尽管公司债券的利息比银行借款高,但公司债券的期限长、利率相对固定。在预计市场利率持续上升的金融市场环境下,发行公司债券能够锁定资本成本。

2. 债券筹资的缺点

(1) 发行资格要求高,手续复杂。发行公司债券,实际上是公司面向社会负债,债权人是社会公众。因此,国家为了保护投资者利益,维护社会经济秩序,对发行公司的资格有严格的限制。从申报、审批、承销到取得资金,需要经过众多环节和较长时间。

(2) 资本成本高。相对于银行借款筹资,发行债券的利息负担和筹资费用都比较高。

(3) 财务风险大。债券不能像银行借款一样进行债务展期,加上大额的本金和较高的利息,在固定的到期日,将会对公司现金流量产生巨大的财务压力。

三、融资租赁

融资租赁是由租赁公司按照承租企业的要求购买资产,并在契约或合同规定的较长期限内提供给承租企业使用的信用性业务。融资租赁的期限一般在资产使用年限的一半以上,租赁期满后资产的所有权一般转移给承租企业。承租企业采用这种租赁方式的主要目的是融通资金,因此融资租赁是承租企业筹集长期债权性资金的一种特殊方式。

(一)融资租赁的方式

融资租赁按其业务的不同特点,可分为如下几种形式。

1. 直接租赁

直接租赁即由出租人向设备制造商购进设备后直接出租给承租人使用,是融资租赁业务中比较普遍的一种形式。直接租赁的主要出租人是制造商、租赁公司、金融机构等。

2. 售后租回

售后租回又称回租租赁,是指承租人由于资金的需要将原属于自己且需继续使用的设备卖给出租人(需要签订销售或购买合同),然后再将其租回的租赁形式。

3. 杠杆租赁

杠杆租赁要涉及承租人、出租人和贷款人三方当事人。在杠杆租赁形式下,出租人一般只支付相当于租赁资产价款 20%～40% 的资金,其余 60%～80% 的资金由其将欲购置的资产作抵押,并以转让收取部分租金的权利作为担保,向贷款人(银行或长期贷款提供者)借资支付。

(二)融资租赁的程序

不同的租赁业务,具体程序会有所不同。下面以最典型的租赁业务为例,介绍其基本程序。

1. 选择租赁公司

企业决定采用融资租赁方式取得某项资产时,首先需要了解各家租赁公司的经营范围、业务能力、资信情况和租赁费率等情况,然后进行分析比较,选择最适合的租赁公司。

2. 提出租赁申请

企业选定租赁公司后,便可向其提出租赁申请,详细说明所需资产的具体要求,并向租赁公司提供财务报表等资料。

3. 签订租赁合同

企业与租赁公司在详细磋商的基础上签订租赁合同。融资租赁合同的条款比较复杂,包括租赁资产描述条款,租赁资产交货、验收、使用、保管、维修条款,租赁期限条款,租金支付条款,保险条款,担保条款,租赁期满资产处理条款,违约责任条款等。

4. 签订购货协议

由承租企业与租赁公司的一方或双方选定资产供应商,进行谈判协商,签订购货协议。

5. 办理验货、付款与保险

承租企业按购货协议收到租赁资产时要进行验收,验收合格后签发验收证书提交租赁公司,租赁公司据以向供应商支付货款。同时,承租企业向保险公司办理保险事宜。

6. 支付租金

承租企业在租赁期内按租赁合同规定的金额和支付方式向租赁公司支付租金。

7. 合同期满处理资产

租赁合同期满后,承租企业根据合同约定对资产进行退租、续租或留购处理,通常采用留购方式。

(三) 融资租赁的评价

1. 融资租赁的优点

1) 筹资速度快

租赁往往比借款购置设备更迅速,更灵活,因为租赁是筹资与设备购置同时进行,可以缩短设备的购进、安装时间,使企业尽快形成生产能力,有利于企业尽快占领市场,打开销路。

2) 限制条款少

如前所述,债券和长期借款都有相当多的限制条款,虽然类似的限制在租赁公司中也有,但一般比较少。

3) 设备淘汰风险小

如今,科学技术迅速发展,固定资产更新周期日趋缩短,企业设备陈旧过时的风险很大,利用融资租赁可以减小这一风险。这是因为融资租赁的期限一般为资产使用年限的一定比例,不会像自己购买设备那样整个期间都要承担风险,并且多数租赁协议都规定由出租人承担设备陈旧过时的风险。

4) 财务风险小

租金在整个租期内分摊,不用到期归还大量本金。许多借款都在到期日一次偿还本金,这会给财务基础较弱的公司造成相当大的困难,有时会造成不能偿付的风险。而融资租赁则把这种风险在整个租期内分摊,可适当减少不能偿付的风险。

5) 税收负担轻

租金可在税前扣除,具有抵免所得税的效用。

2. 融资租赁筹资的缺点

融资租赁筹资的最主要缺点就是资金成本较高。一般来说,其租金要比举借银行借款或发行债券所负担的利息高得多。在企业财务困难时,固定的租金也会构成一项较沉重的负担。

四、债务性筹资的评价

(一) 债务筹资的优点

1. 筹资速度较快

与股权筹资相比,债务筹资不需要经过复杂的审批手续和发行程序。

2. 筹资弹性大

股权性筹资,一方面,要经过严格的政府审批;另一方面,从企业的角度出发,由于股权不能退还,股权资本在未来永久性地给企业带来了资本成本的负担。利用债务筹资,可以根据企业的经营情况和财务状况,灵活商定债务条件,控制筹资数量,安排取得资金的时间。

3. 资本成本负担较轻

一般来说,债务筹资的资本成本要低于股权筹资。①因为免去了资金的手续费等,使筹资费用降低;②因为利息、租金等用资费用比股权资本要低;③因为债务利息可以在税前扣除,有税盾效应。

4. 可以获得财务杠杆效应

债权人从企业那里只能获得固定的利息或租金,不能参加公司剩余收益的分配。当企业的经营收益率高于债务利息率时,会增加普通股股东的每股收益,提高净资产收益率。

5. 稳定公司的控制权

债券无权参加企业的经营管理,利用债务筹资不会改变股东对公司的控制权。

(二) 债务筹资的缺点

1. 不能形成企业稳定的资本基础

债务资本有固定的到期日,到期需要偿还,只能作为企业的补充性资本来源。再加上取得债务往往需要进行信用评级,没有信用基础的企业,往往难以取得足额的债务资本。现有债务资本在企业的资本结构中达到一定比例后,往往由于财务风险升高而不容易取得新的债务资金。

2. 财务风险较大

债务资本有固定的到期日,有固定的利息负担,以抵押、质押等担保方式取得债务,资本使用上可能会有特别的限制。这些都要求企业必须有一定的偿债能力,要保持资产流动性及资产的收益水平。作为债务清偿的保障,对企业的财务状况提出了更高的要求,否则会给企业带来财务危机,甚至导致企业破产。

3. 筹资数额有限

债务筹资的数额往往受到贷款机构资本实力的制约,不可能向发行股票那样筹集到大笔资金,无法满足公司大规模筹资的需要。

第五节 混合性资金的筹集

混合性资金是指具有某些股权性资金特征又具有债务性资金特征的资金形式,企业常见的混合性资金包括优先股、可转换债券和认股权证。

一、优先股

优先股是介于普通股与债券之间的一种混合证券,它是指由股份有限公司发行的,在分配公司收益和剩余财产方面比普通股股票具有优先权的股票。通常情况下,优先股发行所融资本可被公司长期稳定使用,且其股息相对固定并从税后净利中支付。

(一) 优先股的种类

相较于普通股股东,优先股股东具有以下优先权:①优先分配股息。优先股股息固定,且在利润分配上有优先于普通股股东的权利。通常,在公司未发放优先股股利之前,不得发放普通股股利。②优先分配剩余财产。当公司破产被清算时,在偿还全部债务和清算费用之后,剩余财产要首先按优先股票面额偿付优先股股东,其剩余部分才归属于普通股股东。可见,与普通股股东相比,优先股股东的投资风险相对较低,这些决定了他们在公司治理中不具有投票权(表决权)、经营管理权等其他核心权利。

与普通股不同,优先股的种类较多,且不同类型优先股具有一些不同的特点,因此发行人在发行优先股时,需要在招股说明中明确所发优先股类型,列明其权利及义务。

1. 累积优先股与非累积优先股

累积优先股是指公司欠发股息可以累积到以后年度一并发放的优先股,积欠的股息一般不加利息。公司只有在发放完积欠的全部优先股股利以后,才能发放普通股的股利。与之相反,非累积优先股指欠发的股利不再补发的优先股。

除非发行公司在发行时有特别约定,公司优先股大多为累积优先股。

2. 参与优先股与非参与优先股

参与优先股是指在获取固定股息后,还有权与普通股一起参与剩余利润分配的优先股。它包括全部参与优先股、部分参与优先股两种。其中,全部参与优先股可以按优先股和普通股的比例等额参与公司剩余利润的分配;部分参与优先股则只能按事先约定的限额参与剩余利润的分配。

3. 可转换优先股与不可转换优先股

可转换优先股是指有权根据优先股发行条款约定,在未来一定时期内将其转换为普通股的股票。如果公司经营情况较好,普通股价格上升,优先股股东在行使这一权利时将会从中获益;如果公司经营情况转差,普通股价格下跌,可转换优先股的股东可不行使其转换权。可见,可转换优先股的转换权是一种选择权,它自身具有一定的价值。正由于这种左右逢源的好处,这类优先股的融资成本(股息支付率)较低。

4. 可赎回优先股和不可赎回优先股

优先股作为一种混合证券,其股东并不能退股,但发行人在发行条款中可约定其是否可赎回。对于条款中约定在一定时期内公司予以赎回的,即为可赎回优先股,否则即为不可赎回优先股。除非有特殊约定,发行人发行的优先股大多为不可赎回优先股。

（二）优先股筹资的评价

1. 优先股筹资的优点

（1）优先股没有固定的到期日，一般不用偿还本金，资本具有永久性。

（2）股利支付既稳定，又有一定的灵活性。当公司盈余逐年增长时，支付给优先股的股息是不变的；当公司经营状况不佳时，公司又可不支付或暂时不支付优先股股息。这样就不会形成类似债权人逼迫公司的情况。

（3）发行优先股不会改变普通股股东对公司的控制权。

（4）从法律上讲，优先股属于自有资本，因而，优先股扩大了权益基础，可适当增加公司的信誉，提高公司的举债能力。

2. 优先股筹资的缺点

（1）优先股筹资的成本较高。对优先股股东支付的股息要从税后利润中支付，不同于债务利息可在税前列支。

（2）发行优先股有时会影响普通股股东的利益。这主要表现在股利分配和剩余财产的分配顺序上。

（3）优先股股息可能会成为一项较重的财务负担。因为优先股需支付固定股息，又不能在税前列支，因此优先股的股息会成为一项较重的财务负担，有时不得不延期支付。

二、可转换债券

可转换债券是一种可以在特定时间，按照特定条件转换为普通股股票的特殊企业债券。可转换债券一般具有固定的利率和期限，其发行者按规定只能是上市公司或即将取得上市资格的公司。可转换债券是债券的一种，它可以转换为债券发行公司的股票，通常具有较低的票面利率。从本质上讲，可转换债券是在发行公司债券的基础上，附加了一份期权，并允许购买人在规定的时间范围内将其购买的债券转换成指定公司的股票。

事实上，一些公司认为当前其股票价格太低，为避免直接发行新股而遭受损失，才通过发行可转换债券变相发行普通股。这样，一是不至于因为直接发行新股而进一步降低公司股票市价；二是因为可转换债券的转换期较长，即使在将来转换股票时，对公司股价的影响也较温和，从而有利于稳定公司股票。

（一）可转换债券的基本要素

1. 标的股票

可转换债券作为期权的二级派生产品与期权一样，也有标的物，它的标的物一般是发行公司自己的普通股票，不过也可以是其他公司的股票，如该公司的上市子公司的普通股票。

2. 票面利率

一般大大低于普通债券的票面利率，有时甚至是零利率。

3. 转换价格

行使转换量的转换价格,即期权中的履约价格。一般是转换价格先确定,以发行可转换债券的前一个月股票的平均价格为基准,上浮一定的幅度作为转换价格。

4. 转换比率

转换比率是一张可转换债券可换取的普通股股数,即期权中的标准交易单位。

$$换股比率 = \frac{可转换债券面值}{普通股转换价格}$$

5. 转换期限

可转换债券的转换期长短与可转换债券的期限相关。我国可转换债券的期限按规定最短期限为3年,最长期限为5年。

6. 赎回条款

赎回条款即可转换债券在契约中规定发行企业可以在到期日前按约定价格提前赎回的条款。

(二) 可转换债券筹资的评价

1. 可转换债券筹资的优点

1）可节约利息支出

由于可转换债券赋予持有者一种特殊的选择权,即按事先约定在一定时间内将其转换为公司股票的选择权,因此其利率低于普通债券,减少了利息支出。

2）有利于稳定股票市价

可转换债券的转换价格通常高于公司当前股价,转换期限较长,有利于稳定股票市价。

3）增强筹资灵活性

可转换债券转换为公司股票前是发行公司的一种债务资本,可以通过提高转换价格、降低转换比例等方法促使持有者将持有的债券转换为公司股票,即转换为权益资本。在可转换债券转换为股票的过程中,不会受其他债权人的反对。

2. 可转换债券筹资的缺点

1）增强了对管理层的压力

发行可转换债券后,若股价低迷或发行公司业绩欠佳,股价没有按照预期的水平上升时,持有者不愿将可转换债券转换为股票,发行公司也将面临兑付债券本金的压力。

2）存在回购风险

发行可转换债券后,公司股票价格在一定时期内连续低于转换价格达到某一幅度时,债券持有人可以按事先约定的价格将债券出售给发行公司,从而增加了公司的财务风险。

3）股价大幅上扬时,存在减少筹资数量的风险

如果转换时,股票价格大幅上扬,公司只能以固定的转换价格将可转换债券转为股票,从而减少了筹资数量。

三、认股权证

认股权证全称为股票认购授权证,是一种由上市公司发行的证明文件,持有人有权在一定时间内以约定价格认购该公司发行的一定数量的股票。广义的权证是一种持有人有权于某一特定期间或到期日,按约定的价格,认购或沽出一定数量标的资产的期权。按买和卖的不同权利,权证可分为认购权证和认沽权证,又称看涨权证和看跌权证。

(一) 认股权证的特征

认股权证具有以下五个特征。

(1) 证券期权性。认股权证本质上是一种股票期权,属于衍生金融工具,具有实现融资和股票期权激励的双重功能。但认股权证本身是一种认购普通股的期权,它没有普通股的红利收入,也没有普通股相应的投票权。

(2) 认股权证是一种投资工具。投资者可以通过购买认股权证获得市场价与认购价之间的股票差价收益,因此它是一种具有内在价值的投资工具。

(3) 认股权证以股票为标的资产,其价值随股票价格变动。

(4) 投资者对于认股权证在到期前均可以选择执行或不执行,具有选择权。

(5) 有一个固定的执行价格。

(二) 认股权证的种类

1. 按允许购买的期限长短分类,可将认股权证分为短期认股权证与长期认股权证

短期认股权证的认股期限一般在 90 天以内;长期认股权证的认股期限通常在 90 天以上,更有长达数年或永久。

2. 按认股权证的发行方式分类,可将认股权证分为附带发行认股权证与单独发行认股权证

依附于债券、优先股、普通股或短期票据发行的认股权证为附带发行认股权证。单独发行认股权证是指不依附于公司债券、优先股、普通股或短期票据而单独发行的认股权证。认股权证的发行,最常用的方式是认股权证在发行债券或优先股之后发行。这是将认股权证随同债券或优先股一同寄往认购者。在无纸化交易制度下,认股权证将随同债券或优先股一并由中央登记结算公司划入投资者账户。

3. 按认股权证认购数量的约定方式,可将认股权证分为备兑认股权证与配股权证

备兑认股权证是每份备兑证按一定比例含有几家公司的若干股股票。配股权证是确认老股东配股权的证书,按照股东持股比例定向派发,赋予其以优惠价格认购公司一定份数的新股。

(三) 认股权证筹资的评价

1. 认股权证筹资的优点

(1) 认股权证是一种融资促进工具,它能促使公司在规定的期限内完成股票发行计划,顺利实现融资。

(2) 有助于改善上市公司的治理结构。采用认股权证进行融资,融资的实现是缓期分批实现的,上市公司及其大股东的利益和投资者是否在到期之前执行认股权证密切相关。因此,在认股权证有效期间,上市公司管理层及其大股东任何有损公司价值的行为,都可能降低上市公司的股价,从而降低投资者执行认股权证的可能性,这将损害上市公司管理层及其大股东的利益。因此,认股权证将有效约束上市公司的失德行为,并激励他们更加努力地提升上市公司的市场价值。

(3) 作为激励机制的认股权证有利于推进上市公司的股权激励机制。认股权证是常用的员工激励工具,通过给予管理者和重要员工一定的认股权证,可以把管理者和员工的利益与企业价值成长紧密联系在一起,建立一个管理者与员工通过提升企业价值再实现自身财富增值的利益驱动机制。

2. 认股权证筹资的缺点

(1) 灵活性较少。附带认股权证的债券发行者,主要目的是发行债券而不是股票,是为了发债而附带期权。认股权证的价格,一般比发行时的股价高出 20%～30%。如果将来公司发展良好,股票价格会大大超过执行价格,原有股东会蒙受较大损失。

(2) 附带认股权证债券的承销费用高于债务融资。

(3) 稀释普通股收益。

(4) 容易分散企业的控制权。

本 章 小 结

本章主要介绍了公司获取长期资本的长期融资方式,其要点如下:

(1) 公司根据需求发行不同种类的普通股进行权益融资。普通股发行应符合法律规定的发行条件和程序。合理的股票发行定价是融资成功的关键。同时,应注意权益融资及控制权转移风险。

(2) 相比于权益融资,负债融资带给公司还本付息的压力,但其资本成本低,合理运用负债融资可以使普通股股东获取更高的回报。负债融资主要包括长期借款、发行公司债券及融资租赁等具体方式。

(3) 随着资本市场的发展和融资工具的创新,权益融资及债券融资规模将会增加,公司选择融资方式的空间更大,认股权证和可转换债券融资已在我国上市公司得以应用。

本章重要概念

企业筹资是指企业为了满足其经营活动、投资活动、资本结构调整等需要,运用一定的筹资方式,筹措和获取所需资金的一种行为。

按企业所取得资金的权益特性不同,企业筹资分为股权筹资和债务筹资。

吸收直接投资的种类有吸收国家投资、吸收法人投资、吸收外商直接投资、吸收社会公众投资等。

股票是股份有限公司为筹措股权资本而发行的有价证券,是公司签发的证明股东特有公司股份的凭证。股票的特点:永久性、流通性、风险性、参与性。股东的权利是按投入公司的股份额,依法享有公司收益获取权、公司重大决策参与权和选择公司管理者的权利,并以其所持股份为限对公司承担责任。股票的种类:按股东权利和义务,分为普通股票和优先股票;按票面有无记名,分为记名股票和无记名股票。

债务筹资主要是企业通过向银行借款、向社会发行公司债券、融资租赁等方式筹集和取得的资金。向银行借款、发行债券、融资租赁是债务筹资的基本形式。

可转换债券是一种混合型证券,是公司普通债券与证券期权的组合体。可转换债券的持有人在一定期限内,可以按照事先规定的价格或者转换比例,自由地选择是否转换为公司普通股。

认股权证全称为股票认购授权证,是一种由上市公司发行的证明文件,持有人有权在一定时间内以约定价格认购该公司发行的一定数量的股票。

本章思考题

（1）什么是筹资来源？什么是筹资方式？二者应如何配合？

（2）资金需要量预测主要有哪些方法？

（3）利用营业百分比法预测资金需求量的基本思路是什么？总额法和差额法的结果有什么区别？

（4）吸收投入资本、发行普通股、长期借款、发行公司债券、发行优先股、发行可转换债券和发行权证这七种筹资方式,分别适用于哪些企业？其基本程序是什么？

（5）请你谈谈对上题中七种筹资方式各自优缺点的看法,并分析企业应如何选择合适的筹资方式？

案 例

你的信用怎么样？

一位银行资深人士曾经这样阐述一件事情:有一家经济发展公司在向银行的首次贷款申请中,提出一次性贷款 4 200 万元人民币的请求。银行信贷人员在对该公司进行信贷调查分析时发现,公司当年上半年财务会计报表显示:公司注册资金 4 950 万元,总资产 51 300 万元,其中对外债权投资总额近 25 000 万元(占总资产的比例约为 48.73%),应收及预付款项近 20 000 万元(占总资产的比例约为 38.99%),其余为固定资产和存货(约占总资产的 12.28%)。而其当时的负债总额中,长期与短期借款总额约为 24 500 万元,与公司同期的对外债权投资总额相差无几。由此银行信贷人员初步产生了一种猜测,怀疑该公司几乎没有自己的主要经营项目,而存在挪用银行贷款,以更高的利率水平向其他企业转贷以获取利差收益的可能性行为。

基于财务报表分析上的这一猜测,信贷人员开始有针对性地对该公司的资金外来基期主要业务活动进行细致的调查,并最终证实了自己的猜测。于是,在向银行负责人员如实汇报了分析和调研的结果之后,银行基于信贷风险和资金安全的考虑,果断拒绝了该公司的贷款请求。

一年多之后,该公司由于受其债务链上某些企业经营不善的影响,导致资金链中断,资金无法如期收回,步入清算的边缘。而这家银行由于分析得当,避免了一大笔不良贷款的产生。

虚假信息或者存在财务隐患的企业对投资者的不利影响是无须多言的,给信息使用者或者相关投资者造成的损失也往往是非常惊人的。这固然有信息披露监管不尽完善、企业出于各种利益追求或不良企图而违规操作、会计人员自身素质或者水平低下等种种客观因素的影响,但如果财务信息的使用者都能够正确理解和分析企业财务报告及其他资料所传递的信息,具有明辨信息真伪、剖析企业财务状况的基本技能,相信虚假信息也就不会那么泛滥,存在财务困境的企业对人们的不利影响程度会大幅减少。

资料来源:林岩.消费视域下大学生思想教育工作之我见——以文传学院"名校贷"为例[J].九江学院学报(社会科学版).2017,36(4).

思考题:
1. 企业向银行贷款需要具备什么条件?提供什么证明材料?
2. 经济发展公司为什么无法获得银行的贷款?给其他企业有何启示?

第七章 筹资管理(下)

◆ **学习目标**

1. 了解资本成本的概念、资本结构的概念和影响因素。
2. 理解经营杠杆、财务杠杆、综合杠杆的原理、产生的原因及影响因素;资本成本比较法、公司价值比较法的原理;理解筹资管理职业道德要求。
3. 掌握个别资本成本、综合资本成本的计算;杠杆系数的计算;每股利润分析法的应用。

◆ **知识框架**

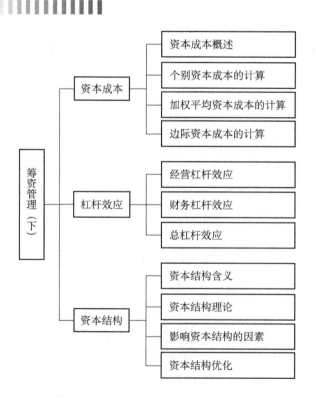

◆ **内容提要**

企业财务管理不仅要合理地选择融资方式,还要科学地配置资本构成,优化资本结

第七章 筹资管理(下)

构,降低资本成本和筹资风险。本章主要的学习内容是:资本成本、营业杠杆和财务杠杆、资本结构等内涵;营业杠杆系数与财务杠杆系数;资本成本内涵与计算、资本成本分析与决策;资本结构理论。

◆ 重点难点

教学重点:个别资本成本、综合资本成本的计算;杠杆系数的计算;每股利润分析法的应用。

教学难点:公司价值比较法的原理。

📡 引例一

崇达技术股份有限公司1995年成立于深圳,是专业生产电子电路产品的高新技术企业。通过20多年的努力,崇达技术已经发展成为一个拥有多个制造基地(深圳、江门、大连、苏州)的集团上市公司(股票代码:002815.SZ)。另外,崇达珠海工厂也即将投入生产运营,江苏南通的半导体元器件制造及技术研发中心正在筹建阶段。

崇达技术的产品广泛应用于通信设备、汽车电子、消费类电子、工业控制、航空航天、安防电子、医疗设备等领域。作为电子电路行业的全品类制造集团,公司已经形成了具有鲜明特色的各制造单元:深圳工厂以高多层产品为主,客户聚焦于高端通信设备、航空航天及服务器/存储行业;江门一厂主要生产4~12层板,主要服务于汽车电子、计算机、工业设备行业;江门二厂主要生产HDI和R-FPC,深耕手机、可穿戴设备及消费电子领域;大连崇达电路生产2~8层板,在工控设备、医疗设备、安防电子等行业有传统优势;大连崇达电子则以单面板生产为主,客户分布在家电、办公设备领域;崇达控股的江苏普诺威电子,专注于封装载板制造,产品广泛应用于消费电子、室内外显示屏、光纤通信及汽车领域。

公司于2020年9月14日召开的第四届董事会第八次会议和第四届监事会第七次会议,审议通过了《关于使用募集资金向全资子公司珠海崇达电路技术有限公司增资的议案》,同意公司使用可转债募集资金对全资子公司珠海崇达电路技术有限公司(以下简称"珠海崇达")增资10亿元人民币,用于募集资金投资项目的建设。本次增资后珠海崇达的注册资本将由3亿元人民币变更为13亿元人民币。本次使用募集资金对珠海崇达进行增资不涉及募集资金使用用途的变更,也不涉及募集资金投资项目实施主体或实施方式的变更。本次增资对象为公司全资子公司,不构成关联交易,也不构成《上市公司重大资产重组管理办法》规定的重大资产重组。根据《深圳证券交易所股票上市规则》、公司章程等相关规定,本次增资行为无须提交股东大会审议。9月22日,珠海崇达完成了相关工商变更登记手续,取得广东省珠海市市场监督管理局下发的《核准变更登记通知书》。至此,珠海崇达的注册资本已由"3亿元人民币"变更为"13亿元人民币",其他内容无变化。

公司筹集的14亿元资金通过发行可转换公司债券募集,于2020年9月28日上市交易,证券简称为"崇达转2",证券代码为"128131",上市数量1 400万张,每张面值为人民币100元,按面值发行,期限6年,初始转股价格为19.54元/股。

本次可转债的募集资金总额为人民币1 400 000 000元,扣除发行费用后的募集资金净额为人民币1 383 578 649.94元,其中拟使用募集资金10亿元用于全资子公司珠海崇达电路技术有限公司新建电路板项目(一期),项目投资金额较大,且在募集资金投资项目建设期内需持续投入,其余用于补充流动资金。

崇达技术公司表示,募集资金的使用方式、用途等符合公司主营业务发展方向,有利于保障募投项目顺利实施,提高募集资金使用效率,进而满足公司业务发展需要。本次募集资金投入符合公司的发展战略和长远规划,有利于提升公司盈利能力,符合公司及全体股东的利益,不会对公司财务及经营状况产生不利影响。

资料来源:"崇达技术:公开发行可转换公司债券上市公告书""关于崇达技术股份有限公司可转换公司债券上市交易的公告"、WIND数据库、格隆汇、全景网,经作者整理.

思考:结合案例,分析崇达技术股份有限公司为何采用可转换公司债券方式进行筹资?筹集资金活动过程将需要支付哪些费用?该筹资方式对公司资本结构和资本成本、股东与债权人权益有什么影响?

引例二

广东东鹏控股股份有限公司(简称:东鹏控股)专业从事高品质建筑卫生陶瓷产品的研发、生产和销售,是国内规模最大的瓷砖、洁具产品专业制造商和品牌商之一。凭借遍布全国的营销网络和独到的品牌战略,东鹏控股已建立了覆盖面广、影响力强且消费者认可的品牌影响力,在技术创新、产品研发、绿色制造、品牌战略和销售渠道等方面均处于行业内领先地位。多年来,东鹏控股一直坚持"以此为生、精于此道"的企业精神,以自主、技术创新为基础,以产品创新为主体,不断开发满足市场需求、符合市场潮流的创新产品,引领国内陶瓷行业高端市场。

截至2020年8月13日,东鹏控股先后在中国境内获得国家专利1 051项,在境外获得专利1项,参与起草多达47项瓷砖及洁具产品标准,在玻化砖、釉面砖、仿古砖、幕墙瓷板、洁具、水晶瓷等陶瓷产品体系方面具有领先优势。目前,东鹏控股产业规模庞大,在佛山、清远、江门、湖南、山东、江西、重庆等地设有生产基地,拥有员工约10 000人,在中国拥有超过6 000家瓷砖、洁具经销商门店,覆盖中国绝大部分省份。产品质量方面,东鹏控股严格按照国家标准、行业标准组织实施生产,先后通过了ISO9001质量管理体系认证、ISO14001环境管理体系认证。产品科技含量高、优质、可靠,取得了国家强制性产品认证、中国环境标志产品认证、采用国际标准产品标准证书,获得了"广东省著名商标""企业信用评价AAA级信用企业"和由中国陶瓷工业协会颁发的"金土奖"等荣誉。

未来,东鹏控股将持续创新进取,在整体家居服务领域成为资源节约型、环境友好型和个性高端型的一站式服务提供商和领军企业,能够为广大消费者提供环保、艺术、高科技、个性化的家居解决方案,为更多用户提供品质和品位的享受,秉承"融合科技艺术,成就世界之美,让中国陶瓷受世界尊敬"的企业使命,朝着"百年企业,世界东鹏"的愿景,打造享誉中外的整体家居国际品牌。

公司于2020年9月28日首次公开发行股票,保荐人(主承销商)为中国国际金融股份有限公司,首次公开发行不超过14 300万股人民币普通股(A股),占发行后总股本的12.19%,每股面值1.00元,本次发行前每股净资产5.23元(按截至2020年6月30日经审计的归属于母公司股东权益除以发行前总股本计算)。回拨机制启动前,网下初始发行数量为10 010万股，占本次发行总量的70%；网上初始发行数量为4 290万股，占本次发行总量的30%。本次发行全部为新股，不转让老股。本次发行前，宁波利坚持有公司34.02%的股权，为公司的控股股东；何新明及何颖通过宁波利坚、佛山华盛昌、广东裕和间接控制公司51.493 2%的股份，且分别担任公司董事长、董事，能够对公司董事会、股东大会的决策产生重大影响，为公司实际控制人。本次发行对象为符合资格的网下投资者和已开立深圳证券账户并符合条件的自然人、法人等投资者，但国家法律法规禁止者除外。发行后每股收益按照相应年度经审计的扣除非经常性损益前后归属于母公司股东的净利润的较低者除以本次发行后总股本计算，发行市盈率按发行价格除以发行后每股收益计算。北京市金杜律师事务所提供东鹏控股公司在中国境内首次公开发行股票并上市的法律意见书及补充法律意见书等。

本次发行采用网下向符合条件的投资者询价配售和网上向持有深圳市场非限售A股股份和非限售存托凭证市值的社会公众投资者定价发行相结合的方式进行。为了便于社会公众投资者了解发行人的基本情况、发展前景和本次发行的相关安排，发行人和保荐人9月28日就本次发行在全景网（网址：http://rs.p5w.net）和中证网（http://www.cs.com.cn）举行网上路演。

本次发行费用总额为14 298.30万元，其中：保荐及承销费10 004.09万元；审计、验资及评估费用2 040.34万元；律师费1 500.75万元；本次发行的法定信息披露费589.62万元；材料制作费34.43万元；上市相关手续费129.06万元。

本次股票发行募集资金净额依轻重缓急用于表7-1中的项目建设。

表7-1 资金用途　　　　　　　　　　　　　　　　　　　　　　　单位：万元

项目名称	项目投资总额	拟投入募集资金额	项目备案文号	环保批复文号
年产315万平方米新型环保生态石板材改造项目	18 626.00	18 006.70	170604313930001/广东省技术改造项目备案证变更函〔2017〕572	CB2017-4-015
扩建4条陶瓷生产线项目	60 000.00	60 000.00	丰发改工交字〔2017〕11号	丰环评字〔2017〕31号
澧县新鹏陶瓷有限公司二期扩建项目	66 218.00	10 000.00	澧发改开〔2014〕5号	常环建〔2016〕46号
年产160万件节水型卫生洁具生产线建设项目	34 000.00	—	丰发改工交字〔2017〕12号	丰环评字〔2017〕32号
年产260万件节水型卫生洁具及100万件五金龙头建设项目	94 248.16	45 000.00	2015-440784-30-03-002297	鹤环审〔2015〕65号
东鹏信息化设备及系统升级改造项目	13 000.00	10 000.00	170604313230002	（不适用）
智能化产品展示厅建设项目	10 056.78	5 000.00	2017-440604-30-03-804623	（不适用）
合计	296 148.94	148 006.70		

在不改变拟投资项目的前提下,公司董事会可根据项目的实际情况,对上述项目的投入顺序及拟投入募集资金金额进行适当调整。公司将严格按照有关的管理制度使用募集资金。如实际募集资金不足以按上述计划投资以上项目,公司将通过自有资金、银行借款等途径自筹资金来解决资金缺口,从而保证项目的实施。若实际募集资金净额超出上述项目对募集资金需求总额,超出部分将用于补充与公司主营业务相关的营运资金。

为把握市场机遇,使项目更快建成产生效益,本次发行上市的募集资金到位之前,公司可根据项目进度的实际情况暂以自筹资金先行投入,并在募集资金到位后根据募集资金使用的有关规定并经履行相关法定程序后予以置换。

资料来源:"东鹏控股:首次公开发行 A 股股票招股意向书"、WIND 数据库、全景网、中证网、新浪财经,经作者整理.

思考:结合案例,分析广东东鹏控股股份有限公司通过发行股票方式进行筹资,筹集资金活动过程将需要支付哪些费用?股权筹资对公司资本结构和资本成本、股东权益有什么影响?

第一节 资本成本

一、资本成本概述

资本成本是衡量筹资活动、投资活动成本与效益的重要依据。企业将筹措的资金用于企业经营管理,只有当投资项目的投资收益率高于资本成本率时,才表明筹集和使用的资本取得了较好效益。

(一)资本成本的含义

企业可以从各种渠道筹集到资金进行运用,但是要付出一定的代价。从筹资者的角度看,资本成本就是企业为取得和占用资本而支付的各种费用,包括用资费用和筹资费用,用资费用是资本成本的主要部分。资本成本可以用绝对数表示,也可用相对数表示,一般常用相对数表示,称为资本成本率,简称资本成本,通过企业的用资费用与有效筹资额之间的比率计算得到,有效筹资额是指筹资额扣除筹资费用之后的净额。本章所讲的资本成本指长期资金的成本。

1. 用资费用

用资费用是指企业为占用资金而支付的费用。例如,向债权人支付的利息、向股东支付的股利等。用资费用在企业使用资金的期间内会反复发生,用资费用一般与筹资金额大小、期限长短成同向变动关系。债务成本主要有银行借款成本、债券成本等,其成本中的用资费用是指企业支付给债权人的利息。按照所得税法的规定,债务的利息允许在企业所得税前支付,因此,企业实际负担的利息为税后利息。权益成本主要有普通股成本、优先股成本和留存收益成本等。根据所得税税法的规定,公司需以税后利润向股东分派股利,股利的发放不会减少公司应缴的所得税。

2. 筹资费用

筹资费用是指企业为筹集资金而付出的费用。例如,向银行支付的借款手续费,由于发行股票和债券而支付的发行手续费、律师费、资信评估费、公证费、印刷费、广告费等中介费用。

(二) 资本成本的分类

资本成本包括个别资本成本、综合资本成本和边际资本成本。个别资本成本是指单一融资方式的成本,如银行借款资本成本、债券资本成本、融资租赁资本成本、优先股资本成本、普通股资本成本、留存收益资本成本等。综合资本成本是指企业全部长期资金的加权平均资本成本。边际资本成本是指企业追加长期资金的资本成本。

(三) 资本成本的作用

1. 资本成本是比较筹资方式和选择筹资方案、进行资本结构决策的依据

资本成本分类不同,在不同情况下作用不同。个别资本成本是比较各种筹资方式优劣和选择筹资方案的依据,在其他条件基本相同或对企业影响差异不大时,应选择资本成本最低的筹资方式及筹资方案。加权平均资本成本是衡量企业资本结构是否合理的依据,计算企业价值时经常采用加权平均资本成本作为折现率,当加权平均资本成本最小时企业价值最大,而此时为理想的企业资本结构。边际资本成本是选择追加筹资方案的依据,企业可以通过比较边际资本成本的大小来选择追加筹资方案。

2. 资本成本是评价投资项目、进行投资决策的依据

任何投资项目的预期投资收益率只有超过该项目使用资金的资本成本率时,该项目在经济上才具有可行性,企业有利可图,可以进行投资。因而,企业将筹集资金用于投资,资本成本率是确定项目要求达到的投资收益率的最低要求。

3. 资本成本是评价企业整体业绩的重要依据

企业在生产经营活动中,实际上是将筹集的资金经过投放后形成资产的运营,只有企业总资产税后收益高于加权平均资本成本率,企业才有剩余收益。因而,资本成本率的高低就成为衡量企业整体经营业绩的最低标准。

(四) 资本成本的影响因素

1. 筹资方式

资本结构优化决策的根本目的之一就是使企业加权平均资本成本最低,而不同筹资方式的资本成本又是不相同的,对应的风险也不一样,所以筹资方式不同或筹资组合不同,资本成本和风险也不相同。

2. 企业成长性与销售稳定性

成长性强的企业资金需求量大,留存收益不能满足再投资需要,发行股票资本成本较高,且这种企业销售稳定,获利能力强,能承受较多负债引起的利息费用,因而大多选择债务筹资。

3. 贷款人和信用评级机构的态度

大部分贷款人都不希望企业的负债比例过大,如果企业债务过多,则贷款人可能拒绝再次贷款或提高贷款利息;信用评估机构会认为企业潜在风险增大,从而降低企业信用等级,影响企业贷款。

4. 企业规模

由于债务资本成本较低,企业可能会相应提高债务比例。相对于中小企业而言,大型企业抗风险能力较强、财务规范性较好,贷款人更倾向于为规模大的企业提供借款。

5. 经营者的态度

经营者的态度与偏好会影响企业对筹资方式的选择。如果企业经营者不愿让控制权分散,则可能尽量采用债务筹资方式增加资本。如果经营者厌恶财务风险,则可能较少地利用财务杠杆,尽量减少债务资本的比例,而使用资本成本较高的股权筹资。

二、个别资本成本的计算

个别资本成本是指单一融资方式的资本成本,包括银行借款资本成本、债券资本成本、优先股资本成本、普通股资本成本、留存利润资本成本等。资本成本率是企业的用资费用与有效筹资额之间的比率,一般通用模型和计算公式如下:

$$资本成本(资本成本率) = \frac{年资金占用费}{筹资总额 - 筹资费用} = \frac{年资金占用费}{筹资总额 \times (1 - 筹资费用率)}$$

$$K = \frac{D}{P - F} = \frac{D}{P(1 - f)} \tag{7-1}$$

式中,K 表示个别资本成本;D 表示每个期间的用资费用额;P 表示筹资数额;F 表示筹资费用额;f 表示筹资费用率,即筹资费用额与筹资额之比。

(一)银行借款资本成本

银行借款的资本成本包括借款利息和借款筹资费用率(借款手续费用率),借款利息可以在税前支付,起到抵税作用。因此,银行借款资本成本一般计算税后资本成本,与权益资本成本有可比性。

在不考虑货币时间价值的情况下,分期付息一次还本的借款成本可按下列公式计算:

$$K_l = \frac{I(1 - T)}{L(1 - f)} \tag{7-2}$$

式中,K_l 表示银行借款资本成本率;I 表示银行借款年利息额;T 表示所得税税率;L 表示银行借款筹资额,即借款本金;f 为银行借款筹资费用率。

上式也可写成下列形式:

$$K_l = \frac{i(1 - T)}{1 - f} \tag{7-3}$$

式中,i 为银行借款年利率。银行借款的筹资费用主要是手续费,一般数额很少,可以忽略不计。这时,银行借款资本成本率可按下式计算:

$$K_l = i(1-T) \tag{7-4}$$

【例 7-1】 天行公司从银行取得一笔长期借款。借款额为 2 000 万元,年利率为 6%,期限为 5 年,每年付息一次,到期一次还本,筹资费用率为 0.2%,企业所得税税率为 25%。求该项长期借款的资本成本率。

$$K_l = \frac{2\,000 \times 6\% \times (1-25\%)}{2\,000 \times (1-0.2\%)} \approx 4.51\%$$

如果不考虑借款手续费,长期借款的资本成本率为

$$K_l = 6\% \times (1-25\%) = 4.5\%$$

在考虑货币时间价值的情况下,分期付息一次还本的借款成本可按下列公式计算:

$$L(1-f) = \sum_{t=1}^{n} \frac{I_t(1-T)}{(1+K_l)^t} + \frac{L}{(1+K_l)^n}$$

根据例 7-1 的数据,可得

$$2\,000 \times (1-0.2\%) = 2\,000 \times 6\% \times (1-25\%) \times (P/A, K_l, 5) + 2\,000 \times (P/F, K_l, 5)$$

用插值法计算,得到 $K_l = 4.33\%$。

(二) 公司债券资本成本

公司债券资本成本主要是指债券利息和发行费用,债券利息可在税前支付。债券的发行价格可以等价、溢价或折价。

在不考虑货币时间价值的情况,分次付息一次还本的债券资本成本率可按下式计算:

$$K_b = \frac{I(1-T)}{B(1-f)} \tag{7-5}$$

式中,K_b 表示债券资本成本率;I 表示债券年利息;T 表示所得税税率;B 表示债券筹资额;f 为债券筹资费用率。

【例 7-2】 天行公司拟溢价发行债券,发行价格为 110 元,债券票面金额 100 元、期限为 5 年,票面利率为 8%,每年付息一次。发行费用为发行价格的 3%,所得税税率 25%,求该批债券的资本成本率。

$$K_b = \frac{100 \times 8\% \times (1-25\%)}{110 \times (1-3\%)} \approx 5.62\%$$

在考虑货币时间价值的情况下,分次付息一次还本的债券资本成本计算公式如下:

$$B(1-f) = \sum_{t=1}^{n} \frac{I_t(1-T)}{(1+K_b)^t} + \frac{B}{(1+K_b)^n}$$

根据例 7-2 的数据,可得

$$110 \times (1-3\%) = 100 \times 8\% \times (1-25\%) \times (P/A, K_b, 5) + 100 \times (P/F, K_b, 5)$$

用插值法计算,得到 $K_b = 4.49\%$。

(三) 普通股资本成本

普通股的资本成本主要是向股东支付的各期股利,普通股的资本成本率计算方法一般有股利折现模型、资本资产定价模型等,普通股资本成本率也称普通股投资报酬率。

1. 股利折现模型

普通股资本成本是普通股各期股利的现值之和等于普通股筹资净额时的折现率,用 Ke

表示,则普通股股利折现模型为

$$P_0(1-f) = \sum_{t=1}^{\infty} \frac{D_t}{(1+K_e)^t} \tag{7-6}$$

式中,P_0 表示普通股发行价格;f 表示普通股筹资费用率;D_t 表示普通股第 t 年的股利;K_e 表示普通股资本成本率。

假如公司每年都分派固定现金股利 D 元,则可将其视为永续年金,则股利折现模型为

$$P_0(1-f) = \frac{D}{K_e} \tag{7-7}$$

从上式可推导出普通股资本成本率 K_e 为

$$K_e = \frac{D}{P_0(1-f)} \tag{7-8}$$

【例 7-3】 天行公司拟发行一批普通股,发行价格为 25 元,筹资费用率为 10%,预定每年分派现金股利每股 4.2 元,求普通股资本成本率。

$$K_e = \frac{4.2}{25 \times (1-10\%)} \times 100\% = 18.7\%$$

假如公司采用固定增长股利的政策,股利固定增长率为 g,则据股利折现模型推导普通股资本成本率 K_e 为

$$K_e = \frac{D_1}{P_0(1-f)} + g \tag{7-9}$$

【例 7-4】 天行公司拟增发一批普通股,发行价格为 25 元,筹资费用率为 10%,预定每年分派现金股利每股 4.2 元,以后每年股利增长 3%,求普通股资本成本率。

$$K_e = \frac{4.2}{25 \times (1-10\%)} \times 100\% + 3\% = 21.7\%$$

2. 资本资产定价模型

根据资本资产定价模型,普通股资本成本率可按下式计算:

$$K_e = R_f + \beta(R_m - R_f) \tag{7-10}$$

式中,R_f 为无风险报酬率;R_m 为市场报酬率;β 为股票的贝塔系数,即风险系数。

【例 7-5】 天行公司股票风险系数 β 为 1.7,假设国库券收益率为 5%,市场平均的投资报酬率为 15%,求普通股资本成本率。

$$K_e = 5\% + 1.7 \times (15\% - 5\%) = 22\%$$

(四)优先股资本成本

优先股的资本成本主要是向优先股股东支付的各期股利。优先股的股利通常是固定的,同时公司发行优先股是要支付一些发行费用,因此,优先股资本成本率的计算公式如下:

$$K_p = \frac{D}{P_0(1-f)} \tag{7-11}$$

式中,K_p 表示优先股资本成本率;P_0 表示优先股发行价格;f 为优先股发行费用率;D 为优先股每股年股利。

【例 7-6】 天行公司拟发行一批优先股,每股发行价格为 15 元,筹资费用率为 8%,预计年股利为 1.5 元,求普通股资本成本率。

$$K_p = \frac{1.5}{15 \times (1-8\%)} = 10.87\%$$

(五)留存收益资本成本

留存收益是由企业税后净利润形成的,属于普通股股东的,是一种所有者权益。企业使用留存收益不花费筹资费用,但实际上是所有者向企业追加的投资,是有成本的,它是一种机会成本,和普通股资金一样要投入企业生产经营活动,获得股东要求的收益率。如果企业将留存收益用于再投资,收益率低于股东自己进行风险相似的投资项目的收益率,则认为企业应该将留存收益分配给股东。因此,留存收益资本成本率与普通股基本相同,即为股东追加投资要求的收益率,只是不用考虑筹资费用。

三、加权平均资本成本的计算

加权平均资本成本(weighted average cost of capital,WACC)是指企业利用多种筹资方式进行组合筹资形成的综合资本成本,一般是以各项资本占全部资本的比重为权数,对个别资本成本率进行加权平均而得到的总资本成本率。其计算公式如下:

$$K_w = \sum_{j=1}^{n} K_j W_j \tag{7-12}$$

式中,K_w 表示加权平均资本成本;K_j 表示第 j 种个别资本成本率;W_j 表示第 j 种个别资本占全部资本的比重,即权数。

【例 7-7】 天行公司现有长期资本总额账面金额为 10 000 万元,其中长期借款 2 000 万元,长期债券 1 000 万元,优先股 1 000 万元,普通股 5 500 万元,留存利润 500 万元;其资本成本率分别为 4.5%、5.6%、10.87%、18.7% 和 16.8%。求该公司加权平均资本成本率。

(1) 计算各种资本的比重。

$$\text{长期借款的比重:} W_1 = \frac{2\,000}{10\,000} = 0.2$$

$$\text{长期债券的比重:} W_2 = \frac{1\,000}{10\,000} = 0.1$$

$$\text{优先股的比重:} W_3 = \frac{1\,000}{10\,000} = 0.1$$

$$\text{普通股的比重:} W_4 = \frac{5\,500}{10\,000} = 0.55$$

$$\text{留存利润的比重:} W_5 = \frac{500}{10\,000} = 0.05$$

(2) 计算加权平均资本成本。

$$K_w = 4.5\% \times 0.2 + 5.6\% \times 0.1 + 10.87\% \times 0.2 + 18.7\% \times 0.55 + 16.8\% \times 0.05 = 14.76\%$$

四、边际资本成本的计算

企业的个别资本成本和加权平均资本成本,是企业过去筹集资本的成本或目前使用资本的成本,企业在追加筹资时不仅要考虑目前的资本成本,还应考虑新筹集资金的资本成本,即边际资本成本。边际资本成本是指资本每增加一个单位而增加的成本。边际资本成本的高低是企业进行追加筹资决策的依据。企业追加筹资时有时只采取某一种筹资方式,有时在筹资数额较大或目标资本结构确定的情况下,可以通过多种筹资方式来实现资金筹措。企业一般预先计算多种情况下的边际资本成本,比较不同规模范围的筹资组合,合理地选择追加筹资总额及其资本结构。

【例7-8】 天行公司现有长期资本总额账面金额为10 000万元,其中长期借款2 000万元,长期债券1 000万元,优先股1 000万元,普通股6 000万元(普通股5 500万元,留存利润500万元,为计算简便将普通股和留存利润合并为普通股6 000万元)。公司战略发展规划下半年要拓展华北市场,需要追加投资,准备筹措资金。假定企业仍以目前资本结构作为目标资本结构,求追加筹资的边际资本成本率。

(1)确定目标资本结构。公司增资后资本结构以目前资本结构为目标资本结构,即各资本所占比重分别为:长期借款20%,长期债券10%,优先股10%,普通股60%。

(2)计算各项资本成本率。公司不同筹资的规模,各项资本成本率也会随之改变,其计算结果如表7-2所示。

表7-2 追加筹资资料

资本构成	目标资本结构	追加筹资数额范围/万元	个别资本成本率/%
长期借款	20	0~40	4.5
		40~90	5
		90以上	6
长期债券	10	0~45	5.5
		45以上	7
优先股	10	0~60	9
		60以上	10
普通股权益	60	0~120	12
		120~240	15
		240以上	18

(3)计算筹资总额分界点,确定筹资范围。筹资总额分界点是指在某一特定资本成本率不变的情况下可以筹集到的资金总额上限。计算公式如下:

$$筹资总额分界点 = \frac{某一特定资本成本下筹集到的资金额}{该种资本在资本结构中所占的比重} \quad (7\text{-}13)$$

当公司长期借款资本成本率为4.5%时,取得长期借款的筹资额上限为40万元,其筹资总额分界点为

$$筹资总额分界点 = \frac{40}{0.2} = 200(万元)$$

当公司长期借款资本成本率为5%时,取得长期借款的筹资额上限为90万元,其筹资总额分界点为

$$筹资总额分界点 = \frac{90}{0.2} = 450(万元)$$

当公司长期债券资本成本率为5.5%时,取得长期债券的筹资额上限为45万元,其筹资

总额分界点为

$$筹资总额分界点 = \frac{45}{0.1} = 450(万元)$$

当公司优先股资本成本率为9%时,取得优先股的筹资额上限为60万元,其筹资总额分界点为

$$筹资总额分界点 = \frac{60}{0.1} = 600(万元)$$

其他资本成本率对应的筹资总额分界点计算相同。

根据各项资本成本不同筹资总额分界点可计算得到公司追加筹资总额范围,如表7-3所示。比如,在公司目标资本结构中,长期借款比重为20%,长期借款筹资额在40万元以下时,追加筹资总额范围应在200万元以下,此时长期借款资本成本率为4.5%。而当筹资总额超过200万元且小于450万元时,长期借款资本成本率从4.5%上升到5%。

表7-3 追加筹资总额范围

资本构成	个别资本成本率/%	追加筹资数额范围/万元	筹资总额分界点/万元	筹资总额范围/万元
长期借款	4.5	0~40	200	0~200
	5	40~90	450	200~450
	6	90以上	450以上	450以上
长期债券	5.5	0~45	450	0~450
	7	45以上	450以上	450以上
优先股	9	0~60	600	0~600
	10	60以上	600以上	600以上
普通股权益	12	0~120	200	0~200
	15	120~240	400	200~400
	18	240以上	400以上	400以上

(4) 计算边际资本成本率。根据上一步骤计算得到的筹资总额分界点,可以得到新的五个筹资总额范围:0~200万元;200~400万元;400~450万元;450~600万元;600万元以上。根据这五个筹资总额范围分别计算其加权平均资本成本率,即可得到五个筹资总额范围的边际资本成本率,计算结果如表7-4所示。

表7-4 边际资本成本率汇总

序号	筹资总额范围/万元	资本构成	目标资本结构/%	个别资本成本率/%	边际资本成本率/%
1	0~200	长期借款	20	4.5	0.9
		长期债券	10	5.5	0.55
		优先股	10	9	0.9
		普通股权益	60	12	7.2
	第一个筹资总额范围的边际资本成本率				9.55
2	200~400	长期借款	20	5	1
		长期债券	10	5.5	0.55
		优先股	10	9	0.9
		普通股权益	60	15	9
	第二个筹资总额范围的边际资本成本率				11.45

续表

序号	筹资总额范围/万元	资本构成	目标资本结构/%	个别资本成本率/%	边际资本成本率/%
3	400~450	长期借款	20	5	1
		长期债券	10	5.5	0.55
		优先股	10	9	0.9
		普通股权益	60	18	10.8
	第三个筹资总额范围的边际资本成本率				13.25
4	450~600	长期借款	20	6	1.2
		长期债券	10	7	0.7
		优先股	10	9	0.9
		普通股权益	60	18	10.8
	第四个筹资总额范围的边际资本成本率				13.6
5	600以上	长期借款	20	6	1.2
		长期债券	10	7	0.7
		优先股	10	10	1
		普通股权益	60	18	10.8
	第五个筹资总额范围的边际资本成本率				13.7

第二节 杠杆效应

财务管理中存在着与物理学杠杆效应相类似的杠杆作用,即由于一些特定的固定费用的存在,当某一财务变量以较小幅度变动,另一相关变量会以较大幅度变动,反映了相关变量之间的关系。财务管理中的杠杆效应有经营杠杆、财务杠杆和联合杠杆三种效应。

一、经营杠杆效应

(一) 经营杠杆原理

经营杠杆,也称营业杠杆或营运杠杆,是指由于企业在生产经营过程中有固定性经营成本的存在,使得企业的息税前利润变动率大于销售收入的变动率。一般情况下,企业经营杠杆效应越大,经营杠杆利益和经营杠杆风险就越高;反之,经营杠杆效应越小,经营杠杆利益和经营杠杆风险就越低。经营杠杆反映销售数量、销售收入与息税前利润之间的关系,可衡量销售数量变动对息税前利润的影响。息税前利润可用下式计算:

$$EBIT = Q(P-V) - F = S - C - F \tag{7-14}$$

式中,$EBIT$ 表示息税前利润;Q 表示为销售数量;P 表示销售单价;V 表示单位变动成本;F 表示固定经营成本总额;S 表示销售收入;C 表示变动经营成本总额,可按变动成本率乘以销售收入来确定。

企业由于产品成本中存在着固定性经营成本,如果其他条件不变,当销售数量增加时,单位产品所分摊的固定成本会下降,从而提高单位产品利率,使得息税前利润增长幅度高于销售数量增加的幅度,即产生经营杠杆利益;反之,当销售数量减少时,息税前利润则有更大幅度降低,造成一定的经营损失,即经营杠杆风险。

(二) 经营杠杆系数

经营杠杆系数是指企业息税前利润的变动率与销售收入变动率的比值。经营杠杆系数可以评价经营杠杆利益的大小和企业经营风险高低。基本的计算公式如下:

$$DOL = \frac{\frac{\Delta EBIT}{EBIT}}{\frac{\Delta S}{S}} \tag{7-15}$$

式中,DOL 表示经营杠杆系数;$\Delta EBIT$ 表示息税前利润变动额;S 表示销售收入;ΔS 表示销售收入的变动额。详细计算公式如下:

$$DOL = \frac{\frac{\Delta EBIT}{EBIT_{t-1}}}{\frac{\Delta S}{S_{t-1}}} = \frac{\frac{EBIT_t - EBIT_{t-1}}{EBIT_{t-1}}}{\frac{S_t - S_{t-1}}{S_{t-1}}} \tag{7-16}$$

式中,DOL 表示经营杠杆系数;$\Delta EBIT$ 表示息税前利润变动额;$EBIT_t$ 表示 t 期的息税前利润;$EBIT_{t-1}$ 表示 $t-1$ 期的息税前利润;ΔS 表示销售收入的变动额;S_t 表示 t 期的销售收入;S_{t-1} 表示 $t-1$ 期的销售收入;t 表示基期;$t-1$ 表示上一期。

为计算方便,式(7-15)可变换如下:

$$DOL = \frac{Q(P-V)}{Q(P-V) - F} \tag{7-17}$$

$$DOL = \frac{S - C}{S - C - F} \tag{7-18}$$

式 7-17 中,DOL 为按销售数量确定的经营杠杆系数,式 7-18 中,DOL 为按销售额确定的经营杠杆系数,Q 表示为销售数量,P 表示销售单价,V 表示单位变动成本,F 表示固定经营成本总额,S 表示销售收入,C 表示变动经营成本总额。

【例 7-9】 天行公司产销某种设备,年销售数量为 2 000 件时,单位售价为 1 200 元,销售收入为 240 万元,单位产品变动成本为 420 元,变动经营成本总额为 84 万元,固定成本总额为 78 万元,相比上年,公司息税前利润增长了 50%,销售收入增长了 25%,求经营杠杆系数。

$$DOL = \frac{2\ 000 \times (1\ 200 - 420)}{2\ 000 \times (1\ 200 - 420) - 780\ 000} = 2$$

$$DOL = \frac{2\ 400\ 000 - 840\ 000}{2\ 400\ 000 - 840\ 000 - 780\ 000} = 2$$

$$DOL = \frac{\frac{\Delta EBIT}{EBIT}}{\frac{\Delta S}{S}} = \frac{50\%}{25\%} = 2$$

经营杠杆系数为 2 时,表明当企业销售收入增长 1 倍时,息税前利润将增长 2 倍,表现为经营杠杆利益;反之,当企业销售收入下降 1 倍时,息税前利润将下降 2 倍,此时表现为企业经营杠杆风险,也可理解为企业未使用债务时经营活动的内在风险。企业经营杠杆系数越大,经营杠杆利益和经营杠杆风险就越高,反之越低。

(三)影响经营杠杆的因素

收益与风险相伴,由于企业的经营杠杆系数越大,经营杠杆利益和经营杠杆风险就越高,因而企业要在利益与风险之间进行权衡,确定合理的经营杠杆系数。从式 7-15~式 7-17 可知,影响经营杠杆的因素很多,主要有以下几个方面。

1. 产品的销售数量

产品的市场需求情况将会影响企业产品的销售数量,如果市场对企业产品的需求稳定,则经营杠杆风险小;反之,经营杠杆风险大。

2. 产品的销售单价

产品销售单价稳定,则经营杠杆风险小;反之,经营杠杆风险大。

3. 产品的变动经营成本

产品变动经营成本是收入的抵减,成本不稳定,会导致利润不稳定,因此,产品变动经营成本变动大,则经营杠杆风险小;反之,经营杠杆风险大。

4. 固定经营成本的比重

固定经营成本在企业全部成本中所占比重较大时,单位产品分摊的固定经营成本较多,若产品数量发生变动,则单位产品分摊的固定经营成本就会随之变动,会最后导致利润更大的变动,经营杠杆风险就更大;反之,经营杠杆风险就小。

二、财务杠杆效应

(一)财务杠杆原理

财务杠杆,也称筹资杠杆,是指由于企业在筹资活动中产生的资本成本有固定的债权资本存在,如债券利息、租赁费等,使得企业每股收益变动率大于息税前利润的变动率。一般情况下,企业财务杠杆效应越大,财务杠杆利益和经营杠杆风险就越高,反之,财务杠杆效应越小,财务杠杆利益和财务杠杆风险就越低。财务杠杆反映息税前利润与每股利润之间的关系,可衡量息税前利润变动对每股利润的影响。有关财务指标的关系如下所示:

$$TE = (EBIT - I)(1 - T) - D \tag{7-19}$$

$$EPS = \frac{(EBIT - I)(1 - T) - D}{N} \tag{7-20}$$

式中,TE 表示普通股收益总额;$EBIT$ 表示息税前利润;I 表示债务年利息额;T 表示企业所得税税率;D 表示优先股股利;EPS 表示普通股每股利润;N 表示普通股股数。

企业在一定的资本结构下,从息税前利润中支付的债务成本是相对固定的,当息税前利润增多时,单位息税前利润所负担的债务成本会下降,扣除企业所得税后可分配给股东的每股利润增加幅度比息税前利润下降幅度更大,即产生财务杠杆利益;反之,当息税前利润减少时,普通股每股利润则有更大幅度降低,给所有者造成一定的损失,即财务杠杆风险。

(二)财务杠杆系数

财务杠杆系数是指企业普通股每股利润变动率与息税前利润变动率的比值。财务杠杆系数可以评估财务杠杆利益的大小和财务杠杆风险的高低。基本的计算公式如下:

$$DFL = \frac{\frac{\Delta EPS}{EPS}}{\frac{\Delta EBIT}{EBIT}} \tag{7-21}$$

式中,DFL 表示财务杠杆系数;EPS 表示 $t-1$ 期的普通股每股利润;ΔEPS 表示普通股每股利润变动额;$EBIT$ 表示 $t-1$ 期的息税前利润;$\Delta EBIT$ 表示息税前利润的变动额。详细计算如下所示:

$$DFL = \frac{\frac{\Delta EPS}{EPS_{t-1}}}{\frac{\Delta EBIT}{EBIT_{t-1}}} = \frac{\frac{EPS_t - EPS_{t-1}}{EPS_{t-1}}}{\frac{EBIT_t - EBIT_{t-1}}{EBIT_{t-1}}} \tag{7-22}$$

式中,DFL 表示财务杠杆系数;EPS_t 表示 t 期的普通股每股利润;EPS_{t-1} 表示 $t-1$ 期的普通股每股利润;ΔEPS 表示普通股每股利润变动额;$EBIT_t$ 表示 t 期的息税前利润;$EBIT_{t-1}$ 表示 $t-1$ 期的息税前利润;$\Delta EBIT$ 表示息税前利润的变动额;t 表示基期;$t-1$ 表示上一期。

为了计算上的方便,如不存在优先股的固定股息,可将上列公式变换如下:

$$DFL = \frac{EBIT_t}{EBIT_t - I_t} \tag{7-23}$$

式中,I 表示债务年利息额;t 表示基期。

当公司既存在固定利息成本,又存在优先股的固定股息,则式(7-23)调整为

$$DFL = \frac{EBIT_t}{EBIT_t - I_t - \frac{D}{1-T}} \tag{7-24}$$

【例 7-10】 天行公司 2019 年资本总额为 5 000 万元,债权资本比例为 0.35,债务年利率为 7%,企业所得税税率为 25%,息税前利润为 700 万元。求财务杠杆系数。

$$DFL = \frac{700}{700 - 5\,000 \times 0.35 \times 7\%} = 1.21$$

财务杠杆系数为 1.21 的意义在于:当息税前利润增长 1 倍时,普通股每股利润将增长 1.21 倍,表现为财务杠杆利益;反之,当息税前利润下降 1 倍时,普通股每股利润将下降 1.21 倍,表现为财务杠杆风险。

(三)影响财务杠杆的因素

根据财务杠杆系数的计算公式可知,影响财务杠杆的因素主要有以下几个方面。

1. 息税前利润

在其他因素不变的情况下,息税前利润增加可以降低下一年(第 2 年)的财务杠杆系数,反之,息税前利润减少会提高下一年(第 2 年)的财务杠杆系数。

2. 长期资金规模

在其他因素不变的情况下，资本结构不变，长期资金规模增加，债务增加，使得债务利息增加，从而使得下一年（第2年）的财务杠杆系数提高，反之下降。

3. 债务资金比重、债务利率

在其他因素不变的情况下，债务资金比重，或者债务利率提高，会使得债务利息增加，从而使得下一年（第2年）财务杠杆系数提高，反之下降。

4. 优先股股利

在其他因素不变的情况下，优先股股利对财务杠杆系数的影响与债务资金比重、债务利率相同，优先股股利增加，将会使下一年（第2年）财务杠杆系数提高，反之下降。

5. 所得税税率

在其他因素不变的情况下，所得税税率提高将会使下一年（第2年）财务杠杆系数提高，反之则会降低下一年（第2年）的财务杠杆系数。

三、总杠杆效应

（一）总杠杆原理

总杠杆，也称联合杠杆或综合杠杆，是经营杠杆和财务杠杆综合作用的结果，反映了销售数量与每股收益之间的变动关系。由于企业经营成本中有固定性经营成本存在，通过扩大销售影响息税前利润变动有放大作用，产生经营杠杆效应；同时，由于企业资本成本中有固定性资本成本存在，通过扩大息税前利润影响每股收益变动有放大作用。两种杠杆共同作用，将会导致销售量稍有变动就会使每股收益产生更大幅度的变动，从而形成总杠杆效应。

（二）总杠杆系数

总杠杆系数是经营杠杆系数和财务杠杆系数的乘积，计算公式为

$$DTL = DOL \times DFL \tag{7-25}$$

$$DTL = \frac{\frac{\Delta EBIT}{EBIT}}{\frac{\Delta S}{S}} \cdot \frac{\frac{\Delta EPS}{EPS}}{\frac{\Delta EBIT}{EBIT}} = \frac{\frac{\Delta EPS}{EPS}}{\frac{\Delta S}{S}} \tag{7-26}$$

或

$$DTL = \frac{\frac{\Delta EPS}{EPS}}{\frac{\Delta Q}{Q}} \tag{7-27}$$

式7-25中，DTL表示总杠杆系数，DOL表示经营杠杆系数，DFL表示财务杠杆系数，式7-26中，$\Delta EBIT$表示息税前利润变动额，$EBIT$表示息税前利润，ΔS表示销售收入的变动额，S表示销售收入，ΔEPS表示普通股每股利润变动额，EPS表示普通股每股利润，式7-27

中，ΔQ 表示销售数量变动额，Q 表示销售数量。

【例 7-11】 天行公司的经营杠杆系数为 2，财务杠杆系数为 1.21。求公司的总杠杆系数。

$$DCL = 2 \times 1.21 = 2.42$$

总杠杆系数为 2.42 表示：当公司营业总额或销售量增长 1 倍时，普通股每股收益将增长 2.42 倍，表现为总杠杆利益；反之，当公司营业总额下降 1 倍时，普通股每股收益将下降 2.42 倍，表现为总杠杆风险。

(三) 影响总杠杆的因素

一般而言，总杠杆是经营杠杆和财务杠杆的综合，所以影响经营杠杆和财务杠杆的因素也会影响总杠杆。总杠杆系数越高，总杠杆利益和风险也越大，当总杠杆系数一定的情况下，经营杠杆和财务杠杆系数会此消彼长，因而企业在进行资本成本分析与决策时，要在利益和风险之间适当权衡，合理搭配，以实现较好的综合杠杆效果。

第三节 资 本 结 构

一、资本结构含义

企业的资本结构是由于企业通过多种筹资方式筹集资金而形成的，筹资组合不同，资本结构也会相应改变。企业的筹资方式很多，一般可分为债务资本和权益资本两大类，它不仅包括长期资本，还包括短期资本，主要是短期债权资本。总的来说，资本结构是指企业各种资金的构成及其比例关系。在企业筹资管理中，资本结构含义又有广义和狭义之分。广义的资本结构是指企业全部债务与股东权益的构成及其比例关系。狭义的资本结构是指企业各种长期负债与股东权益的构成及其比例关系。企业筹资决策的核心问题之一是资本结构决策，如果企业现有资本结构不合理，应综合考虑有关影响因素，通过筹资活动进行优化调整，运用适当的方法确定最佳资本结构，使其趋于合理化，并在以后追加筹资中继续保持。本节讲述的是狭义的资本结构及其决策。

二、资本结构理论

资本结构理论是现代企业财务领域的核心内容。1958 年，美国学者莫迪格莱尼 (Franco Modigliani) 和米勒 (Merter Miller) 提出著名的 MM 理论，标志着现代资本结构理论的建立。在此基础上，后人又进一步提出代理理论和啄序理论等。

1. MM 理论

美国学者莫迪格莱尼和米勒提出的 MM 理论是在一系列假定之下成立的，比如假设无企业所得税、资本可以在完善的资本市场上自由流通且不存在交易成本、预期报酬率和风险相同、投资者和企业的借款利率相同等，由此，MM 理论认为：无论有无负债，企业价值不受影响，即企业价值不受资本结构影响，且有负债的企业其股权成本随着负债增多而增加。因为便宜的债务成本给企业带来的财务杠杆利益会被股权资本成本上升而抵消,所以,企业价值与其资本结构无关。

在考虑企业所得税存在的情况下,MM理论又进一步修正为:企业可利用财务杠杆增加企业价值。因为负债利息可以税前抵扣,有节税效应,有负债的企业价值等于有相同风险但无负债企业的价值加上负债的节税利益。因此,企业价值会随着负债的提高而增加,股东也可获得更多好处,负债越多,企业价值也会越大。

2. 代理理论

代理理论的创始人詹森(Jensen)和麦克林(Meckling)认为,企业资本结构会影响经理人员的工作水平和其他行为选择,从而影响企业未来现金流入和企业市场价值。该理论认为,当经理人员本身就是企业所有者时,他们对企业拥有剩余索取权,经理人员会努力地为他们自己工作,此时不存在代理问题;如果经理人员不是企业所有者,他们就会有一种动机去提高在职消费、个人享受或自我放松,增加代理成本。同样,企业如果通过举债方式获得资本,也同样存在代理问题,随着企业债权资本的增加,债权人的监督成本也随之上升,债权人会要求更高的利率,这种代理成本最终要由股东承担,使得股权代理成本增加;同时,企业接受债权人监督也会产生一定的成本。因而,詹森和麦克林将代理成本分为监督成本、守约成本和剩余损失。均衡的企业所有权结构是由股权代理成本和债权代理成本之间的平衡关系来决定的,债权资本适度的资本结构会增加股东的价值。

3. 优序筹资理论

1984年,金融学家梅耶斯(Myers)和迈勒夫(Majluf)提出了一种新的优序筹资理论,也称啄序理论。该理论认为:在信息不对称和交易成本存在的前提下,外部筹资要多支付各种成本。所以,通过比较外部筹资和内部筹资的成本,理论上首先考虑运用内部筹资。当需要外部筹资时,债务筹资优于股权筹资,由于企业所得税的节税效应,负债筹资可以增加企业价值。因而,优序筹资理论主要观点为:企业融资偏好首先是内部筹资;如果需要外部筹资,则偏好债务筹资,顺序为借款、发行债券、可转换债券,最后是发行新股筹资。因而投资者可以从企业资本结构来判断企业价值。

三、影响资本结构的因素

影响资本结构的因素主要有企业财务状况、资产结构、产品销售情况、投资者和管理人员的态度、贷款人和信用评级机构的影响、所得税税率的高低、利率水平的变动趋势及行业因素等。

(一) 企业经营状况

如果企业的经营状况稳定,产品销售量稳定,其获利水平也相对稳定,因而企业可负担较多的固定财务费用;如果销售业务或盈利具有周期性,则企业负担固定财务费用将会承担较大的财务风险。

 小贴士

企业通过发行股票、银行借款、发行债券和融资券等方式筹集资金,都需要讲诚信,按照筹资合同协议要求履行相应的责任和义务。"民无信不立",企业要想发展壮大,走得长远,信誉是保证。无论是个人还是经营企业,诚信都是立足之本,这也是社会主义核心价值观的重要内容。

(二)企业财务状况和信用等级

企业财务状况越好、信用等级越高,就越容易获得债权人提供的信用和债务资金,有能力负担财务风险;反之,如果企业财务状况不佳,信用等级不高,则债权人不太愿意向企业提供信用或降低企业的信用等级,增加了企业债务筹资的资本成本。

(三)企业资产结构

资产结构是企业将筹集的资金配置和使用后形成的资金占用结构,如长短期资产构成、长短期资产内部构成。一般而言,拥有大量固定资产的企业主要通过长期负债和发行股票筹集资金;拥有较多流动资产的企业,更多依赖流动负债筹集资金;资产用于抵押贷款的企业其负债较多,等等。因而,企业资产结构在一定程度上影响到资本结构。

(四)企业投资者和管理人员的态度

从企业投资者角度看,如果企业股权较分散,投资者并不担心控制权稀释,可能会更多地采用股权融资方式来筹集资金。反之,如果企业为少数股东所控制,为防止股东控制权稀释,企业会采用优先股或负债方式筹集资金。从企业管理人员角度看,喜欢冒险的财务管理人员,可能会安排比较高的负债比例;持稳健态度的财务管理人员则会安排比较低的负债比例,使用较少的债务。

(五)行业因素

不同行业,其经营特性不同,资本结构差异也会很大。成熟产业经营风险低,企业可提高债务资金比重,发挥财务杠杆作用;高新技术企业,经营风险高,可适当降低债务资金比重,控制财务杠杆风险。

(六)税收政策和货币政策等

企业财务管理活动受到外部经济与政策环境的影响,政策调控经济的手段包括税收政策、货币政策等。当所得税税率较高时,企业利用负债可以获得节税利益,提高企业价值;如果税率较低,则负债的节税利益就不显著。货币政策的调整会影响资本供给,利率水平变动,从而影响企业债务成本,如果国家执行紧缩的货币政策时,市场利率较高,企业债务成本增加;相反,如果国家执行宽松的货币政策,市场利率较低,企业债务成本会下降。

四、资本结构优化

企业资本结构优化目标主要是降低加权平均资本成本或提高企业价值,企业权益资本一般高于债务资本,企业需要权衡负债的低资本成本和高财务风险的关系。因此企业必须权衡财务风险和资本成本的关系,确定最优资本结构。最优资本结构是指在一定条件下企业达到加权平均资本成本最低、企业价值最大时的资本结构。从理论上讲,最优资本结构是存在的。资本结构优化方法有每股收益分析法、资本成本比较法、公司价值比较法等。

(一) 每股收益分析法

每股收益分析法,又称每股利润分析法或融资无差异分析法,是利用每股利润无差异点进行资本结构分析与决策的方法。通过分析每股收益和资本结构的关系,可以找到每股利润无差异点,确定合理的资本结构。每股利润无差异点是指不同筹资方式下每股利润都相等时的息税前利润点或业务量水平,也称每股收益无差异点、息税前利润平衡点、筹资无差别点。根据每股利润无差异点,可以分析判断在什么息税前利润或业务量水平下适用何种筹资组合方式,从而安排和调整资本结构。当预期息税前利润大于该每股利润无差异点时,资本结构中债务比重高的筹资方案为较优方案,相反,应选择股权比重高的筹资方案。

$$EPS = \frac{(EBIT-I)(1-T)-D}{N} = \frac{(S-C-F-I)(1-T)-D}{N} \qquad (7-28)$$

式中,EPS 表示每股收益;$EBIT$ 表示息税前利润;I 表示债务利息;T 表示所得税税率;D 表示优先股年利;N 表示流通在外的普通股股数;S 表示销售收入;C 表示变动经营成本总额;F 表示固定成本总额。

由于在每股利润无差异点上不同筹资方案每股利润都是相等的,因而无论是股权筹资方案还是债权筹资方案,每股利润都相等。以 EPS_1 代表债权筹资方案的每股利润,以 EPS_2 代表股权筹资方案的每股利润,在每股利润无差异点 $\overline{EBIT}$ 时,有 $EPS_1 = EPS_2$。即

$$\frac{(\overline{EBIT}-I_1)(1-T)-D_1}{N_1} = \frac{(\overline{EBIT}-I_2)(1-T)-D_2}{N_2} \qquad (7-29)$$

式中,$\overline{EBIT}$ 表示每股利润无差异点的息税前利润。

如果公司没有发行优先股,则上式可变化为

$$\frac{(\overline{EBIT}-I_1)(1-T)}{N_1} = \frac{(\overline{EBIT}-I_2)(1-T)}{N_2} \qquad (7-30)$$

【例 7-12】 天行公司长期资本 2 000 万元,其中长期债务 800 万元(利率为 7%),普通股 1 200 万元(1 200 万股,每股面值 1 元),现计划投资一个新项目,准备追加筹资 300 万元,有两种筹资方式可供选择:方案Ⅰ追加筹集的资金全部通过股权筹资获得,发行普通股 300 万股,每股面值 1 元;方案Ⅱ追加筹集的资金全部通过债权筹资获得,债务利率为 10%。公司所得税税率为 25%。要求:求每股利润无差异点;假设预期息税前利润为 280 万元,应选择哪一个方案?如果预期息税前利润为 150 万元,应选择哪一个方案?

计算每股利润无差异点的息税前利润:

$$\frac{(\overline{EBIT}-800 \times 7\%)(1-25\%)}{1\,200+300} = \frac{(\overline{EBIT}-800 \times 7\% - 300 \times 10\%)(1-25\%)}{1\,200}$$

$$\overline{EBIT} = 206(万元)$$

每股利润无差异点的息税前利润为206万元，是指当息税前利润为206万元时，无论采取股权筹资方案还是债权筹资方案，每股收益是一致的。当公司预期息税前利润为280万元时，息税前利润大于206万元，增加长期债务要比增发普通股获得更高的每股利润，所以选择债权筹资方案；而当公司预期息税前利润为150万元时，息税前利润小于206万元，应使用权益资本进行融资，即选择股权筹资方案，以获得较高的每股利润。

（二）资本成本分析法

资本成本比较法是通过计算和比较各种可能的筹资组合方案的加权平均资本成本，选择加权平均资本成本最低的方案作为最优资本结构方案。企业的资本结构决策，可以分初始筹资资本结构决策和追加筹资资本结构决策两种情况。

1. 初始筹资资本结构决策

企业初创时，需要投入的资本总额可采用多种筹资方式进行，形成若干个备选资本结构方案。通过计算不同资本结构方案的加权平均资本成本并进行比较，从中选择成本最低的资本结构作为最优资本结构。

【例7-13】 天行公司在初创时需筹集资本2 000万元，有如下三个筹资组合方案可供选择，如表7-5所示。假设该公司三个筹资组合方案Ⅰ、Ⅱ、Ⅲ的财务风险相当，公司均能承受。

表7-5 公司备选初始筹资方案

筹集方式	筹集方案Ⅰ		筹集方案Ⅱ		筹集方案Ⅲ	
	筹集额/万元	资本成本/%	筹集额/万元	资本成本/%	筹集额/万元	资本成本/%
长期借款	500	5	600	6	700	7
长期债券	200	5.5	250	6	200	5.5
优先股	200	12	150	12	100	12
普通股	1 100	15	1 000	16	1 000	17
合计	2 000		2 000		2 000	

（1）计算各筹资方案中各种筹资方式的筹资额占筹资总额的比例及加权平均资本成本。

方案Ⅰ各种筹资方式的筹资额占筹资总额的比例如下。

$$长期借款：\frac{500}{2\,000} = 0.25$$

$$长期债券：\frac{200}{2\,000} = 0.1$$

$$优先股：\frac{200}{2\,000} = 0.1$$

$$普通股：\frac{1\,100}{2\,000} = 0.55$$

方案Ⅰ加权平均资本成本：

$$0.25\times6\%+0.1\times5.5\%+0.1\times12\%+0.55\times15\%=11.75\%$$

方案Ⅱ各种筹资方式的筹资额占筹资总额的比例如下。

$$长期借款：\frac{600}{2\,000}=0.3$$

$$长期债券：\frac{250}{2\,000}=0.125$$

$$优先股：\frac{150}{2\,000}=0.075$$

$$普通股：\frac{1\,000}{2\,000}=0.5$$

方案Ⅱ加权平均资本成本：

$$0.3\times6\%+0.125\times6\%+0.075\times12\%+0.5\times16\%=11.45\%$$

方案Ⅲ各种筹资方式的筹资额占筹资总额的比例如下。

$$长期借款：\frac{700}{2\,000}=0.35$$

$$长期债券：\frac{200}{2\,000}=0.1$$

$$优先股：\frac{100}{2\,000}=0.05$$

$$普通股：\frac{1\,000}{2\,000}=0.5$$

方案Ⅲ加权平均资本成本：

$$0.35\times7\%+0.1\times5.5\%+0.05\times12\%+0.5\times17\%=12.1\%$$

（2）比较各个备选筹资组合方案的加权平均资本成本并选出最佳资本结构。

三个备选筹资组合方案的加权平均资本成本分别为11.75%、11.45%和12.1%，筹资组合方案Ⅱ的加权平均资本成本最低，在适度财务风险的条件下，应选择筹资组合方案Ⅱ作为最佳筹资方案，其资本结构为最佳资本结构。

2. 追加筹资资本结构决策

企业在持续的生产经营过程中，由于规模扩大、对外投资的需要，有时会追加筹资。由于追加筹资及内外部环境发生变化，企业原定的最佳资本结构在现时不一定是最优的。因此，企业需要重新分析和寻找最佳资本结构。选择最佳追加筹资方案一般常用资本成本比较法，不仅容易理解，而且计算过程不烦琐，该种方法适用于资本规模较小、资本结构较为简单的非股份制企业。

（三）公司价值比较法

公司价值比较法是在充分考虑市场风险的前提下，通过计算和比较各种可能的筹资组合方案下的公司价值，选择公司价值最大的方案作为最优资本结构方案，从而确定公司最佳资本结构的方法。公司价值比较法具体分析步骤如下。

第一步，测算公司价值。

公司价值等于债务资本和股权资本的现值之和，反映公司资本的市场价值。计算公

式为

$$V = B + S \tag{7-31}$$

式中,V 表示公司的总价值,即公司总的折现价值;B 表示公司债权资本的折现价值;S 表示公司股权资本的折现价值。

为简化计算,假设公司各期 $EBIT$ 保持不变,债务资本(如长期借款和长期债券)的现值等于其面值(或本金);如果公司股票有普通股和优先股,则股权资本的折现价值可通过下式计算:

$$S = \frac{(EBIT - I)(1 - T) - D}{K_s} \tag{7-32}$$

式中,$EBIT$ 表示公司未来的年息税前利润;I 表示公司长期债务年利息;T 表示公司所得税税率;K_s 表示公司普通股资本成本率;D 表示公司优先股年股利。

第二步,测算公司资本成本率。

公司的加权平均资本成本为

$$K_W = K_B \frac{B}{V}(1 - T) + K_s \frac{S}{V} \tag{7-33}$$

式中,K_W 表示公司加权平均资本成本;K_B 表示公司长期债务税前资本成本率,可按公司长期债务年利率计算;K_s 表示公司普通股资本成本率。

普通股资本成本率可运用资本资产定价模型来计算,即

$$K_s = R_f + \beta(R_m - R_f) \tag{7-34}$$

式中,R_f 表示无风险报酬率;R_m 表示市场报酬率;β 表示公司股票的贝塔系数。

第三步,确定公司最佳资本结构。

比较不同筹资组合方案下的公司总价值和加权平均资本成本,公司价值最大、加权平均资本成本最低的筹资组合方案下的资本结构即为公司的最佳资本结构。

【例 7-14】 天行公司目前资本全部由普通股资本组成,股票账面价值 2 000 万元,预计年度税前利润为 500 万元,所得税税率为 25%。公司资金经理认为现有的资本结构不合理,没有发挥财务杠杆作用,经讨论决定增加长期债务,购回部分股票,调整资本结构。经测算,不同债务水平下长期债务税前利率和普通股资本成本率如表 7-6 所示。

表 7-6 长期债务税前利率和普通股资本成本率

B/万元	K_B/%	β	R_f/%	R_m/%	K_s/%
0		1.05	6	11	11.25
200	8%	1.1	6	11	11.5
400	9%	1.15	6	11	11.75
600	12%	1.3	6	11	12.5
800	14%	1.5	6	11	13.5

在表 7-5 中,当 B=200 万元时,$\beta=1.1$,$R_f=6\%$,$R_m=11\%$ 时,$K_s=6\%+1.1\times(11\%-6\%)=11.5\%$;其余同理计算,如表 7-6 所示。

根据式(7-31)~式(7-34)可以计算在不同长期债务规模下的公司价值和公司资本成本

率,计算结果如表7-7所示,根据表7-7可比较确定公司最佳资本结构。

表7-7 公司在不同资本结构下的公司价值和公司资本成本率计算

B/万元	S/万元	V/万元	K_B/%	K_S/%	K_W/%
0	3 333	3 333	—	11.25	11.25
200	3 157	3 357	8%	11.5	11.20
400	2 962	3 362	9%	11.75	11.15
600	2 604	3 204	11%	12.5	11.70
800	2 156	2 956	14%	13.5	12.69

在表7-7中,当B=200万元时,

$$S=\frac{(500-200\times8\%)\times(1-25\%)}{11.5\%}\approx3\ 157(万元)$$

$$V=3\ 157+200=3\ 357(万元)$$

$$K_W=8\%\times\frac{200}{3\ 357}\times(1-25\%)+11.5\%\times\frac{3\ 157}{3\ 357}\approx11.2\%$$

当B=400万元时,

$$S=\frac{(500-400\times9\%)\times(1-25\%)}{11.75\%}\approx2\ 962(万元)$$

$$V=2\ 962+400=3\ 362(万元)$$

$$K_W=9\%\times\frac{400}{3\ 362}\times(1-25\%)+11.75\%\times\frac{2\ 962}{3\ 362}\approx11.15\%$$

当B=600万元时,

$$S=\frac{(500-600\times11\%)\times(1-25\%)}{12.5\%}\approx2\ 604(万元)$$

$$V=2\ 604+600=3\ 204(万元)$$

$$K_W=11\%\times\frac{600}{3\ 204}\times(1-25\%)+12.5\%\times\frac{2\ 604}{3\ 204}\approx11.7\%$$

当B=800万元时,

$$S=\frac{(500-800\times14\%)\times(1-25\%)}{13.5\%}\approx2\ 156(万元)$$

$$V=2\ 156+800=2\ 956(万元)$$

$$K_W=14\%\times\frac{800}{2\ 956}\times(1-25\%)+13.5\%\times\frac{2\ 156}{2\ 956}\approx12.69\%$$

公司全部为股权资本的情况下,其总价值即是其原有股票的市场价值。根据测算结果可知,当公司开始用债务资本部分替换股权资本时,公司总价值上升,加权平均资本成本下降。当债务资本达到400万元时,公司总价值最高,加权平均资本成本最低;当债务资本超过400万元后,公司总价值开始下降,加权平均资本成本开始上升。因此,当债务资本为400万元时的资本结构是该公司的最佳资本结构。

与每股收益分析法和资本成本比较法相比,公司价值比较法充分考虑了公司的财务风险和资本成本等因素的影响,进行资本结构决策以公司价值最大为标准,更符合公司价值最大化的财务目标。但公司价值比较法计算原理和计算过程较为复杂,一般适用于资本规模较大的公司。

本 章 小 结

本章主要讲述了资本成本、杠杆效应、资本结构决策等内容,包含以下要点。

(1) 资本成本就是企业为取得和占用资本而支付的各种费用,包括用资费用和筹资费用。资本成本是比较筹资方式和选择筹资方案、进行资本结构决策的依据,评价投资项目、进行投资决策的依据,评价企业整体业绩的重要依据。

(2) 资本成本包括个别资本成本、综合资本成本和边际资本成本,应掌握个别资本成本、综合资本成本和边际资本成本含义与应用方法。

(3) 经营杠杆指由于企业在生产经营过程中有固定性经营成本的存在,使得企业的息税前利润变动率大于销售收入的变动率。财务杠杆指由于企业在筹资活动中产生的资本成本有固定的债权资本存在,使得企业每股收益变动率大于息税前利润的变动率。财务杠杆系数是指企业普通股每股利润变动率与息税前利润变动率的比值。总杠杆是经营杠杆和财务杠杆综合作用的结果,反映销售数量与每股收益之间的变动关系。

(4) 理解经营杠杆原理、财务杠杆原理和总杠杆原理,掌握经营杠杆系数、财务杠杆系数和总杠杆系数计量方法。

(5) 资本结构是指企业各种资金的构成及其比例关系。广义的资本结构是指企业全部债务与股东权益的构成及其比例关系。狭义的资本结构是指企业各种长期负债与股东权益的构成及其比例关系。

(6) 理解MM理论、代理理论、优序筹资理论等资本结构理论,掌握资本成本比较法、每股收益分析法与公司价值比较法等最佳资本结构决策方法应用。

本章重要概念

(1) 资本成本(cost of capital)
(2) 加权资本成本(weighted average cost of capital,WACC)
(3) 杠杆效应(leverage effect)
(4) 经营杠杆(operating leverage)
(5) 财务杠杆(financial leverage)
(6) 总杠杆(total/Combined leverage)
(7) 资本结构(capital structure)

本章思考题

(1) 什么是筹资费用?什么是用资费用?它们在个别资本成本中分别如何体现?
(2) 计算个别资本成本时,是否应考虑所得税的影响?所得税会对哪些资本成本造成影响?

(3) 长期借款和长期债券的资本成本计算有什么联系和区别?普通股和留存收益的资本成本计算又有什么联系和区别?

(4) 经营杠杆和财务杠杆的原理是什么?它们的影响因素都有哪些?二者谁更容易调节?

(5) 经营杠杆系数、财务杠杆系数和总杠杆系数的变换公式中的数据是哪个期间的数据?这给企业管理带来什么便利之处?

(6) 什么是每股利润无差异点?债券筹资和优先股筹资存在每股利润无差异点吗?为什么?

(7) 什么是最佳资本结构?资本结构对企业价值是否有影响?

案 例

欣泰电气公司筹资

丹东欣泰电气股份有限公司是辽宁欣泰股份有限公司的控股子公司,公司注册资本为7 000万元人民币,主要生产制造、加工和销售MCR磁控电抗器、磁控消弧线圈、铁心电抗器、空心电抗器、电力电容器及成套装置、环氧树脂干式变压器、35kV及以下油浸式变压器、智能配电设备及仪表、高低压配电柜、整流设备、预装式变电站、智能型地下预装式变电站、矽钢片、电磁线等电气产品。2014年1月27日,丹东欣泰电气股份有限公司在深圳创业板上市,欣泰电气(300372),发行股票2 144.50万股,每股发行价16.31人民币,共募集资金金额3.50亿。然而,欣泰电气因欺诈发行于2016年7月5日受到中国证监会行政处罚,公司股票自2016年9月6日起暂停上市。深交所于2017年6月23日决定公司股票终止上市。

欣泰电气公司于2016年7月7日收到证监会的《行政处罚决定书》及《市场禁入决定书》,证监会经过10个月的调查,证监会认定欣泰电气IPO申请文件中的应收账款、现金流等相关财务数据存在虚假记载。截至2013年6月30日,欣泰电气虚构收回应收账款1.6亿元,虚增经营活动产生的现金流净额8 638万元等。此外欣泰电气2013年年报、2014年半年报和年报中也存在虚假记载。根据《深圳证券交易所创业板股票上市规则(2014年修订)》第13.1.8条的规定,公司被认定的违法事实包括:首次公开发行股票并在创业板上市申请文件中相关财务数据存在虚假记载;上市后披露的定期报告中存在虚假记载和重大遗漏。证监会决定对欣泰电气责令改正,给予警告,共计处以832万元的罚款,对温德乙给予警告,并处以892万元罚款;对刘明胜给予警告,并处以60万元罚款;对于晓洋、王永珩给予警告,并分别处以20万元罚款;对孙文东、蔡虹、陈柏超、宋丽萍、陈玉翀给予警告,并分别处以8万元罚款;对蒋光福、赵春年、范永喜、韩冬、孙洪贵给予警告,并分别处以6万元罚款;对王建华、胡晓勇分别处以5万元罚款;对杜晓宁给予警告,并处以3万元罚款;此外,对温德乙、刘明胜采取终身证券市场禁入措施,自证监会宣布决定之日起,终身不得从事证券业务或担任上市公司董事、监事、高级管理人员职务。

因欣泰电气首次公开发行申请文件中存在虚假记载,对判断公司符合法律规定的发行条件构成重大、实质影响,公司依据承诺应履行相应股份回购责任。但欣泰电气表示,由于公司生产经营步履维艰、资金紧张,导致公司按照上述承诺实施股份回购存在现实困难,公司诚恳地向全体投资者郑重致歉。

此外,作为保荐机构,兴业证券董事会同意公司对依法承担的责任主动进行先行赔付,同意公司使用自有资金5.5亿元设立欣泰电气适格投资者先行赔付专项基金,用于先行赔付适格投资者的投资损失,赔付发生后将会对公司业绩产生影响。

证监会2017年6月30日午间发布行政处罚决定书,对北京市东易律师事务所及当事人作出处罚,经查明,东易所在为欣泰电气IPO提供法律服务过程中未勤勉尽责,违反依法制定的业务规则,出具含有虚假记载的文件。责令东易所改正,没收业务收入90万元,并处以180万元罚款;对签署上市法律意见书的郭立军、陈燕殊给予警告,并分别处以10万元罚款。

资料来源:中国证券网、北京商报、WIND数据库整理而得。

思考题:
(1) 资金筹集过程中,如何保障投资者和公司以及相关利益者的合法权益?
(2) 公司管理层应在哪些方面提高自身职业道德意识?
(3) 保荐机构、监管部门、法制部门等应发挥怎样的作用?

第八章　营运资金管理

◆ **学习目标**

1. 了解营运资金管理的有关概念。
2. 理解与掌握营运资金的管理策略。
3. 掌握各类流动资产、流动负债管理与控制方法。
4. 理解营运资金管理职业道德要求。

◆ **知识框架**

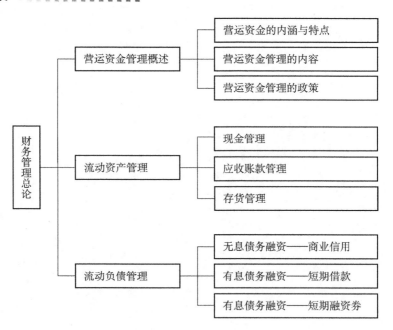

◆ **内容提要**

企业要维持正常的运转就必须要有适量的营运资金,营运资金管理就是对企业流动资产及流动负债的管理。本章主要学习的内容包括营运资金的内涵,营运资金管理政策,现金、短期投资、应收账款、存货等流动资产的管理,商业信用、短期借款、短期融资券等流动负债的管理。

重点难点

教学重点：存货模型。

教学难点：信用政策、存货模型。

引 例

巴西矿产商淡水河谷公司是全球第二大及美洲最大的金属及采矿公司。按产量计，公司是全球最大的铁矿石及铁矿石球团生产商。公司是镍的领先生产商，还是锰矿石及铁合金的领先生产商之一。此外，公司也生产铜、煤、肥料养分、钴、铂族金属及其他产品。为配合公司的采矿业务，公司在巴西经营大型物流系统，包括多条铁路、数个海运码头及一个港口。此外，公司正在建造海上货运船队，以运输铁矿石至亚洲。公司也直接或通过附属公司及共同控制公司投资于能源及钢铁行业。

2020年，根据早前淡水河谷公司的生产计划，今年公司产量在3、4季度继续修复。9月淡水河谷公司在一份公司文件中提出产量计划，将通过增加所有运作的产量来确保每年的铁矿石产能达到4亿吨；文件显示，该公司计划"在未来"甚至可达到4.5亿吨/年产能，但未提及具体日期。淡水河谷公司表示今年的产量目标为3.10～3.30亿吨。

据巴西经济部数据显示，9月份前两周巴西的铁矿石发货量继续创今年新高；铁矿石港口库存连续三周回升，供应紧张的情况有所缓解。而铁矿石价格有所下跌是以宏观地产数据不及预期为导火索，下游钢材消费未能大幅提升，也有迹象表明，铁矿石价格下跌的主要原因包括：主要国际铁矿石矿商都增加了出货量；中国铁矿石库存增加；导致价格升至多年高位的海运市场的紧张状况也正在缓解。

由于外部市场需求多变和国际环境不确定性，淡水河谷公司高层管理者将进一步讨论和择机实施公司增加产量的计划。

资料来源：WIND数据库.

思考：结合案例，分析淡水河谷公司计划提高产量对公司存货管理有何影响；近期铁矿石价格下降对公司营运资金管理有何影响；如果近期、中期下游钢厂补库加速对公司营运资金管理有何影响。

第一节 营运资金管理概述

一、营运资金的内涵与特点

（一）营运资金的内涵

营运资金，又称营运资本，是企业维持日常经营活动正常进行所需的资金。营运资金有广义与狭义之分。广义的营运资金为毛营运资金，也称毛营运资本，是指企业在流动资产上的总投资额；狭义的营运资金为净营运资金，也称净营运资本，通常是指企业流动资产减去流动负债的差额。

(二)营运资金的特点

营运资金的特点一般体现在流动资产和流动负债的特点上,概括为以下特点。

1. 流动性强,周转快

流动资产和流动负债周转一次所需时间较短,一般在一年或一个营业周期内,具有较强的流动性,以满足企业日常经营资金周转需求。

2. 变现能力强

现金、存货、银行存款、应收账款、短期证券投资等流动资产,相对固定资产等长期资产而言比较容易变现,有效满足了临时性或突发性资金需求等。

3. 波动性大

流动资产的数量会随着公司收入及其他环境条件的改变而发生变化,波动性很大,而流动资产数量的改变,也会引起流动负债的数量发生相应变动,从而使得净营运资金也产生较大波动。

4. 风险大

营运资金通常是短期负债融资来满足,如短期借款、应付票据、应付账款等,债务成本低、偿还期较短,偿债风险比长期债务高。

二、营运资金管理的内容

企业营运资金管理主要是对流动资产和流动负债的管理,既要持有适量的营运资金以维持企业日常经营活动能够正常进行,又要降低成本和流动负债的偿债风险。

流动资产过多,营运资金占用量大,会增加企业的财务负担;反之,流动资产不足,资金周转不畅,会影响企业正常经营。流动负债占比过高,企业需要通过日常的经营活动尽快周转资金,以偿还短期债务,一旦周转慢偿还不了债务,企业便会面临财务困境;反之,流动负债占比过低,则需要其他筹集方式满足营运资金需求,则筹资成本高,影响企业的利润。因此,企业营运资金管理的目的就是要合理地配置流动资产和流动负债。

三、营运资金管理的政策

营运资金管理的政策包括两个方面:一是流动资产投资政策,即营运资金持有政策;二是如何确定流动资产的资金来源的政策,即营运资金融资政策。

(一)营运资金持有政策

在不同行业、不同经营规模等情况下,企业营运资金持有量也会有所不同。企业营运资金持有量的确定是根据自身的具体情况和所处的环境条件下,在权衡获利性和风险性的基础上进行考虑和选择的策略。一般而言,企业在流动资产的占用水平上有三种可能的投资策略,如图 8-1 所示。

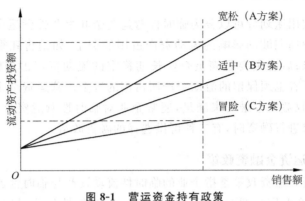

图 8-1 营运资金持有政策

1. 宽松的营运资金持有政策

宽松的营运资金持有政策下(如图 8-1 中的 A 方案),在一定的销售水平上企业在配置流动资产数量时会持有较多的流动资产,即在正常经营需要量和正常保险储备量的基础上,再增加一部分额外的储备量。此时,由于现金、短期有价证券、存货等拥有较多,有效保证企业正常的日常经营活动,同时,流动资产变现能力强,短期偿付风险相对较小,因而企业风险大大降低。然而,在这种策略下,由于现金、短期有价证券的投资收益较低,存货占用资金多,使得资金营运效率下降,企业盈利水平也会降低,投资报酬率相对较低。

2. 适中的营运资金持有政策

适中的营运资金持有政策下(如图 8-1 中的 B 方案),在一定的销售水平上企业在安排流动资产数量时安排正常经营所需要的量,适当安排一定的保险储备量,介于宽松与冒险策略之间。此时,现金、短期有价证券、存货等流动资产刚好满足企业生产经营正常需求,收益和风险相平衡。

3. 冒险的营运资金持有政策

冒险的营运资金持有政策下(如图 8-1 中的 C 方案),在一定的销售水平上企业在安排流动资产数量时只安排正常经营所需要的量,不安排或很少安排除正常经营需要之外的额外流动资产。此时,现金、短期有价证券、存货等流动资产降到最低限度,企业资金占用成本降低,企业收益增加,投资报酬率相对较高。但同时,由于流动资产占比重偏低,短期偿付风险相对较高。

营运资金持有政策收益和风险特点比较见表 8-1。

表 8-1 营运资金持有政策收益和风险特点比较

项 目	程 度		
	低	中	高
流动性	冒险政策	适中政策	宽松政策
获利能力	宽松政策	适中政策	冒险政策
风险	宽松政策	适中政策	冒险政策

(二)营运资金融资政策

企业营运资金按用途划分可以分为临时性营运资金和永久性营运资金。前者主要是用于季节性需求或商业周期波动影响的流动资产占用的资金,如销售旺季增加的存货和应收账款等资金占用需求;后者主要是满足企业长期稳定的流动资产占用的资金需求(最低需求),即使处于经营低谷也须保留的流动资产所占用的资金。营运资金来源可以通过短期负债融资、长期负债和权益资本融资来满足,通常企业对临时性营运资金、永久性营运资金和固定资产的资金需求进行融资时,有三种可供选择的融资政策。

1. 配合型的营运资金融资政策

配合型的营运资金融资政策是指企业的临时性流动资产与临时性流动负债到期日相匹配。在这种政策下,企业用长期融资资金如长期负债、自发性负债、权益资本等来满足永久性流动资产和固定资产等永久性资产的资金需求,只在经营高峰期用临时性流动负债即短期融资的资金来满足临时性流动资产资金需求,如图 8-2 所示。

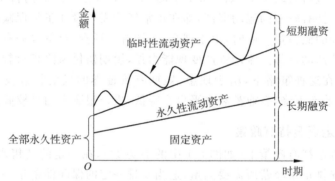

图 8-2 配合型的营运资金融资政策

2. 激进型的营运资金融资政策

激进型的营运资金融资政策是指临时性流动负债不但可以满足临时性流动资产的资金需求,还可以满足部分永久性资产的资金需求,如图 8-3 所示。在这种政策下,由于临时性流动负债占比相对配合型融资政策要大,而且短期负债的资金成本低于长期负债等长期融资的资金成本,所以企业的资金成本低于配合型融资政策。同时,企业临时性流动负债满足了部分永久性资产的资金需求,在这些流动负债到期后企业除偿还该到期债务外还必须重新筹集资金来满足部分永久性资产的资金需求,因而增大了还债风险和筹资风险。

3. 保守型的营运资金融资政策

保守型的营运资金融资政策是指临时性流动负债只满足部分临时性流动资产的资金需求,其他流动资产和长期资产则通过长期融资资金来满足,如图 8-4 所示。在这种政策下,由于临时性流动负债占比相对配合型融资政策要小,企业有较多的营运资金是通过长期融资获得,降低了企业无法偿还到期债务的风险。然而长期负债等长期融资的资金成本高于短期负债的资金成本,所以企业的资金成本高于配合型融资政策,收益也会降低。

营运资金融资政策成本收益和风险特点比较见表 8-2。

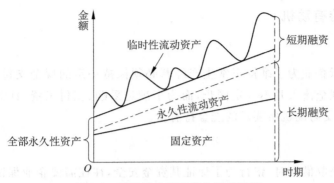

图 8-3　激进型的营运资金融资政策

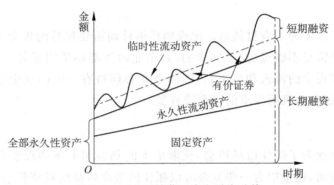

图 8-4　保守型的营运资金融资政策

表 8-2　营运资金融资政策成本收益和风险特点比较

项目	程度		
	低	中	高
资金成本	激进型融资政策	配合型融资政策	保守型融资政策
获利	保守型融资政策	配合型融资政策	激进型融资政策
风险	保守型融资政策	配合型融资政策	激进型融资政策

第二节　流动资产管理

一、现金管理

现金是通用的交换媒介,是指企业的生产经营资金在周转过程中处于货币形态的那部分资金,包括库存现金、银行存款及其他货币资金。现金是变现能力最强的资产,其流动性最强,收益性最弱。因而,对现金的管理就是要在现金的流动性和收益性之间进行权衡选择的过程,即要保证企业正常经营活动所需的资金量,又要尽可能地降低企业闲置的现金量,提高资金收益率。

（一）现金持有动机

1. 交易动机

交易动机是指企业为了维持正常生产经营必须保持一定的现金支付能力。一般来说，企业销售收入与现金流入并不一定同步，而为了满足采购、支付工资、日常零星支出等需要的现金余额，就是交易动机所要求的现金持有量。

2. 补偿动机

企业在银行获取借款时，银行为了保证其资金安全，往往需要企业保留一定的存款余额作为补偿性余额，这就是补偿动机所导致企业需要增加的现金持有量。

3. 预防动机

预防动机是指企业为了应付紧急情况或偶然事件而需要保持的现金支付能力。由于现金的流入和流出经常是不确定的、不同步的，且企业内外部环境因素复杂和多变，企业较难准确的估计和预测现金的流入和流出量，因而企业必须持有一定的现金余额来保证经营活动正常进行，即为预防动机所要求的现金持有量。

4. 投资动机

投资动机是企业为了抓住市场机会，获取更大的利益而准备的现金余额。企业除了开展正常生产经营活动，还希望有一些资金可以抓住回报率较高的投资机会，这就是投资动机所要准备的现金持有量。

（二）持有现金成本

企业持有现金的成本主要包括以下四个方面。

1. 管理费用

现金持有成本是指企业因保留一定的现金余额而增加的管理费用。企业保留现金时，会发生管理人员工资、必要的资金安全保管费用等，这部分费用在一定范围内与现金持有量的多少关系不大，一般属于固定成本。

2. 持有成本

现金持有成本是指企业因保留一定的现金余额而丧失的投资收益，也称机会成本。企业保留现金，会失去该部分现金进行其他投资所获得的投资收益，属于变动成本，它与现金持有量呈正比例关系。

3. 转换成本

现金转换成本是指企业购入有价证券及转让有价证券换取现金时付出的交易费用，即现金同有价证券之间相互转换的成本。转换成本既有按成交额计算的，也有按照有价证券与现金转换次数计算的费用。现金持有量越多，通过有价证券转换为现金的次数就会减少，因而固定性转换成本与现金持有量呈反方向变动关系。

4. 短缺成本

现金短缺成本是指在现金持有量不足而又无法及时通过有价证券转换或其他资产变现加以补充,导致企业发生的损失。现金的短缺成本与现金持有量呈反比例关系。

(三) 最佳现金持有量的确定

企业确定最佳现金持有量的方法主要有成本分析法、存货模型和米勒—奥尔模型等。

1. 成本分析法

成本分析法是根据现金的有关成本,分析和预测现金总成本最低时现金持有量的一种方法。在运用成本分析法确定最佳现金持有量时,一般只考虑现金持有成本和短缺成本,不考虑管理费用和转换成本。由于持有成本是因持有现金而丧失的再投资收益,因而持有成本与现金持有量正比例关系可表达如下:

$$持有成本 = 现金持有量 \times 有价证券利率(或收益率)$$

由于现金短缺成本与现金持有量呈反比例关系,因此,成本分析法下的最佳现金持有量即持有成本和短缺成本之和为最小值时的现金持有量。

【例 8-1】 天行公司现有 A、B、C、D 四种现金持有量方案,有关成本资料如表 8-3 所示。

表 8-3　天行公司现金持有量备选方案　　　　　　　　　　单位:万元

项　　目	A	B	C	D
现金持有量	1 000	2 000	3 000	4 000
有价证券利率(机会成本率)	12%	12%	12%	12%
短缺成本	500	300	100	0

首先,根据不同现金持有量测算各备选方案的有关成本数值,如表 8-4 所示。

其次,计算各个现金持有量备选方案的持有成本和短缺成本之和,即总成本,如表 8-4 所示。

最后,在备选方案中找出总成本最低时的现金持有量,即是最佳现金持有量。

表 8-4　天行公司现金持有量备选方案成本测算　　　　　　单位:万元

方案	现金持有量	持有成本(机会成本)	短缺成本	相关总成本
A	1 000	120	500	620
B	2 000	240	300	540
C	3 000	360	100	460
D	4 000	480	0	480

根据现金持有量成本测算表可知,最佳现金持有量是 3 000 万元,相关总成本最低为 460 万元,选择 C 方案。

2. 存货模型

存货模型是美国学者鲍莫尔(W.J.Baumol)于 1952 年提出的存货经济订货批量模型,

又称 Baumol 模型。利用存货模型计算现金最佳持有量时，只考虑现金持有成本和固定性转换成本，不考虑短缺成本。由于现金持有成本与现金持有量呈正比例关系，固定性转换成本与现金持有量呈反方向变动关系，因而能够使现金管理的持有成本与固定性转换成本之和保持最低的现金持有量，即为最佳现金持有量。其计算公式如下：

现金持有总成本＝持有成本＋固定性转换成本

$$TC = \frac{Q}{2} \cdot K + \frac{T}{Q} \cdot F \tag{8-1}$$

其中，持有成本＝$\frac{Q}{2} \cdot K$，固定性转换成本＝$\frac{T}{Q} \cdot F$。

式中，TC 表示现金持有总成本；Q 表示现金持有量；K 表示单位现金的持有成本（一般采用被放弃的有价证券的收益率或从银行借款的利率）；F 表示每次现金转换的固定成本；T 表示一个周期内现金总需求量。

存货模型的现金持有总成本如图 8-5 所示。

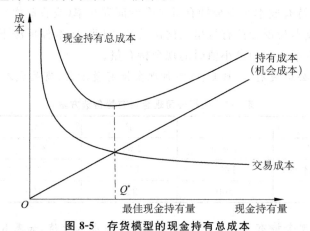

图 8-5　存货模型的现金持有总成本

通过对式(8-1)中的现金持有量 Q 求导数，令其等于 0，则得到最佳现金持有量 Q^*：

$$Q^* = \sqrt{\frac{2FT}{K}} \tag{8-2}$$

将式(8-1)代入式(8-2)计算得到最佳现金持有量下的最低成本为

$$TC^* = \sqrt{2FTK}$$

【例 8-2】　天行公司每月现金需求总量为 125 000 元，每次现金转换的成本为 1 200 元，有价证券的利率为 12%，求该公司最佳现金持有量、最低成本及转换次数。

$$Q^* = \sqrt{\frac{2FT}{K}} = \sqrt{\frac{2 \times 1\,200 \times 125\,000}{12\%}} = 50\,000(\text{元})$$

$$TC = \frac{Q}{2} \cdot K + \frac{T}{Q} \cdot F = \frac{50\,000}{2} \times 12\% + \frac{125\,000}{50\,000} \times 1\,200 = 6\,000(\text{元})$$

3. 米勒—奥尔(Miller-Orr)模型

米勒—奥尔模型是 1966 年由米勒(Merton Miller)和奥尔(Daniel Orr)两位学者创建的，是一种随机模型。由于在实际工作中企业现金流量往往具有很大不确定性，其变化是随机的,对现金持有量进行管理只能确定一个控制区域。米勒—奥尔模型假定每日现金流量接近正态分布,规定每日现金余额的上限和下限,当企业现金余额在上限和下限之间波动时,则表明企业现金持有量处于合理可控的范围。当现金余额达到上限时,可将部分现金转换为有价证券,当现金余额下降到下限时,可卖出部分证券,补充现金持有量。该模型如图 8-6 所示,由一条回归线与两条控制线构成。

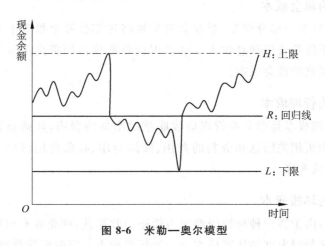

图 8-6 米勒—奥尔模型

回归线的 R 值(也称均衡点)可按下列公式计算:

$$R = \sqrt[3]{\frac{3F\sigma^2}{4K}} + L \tag{8-3}$$

式中,R 为回归点或均衡点;σ 为企业每日现金流量变动的标准差;K 为以日为单位计算的现金持有成本;F 为每次现金转换的固定成本;L 为企业设定的现金持有量下限值。

现金持有量上限值 H 的计算公式如下:

$$H = 3R - 2L \tag{8-4}$$

【例 8-3】 天行公司财务部经讨论决定现金持有量下限为 15 000 元,估计企业每日现金流量标准差为 1 200 元,有价证券利率为 13%,假设一年以 360 天计算,每次现金转换的固定成本为 180 元,求现金余额回归点和现金持有量上限值。

$$R = \sqrt[3]{\frac{3F\sigma^2}{4K}} + L = \sqrt[3]{\frac{3 \times 180 \times 1\,200^2}{4 \times 13\% \div 360}} + 15\,000 = 23\,135(元)$$

$$H = 3 \times 23\,135 - 2 \times 15\,000 = 39\,405(元)$$

二、应收账款管理

(一)应收账款的含义及作用

应收账款是指企业在正常经营活动中销售商品或提供劳务等的过程中,由于向客户提供商业信用,采取赊销、分期付款等方式增加销售,因而产生的应向购货或接受劳务的客户收取的款项。

应收账款的主要作用有两个:一是促进销售,从而增加收入和利润;二是减少企业产成品存货占用的资金,降低仓储费用、管理费用等,从而提高收益。

（二）应收账款的成本

应收账款作为企业为扩大销售和获取收益而进行的一项投资，也会发生一定的成本，主要有以下几种成本。

1. 应收账款的机会成本

应收账款占用企业一部分资金，企业会丧失掉将这部分资金投资于其他项目而可能获得的收益，如投资于债券获得利息收入。这种因应收账款占用资金而放弃其他投资所带来的收益，即为应收账款的机会成本。

2. 应收账款的管理成本

应收账款的管理成本是指企业管理应收账款时增加的费用，如调查客户信用状况所发生的费用、收集或购买相关信息和资料的费用、账簿费用、收账费用、数据处理费用、相关管理人员和工作人员成本等。

3. 应收账款的坏账成本

在实际工作中，由于客户种种原因而无力偿还应收账款，则企业有可能因无法收回应收账款而发生损失，这种损失就是坏账成本。一般坏账成本与应收账款数额成正比例关系。

 小贴士

商业信用是企业在商品或劳务交易过程中，以延期收款或预付货款的方式进行购销活动而形成的企业间的借贷关系，比如应收账款、预付账款等典型形式。商业信用一般处于自发状态，大多数企业对于自己的商业伙伴到底应给予多大信用主要是实现销售目标的需要和经营者的判断。对于企业可以承载或拥有多大的商业信用，没有明确的法规界定，也有专门的监管部门和机构，也没有一定的监管制度和查询渠道，因而商业信用的履行更多是要依靠诚信和自觉履约，相关利益方需要按照交易合同或协议要求履行相应的责任和义务，如偿还相应款项、借贷资金本息、按时按质交货等。

（三）信用政策

信用政策是指应收账款的管理政策，是企业为了对应收账款进行规划和控制的制度规范，包括信用标准、信用条件和收账政策。

1. 信用标准

信用标准是指客户获得企业提供信用订单时所必须达到的最低条件，通常以预期坏账损失率作为判别标准。如果企业采用较严的信用标准，则会对信誉较好、坏账损失率很低的客户提供信用订单，此时坏账损失和应收账款的机会成本会下降，但可能限制企业销售机会和降低企业销售量；反之，企业如果执行信用标准过于宽松，将利于企业扩大销售量，但可能会对信誉不高、信用风险较大的客户提供赊销，因此会增加相应的应收账款管理成本和坏账成本。

2. 信用条件

信用条件是指企业要求赊购客户支付货款的条件,由信用期限、折扣期限和现金折扣三个要素组成,折扣期限和现金折扣也称折扣条件。信用期限是企业允许客户从购货到付款之间的时间,或者说企业给予客户最长的付款时间。折扣期限是为客户提供的可享受现金折扣的付款时间,现金折扣是在客户提前付款时企业给予客户的优惠。现金折扣常用"5/10,2/20,N/30"的形式表示,即 5/10 表示 10 天内付款可以享受 5% 的价格优惠,即只需要支付原价的 95%;2/10 表示 20 天内付款可以享受 2% 的价格优惠,即只需要支付原价的 98%;N/30 表示付款的最后期限是 30 天,此时客户支付账款没有优惠。提供比较优惠的信用条件,可以扩大企业销售量,但同时也会增加企业应收账款的机会成本、现金折扣成本。

3. 收账政策

收账政策是指客户违反信用条件时企业采取的收账策略与措施。企业如果采取较积极的收账政策,则可能会减少应收账款占用资金,减少坏账损失,但会增加企业的收账费用;如果企业采用较消极的收账政策,则可能会增加应收账款投资,增加坏账损失,但会减少企业的收账成本。收账费用与坏账损失关系如图 8-7 所示。

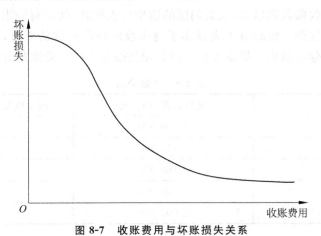

图 8-7 收账费用与坏账损失关系

(四) 应收账款日常管理

应收账款的日常管理包括对客户的信用调查和分析评价、应收账款的催收工作等。

1. 信用调查

信用调查是指收集和整理反映客户信用状况有关资料的工作,是正确评价客户信用的前提条件。信用调查方法可分为以下两类。

(1) 直接调查。直接调查是指调查人员通过直接与被调查单位接触,通过当面采访、询问、观看、记录等方式获取客户信用资料的一种方法。这种方法可以保证收集资料的准确性和及时性,但也有局限性,若不能得到被调查客户的配合,则会影响调查工作质量。

(2) 间接调查。间接调查是指以被调查客户和其他客户保存的有关原始记录和核算资料为基础,通过加工整理获得客户信用资料的一种方法。这些资料主要来源有:财务报表、信用评估机构、银行机构和其他部门,其他部门如财税部门、工商管理部门等。

2. 评估客户信用

企业收集好客户信用资料后,需要对这些资料进行分析和评价。企业一般采用"5C"评估法,即品德(character)、能力(capacity)、资本(capital)、抵押品(collateral)和条件状况(condition)。企业还可采用信用评分法,指对一系列财务指标和信用情况指标进行评分,然后进行加权平均,从而得到客户综合的信用评估分值。在信用等级划分时,目前有两种:一种是三类九等,即 AAA、AA、A、BBB、BB、B、CCC、CC、C 九等,其中 AAA 为信用最优等级,C 为信用最低等级;另一种是分为三个等级,即 AAA、AA、A。

3. 应收账款监控

(1)应收账款周转天数。应收账款周转天数,也称平均收账期,计算方法如第三章所述。将企业当前的应收账款周转天数与企业原设定的信用期限、历史趋势、行业正常水平进行比较,可以反映企业的收款水平,但有时应收账款周转天数可能受销售量的变动趋势和销售季节性变化的影响较大。

(2)账龄分析表。账龄分析表是将所有应收账款按账龄进行分类,可将应收账款分为未到信用期限的应收账款和以 30 天为间隔的逾期应收账款,列出每一类的应收账款金额和占应收账款总额的比例。账龄分析表描述了尚未收回应收账款的质量,企业可以根据回收情况及时采取相应催收措施。假定天行公司信用期限为 30 天,则账龄分析如表 8-5 所示。

表 8-5 账龄分析

账龄/天	应收账款金额/元	占应收账款总额的比例/%
0~30	1 500 000	75
31~60	240 000	12
61~90	160 000	8
91 以上	60 000	3
合计	2 000 000	100

(3)应收账款催收。企业应采取多种手段和措施,争取尽早按期收回款项,否则会因款项拖欠过长而发生坏账损失。因而,企业需要对应收账款的收益和成本进行合理的利弊权衡,制定切实可行的收账政策。通常企业可以采取的催收方式有邮寄账单、电话催收、派人上门催收、法律诉讼等。

三、存货管理

(一)存货的含义和成本

存货是指企业在日常经营活动中持有以备出售的产成品或商品、处在生产过程中的在产品,以及在生产过程或提供劳务过程中耗用的材料和物料等,包括原材料、在产品、产成品及商品、燃料、低值易耗品、协作件等。企业持有一定量的存货,目的主要有:保证正常生产或销售的需要,有时为了获取整批购买可享受的价格优惠,企业持有存货保险储备可以避免或减少意外事件带来的损失。但是,过多的存货要占用企业较多资金,同时还会增加仓储费、保险费、维护费、管理人员工资等开支。因此,存货管理的目标,就是要在保证满足正常生产和销售需要的情况下,最大限度地降低存货成本。存货的成本具体包括采购成本、订货成本、储存成本、缺货成本。

1. 采购成本

采购成本是指企业为购买存货本身所支出的成本,一般用数量与单价的乘积来确定。年需求量用 D 表示,单价用 P 表示,则采购成本为 DP。

2. 订货成本

订货成本是指企业为订购材料、商品而支出的成本,如采购人员差旅费、邮资、电话费、运输费等支出。订货成本一般与订货数量无关,而与订货次数有关。

3. 储存成本

储存成本是指企业为保持存货而发生的成本,包括仓储费用、搬运费用、保险费用、存货破损和变质损失、存货占用资金所支付的利息费等。储存成本一般会随着平均存货量变动而变化。

4. 缺货成本

缺货成本是指企业在存货短缺时而造成的损失,包括生产中断造成的停工损失、销售不畅造成的拖欠发货损失、丧失销售机会的损失及商誉损失等。

(二) 经济订货批量

1. 基本模型

经济订货批量是指在不考虑缺货成本的情况下,能使企业在一定时期存货的总成本最低的进货数量。经济订货批量基本模型是一种较理想的模型,也称存货模型或 Baumol 模型,在实际应用中存在一定缺陷,如模型成立的条件有不允许缺货、单位货物成本为常数而没有批量折扣等,由于现实存在这些情况,因而在应用中还需要对经济订货的基本模型做一些修正。经济订货批量下的存货总成本如图 8-8 所示。

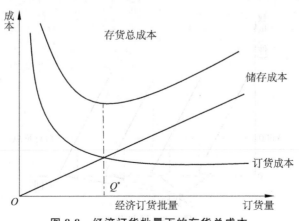

图 8-8 经济订货批量下的存货总成本

$$存货总成本 = 储存成本 + 订货成本$$

$$TC = \frac{Q}{2} \cdot H + \frac{T}{Q} \cdot F \tag{8-5}$$

其中,储存成本 $= \frac{Q}{2} \cdot H$,订货成本 $= \frac{T}{Q} \cdot F$。

式中,TC 为存货总成本;Q 为存货经济订货批量;H 为单位存货的年储存成本;F 为每次订货的固定成本;T 为存货年总需求量。

通过对式(8-5)中的经济订货批量 Q 求导数,令其等于 0,则得到经济订货批量 Q^*:

$$Q^* = \sqrt{\frac{2FT}{H}} \tag{8-6}$$

将式(8-6)代入式(8-5)计算得到最佳现金持有量下的最低成本:

$$TC^* = \sqrt{2FTH}$$

【例 8-4】 天行公司每年需要原材料总量为 600 000 件,每次订货的固定成本为 3 000 元,每件材料年储存成本为 100 元,求该公司经济订货批量、最低成本。

$$Q^* = \sqrt{\frac{2FT}{H}} = \sqrt{\frac{2 \times 3\,000 \times 600\,000}{100}} = 6\,000(件)$$

$$TC = \frac{Q}{2} \cdot H + \frac{T}{Q} \cdot F = \frac{6\,000}{2} \times 100 + \frac{600\,000}{6\,000} \times 3\,000 = 600\,000(元)$$

2. 再订货点

再订货点是指企业为确保存货用完时所订的货刚好到达,再次发出订货单时应保持的存货库存量。再订货点在数值上等于平均交货时间和每日平均存货消耗量的乘积,如式(8-7):

$$R = L \cdot d \tag{8-7}$$

式中,R 为再订货点;L 为平均交货时间;d 为每日平均存货消耗量。

【例 8-5】 天行公司每次订购原材料的在途时间为 3 天,每天平均消耗材料 1 200 件,求该公司的再订货点。

$$R = L \cdot d = 3 \times 1\,200 = 3\,600(件)$$

根据计算结果表明,当天行公司的库存原材料数量最低到 3 600 件时,就需要发出订货指令。再订货点如图 8-9 所示。

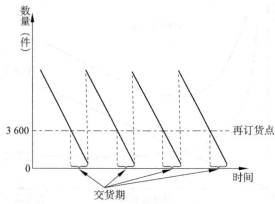

图 8-9 再订货点

3. 保险储备

保险储备也称安全储备,企业为保持供需稳定,保证正常的生产经营,一般不允许库存原料降到零,以免因出现缺货而造成损失,为此企业应保留一定量的库存储备,即为保险储备。图 8-10 显示了企业在有保险储备时的存货水平,处于再订货点时,企业按经济订货批量 Q^* 订货,在交货期内,如果对存货需求量增加,或由于交货时间延误等原因,企业可能发生缺货,此时可使用保险储备量。再订货点等于交货期内的预计需求与保险储备之和。保险储备虽然保障企业在不确定条件下可正常生产,降低了缺货成本,但同时也增加了存货的储存成本。因而,企业需要在缺货成本与储存成本之间进行权衡。

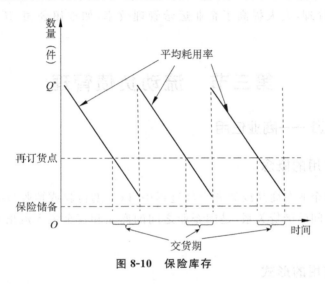

图 8-10 保险库存

(三) 存货控制

存货管理不仅要确定适当的存货水平,还要建立相应的存货控制体系。目前常见的有存货归口分级控制、ABC 分类控制和适时制控制管理等。

1. 存货归口分级控制

存货归口分级控制包括以下内容:①财务部门对存货资金实行统一管理,促进部门间相互协调,利于资金使用平衡和加速周转;②实行资金归口管理,即每项资金由哪个部门使用,就归哪个部门管理,物资管理与资金管理相结合;③实行资金分级管理,即企业将资金使用计划分解到各下属部门或个人,层层落实分级管理。

2. ABC 分类控制

ABC 分类控制是把企业种类繁多的存货,根据其重要程度、价值大小或资金占用多少等标准分成 A、B、C 三大类,分别按类别管理。A 类存货作为管理的重点,实行重点控制与严格管理政策,B 类和 C 类存货的重视程度则可依次降低,采取相应的对策进行管理与控制。一般常用的标准有金额标准和品种数量标准两个。

3. 适时制控制

适时制控制系统又称零库存管理系统,最早由丰田公司提出并进行有效应用。适时制控制系统基本运行思路是企业预先和供应商与客户协调好,只有当企业在生产过程中需要原材料或零配件时,供应商才会将原材料或零配件送到企业;当企业产品生产出来就会马上被客户拉走。由此,企业的物资供应、生产和销售形成连续同步运动过程,此时,企业内部的存货数量减少到一个生产批次恰好需要的数量,库存没有替代品。适时制下,要求原材料或每一个零部件都必须是合格品,需要稳定而标准的生产程序和诚信的供应商,否则任何一个环节出现差错都将导致整个生产线停止。利用适时制控制系统可以减少甚至消除对存货的需求,达到零库存管理,大大提高了企业运营管理效率,如丰田公司、沃尔玛公司、海尔公司等。

第三节 流动负债管理

一、无息债务融资——商业信用

(一) 商业信用的概念

商业信用是指企业在商品或劳务交易过程中,以延期付款或预收货款的方式进行购销活动而形成的企业间的借贷关系,是因企业之间的商品和资金流入流出不同步而形成的直接信用行为。

(二) 商业信用的形式

商业信用的表现形式有应付账款、应付票据、预收货款及其他应计未付款等形式。

1. 应付账款

应付账款是供应商给企业提供的一种商业信用。供应商允许企业延期支付货款,商业信用便成为企业短期资金来源。同时,供应商为了控制货款的回收期限和额度,尽快收回资金,往往会向买方企业提出信用条件,包括信用期限、现金折扣与折扣期限,如"N/30"表示30天内按发票金额全数支付,"2/10,N/30"表示10天内付款可以享受现金折扣2%,若超过10天,30天内付款,则表示企业放弃折扣而在信用期内付款。通常,放弃现金折扣的成本较高,企业需要仔细分析决策是否享受现金折扣。企业放弃了享受现金折扣而选择在信用期内付款,则放弃的现金折扣可称为放弃现金折扣的信用成本。

【例 8-6】 天行公司购入货物 100 万元,供应商给天行公司的信用条件是"2/10,N/30",求放弃现金折扣的信用成本。(假设一年 360 天)

$$放弃现金折扣的信用成本 = \frac{折扣率}{1-折扣率} \times \frac{360 天}{信用期-折扣期}$$

$$= \frac{2\%}{1-2\%} \times \frac{360}{30-10} = 36.73\%$$

从放弃现金折扣的信用成本的计算式可知,放弃折扣的成本与折扣百分比大小、折扣期长短和信用期长短有关系,与货款额和折扣额没有关系。企业在放弃折扣的情况下,付款的信用期限越长,其信用成本便会越小,但如果超过信用期限,进入展期商业信用,往往会影响企业信誉,可能招致更加苛刻的信用条件。

企业放弃应付账款现金折扣有可能是企业资金暂时缺乏,也可能是将应付账款用于临时性短期投资,以获得更高的投资收益。因而,企业在进行是否放弃现金折扣的信用决策时,如果企业将应付账款用于短期投资,所获得的投资收益率要高于放弃现金折扣的信用成本;反之,应选择折扣期付款。

2. 应付票据

应付票据是指企业在商品购销活动中,因采用商业汇票结算方式而产生的商业信用。应付票据可以带利率,也可以不带利率,利率一般低于银行借款利率。

3. 预收货款

预收货款是指销货单位按照合同或协议约定,在发出货物之前向购货单位预先收取部分或全部货款的信用行为。一般是针对热销的、紧缺的、生产周期长的、造价较高的商品采用预收货款方式销货。

4. 应计未付款

应计未付款是企业在生产经营和利润分配过程中已经计提但尚未以货币支付的款项,比如应付职工薪酬、应交税费、应付利润或应付股利等。应计未付款项相当企业从职工、股东、政府等获得的信用,随着企业规模扩大而增加,因为支付这些款项是有一定时间要求的,企业在这段时间内使用这些自然形成的资金无须付出代价,但不是总能控制这些款项和不能总拖欠这些款项,以免给企业带来损失。

(三)商业信用的优缺点

1. 商业信用的优点

(1)商业信用容易获得,使用方便。比如,商业信用与企业商品买卖同时进行,大多数企业在持续正常经营过程中会形成一批相互信任的客户,应付账款、预收账款等则自然产生,商业信用提供方不需要对企业经营状况和风险做严格的考量,不附加条件,手续也没有银行借款那样复杂。

(2)商业信用成本在没有现金折扣或企业不放弃现金折扣的情况下一般比较低。

(3)企业有较大的机动权,受限制少。企业能够根据需要,灵活使用且有弹性,可以选择决定筹资的金额大小和期限长短,比银行借款等其他方式灵活,可与商业信用提供方协商请求延长付款时限。同时,银行借款规定的一些限制条件多,商业信用限制少。

2. 商业信用的缺点

商业信用的缺点主要是:期限短,还款压力大,对企业现金使用效率要求高,如果企业经常拖欠账款,有损企业的信誉;如果企业享受现金折扣,则付款时间会更短,而放弃现金折扣,企业会付出较高的资金成本;此外,商业信用筹资受外部环境影响较大,比如,当商业市场求大于供时,或者资金市场资金供应紧缩,卖方可能停止提供商业信用。

二、有息债务融资——短期借款

短期借款是指企业向银行或其他金融机构借入的期限在一年以内(含一年)的各种贷款。目前,我国短期借款按照目的和用途分,主要有生产周转借款、临时借款、结算借款、票据贴现借款等。

(一)短期银行借款的信用条件

银行或其他金融机构向企业贷款时,一般会附加一定的信用条件,常见的有信用额度、周转授信协议、补偿性余额等。

1. 信用额度

信用额度是指借款企业与银行在协议中规定的最高借款限额,信用额度有限期限通常为1年。借款企业在规定的期限内,可以随时向银行借入不高于信用额度的资金。但银行并没有义务承担必须支付全部信用额度的资金数额,如果企业信誉恶化,即使在信用额度内,企业也可能得不到借款,而银行不须承担法律责任。

2. 周转授信协议

周转授信协议是银行具有法律义务地承诺在规定的期限内向借款企业提供不超过某一最高限额的贷款协议。与信用额度不同,银行如未按协议规定提供借款须承担法律责任,但同时,借款企业必须向银行支付一笔承诺费,以保证履行借入规定额度资金的义务。如果借款企业在规定期限内不能如数借款,承诺费将归银行所有,通常对借款限额的未使用部分要付给银行承诺费。

3. 补偿性余额

补偿性余额是银行要求借款企业在银行中保持按贷款限额或实际借款额一定比例计算的最低存款余额,比例通常在10%~20%。补偿性余额有助于降低银行贷款风险,补偿银行可能遭受的损失。例如,企业需要借入短期借款90万元用于仓库扩建,银行要求企业必须保留贷款额的10%作为补偿性余额。此时,公司必须要借入100万元才能满足资金需求,如果银行短期借款利率为9%,则对企业而言,实际负担的利率要高于名义利率9%,实际负担的利率就是10%。计算式如下:

$$\frac{1\,000\,000 \times 9\%}{1\,000\,000 \times (1-10\%)} = 10\%$$

(二)短期借款的成本

短期借款的成本主要有利息、手续费等。短期借款成本的高低主要与贷款利率、利息支付方式有关。例如,银行向信誉好、贷款风险低的企业提供较低的利率,反之,提供较高的利率。短期借款利息的支付方式有收款法、贴现法、加息法等。

1. 收款法

收款法是在借款到期时向银行支付利息的方法。通常,银行按单利计算收取短期借款利息,即单利计息,利息在借款到期日随本金一并支付,此时短期借款的实际利率就是名义利率。

2. 贴现法

贴现法又称折现法,是指银行在发放贷款时,先从本金中扣除贴现利息部分,以贷款面值与贴现利息的差额贷给企业,到期时借款企业偿还全部贷款本金的方法。贴现法下,借款企业可以使用的资金是贷款本金与贴现利息的差额,因此,企业贷款的实际利率要高于名义利率。

【例8-7】 天行公司以贴现方式从银行取得借款100万元,期限1年,年利率9%,实际拿到资金91万元,利息9万元,求短期借款的实际利率。

$$短期借款的实际利率 = \frac{利息}{贷款金额-利息} = \frac{1\,000\,000 \times 9\%}{1\,000\,000 - 90\,000} = 9.89\%$$

3. 加息法

加息法是银行发放分期等额偿还贷款时采用贷款总额和名义利率来计算收取利息的方法。加息法下,由于借款企业可以使用的借款逐期减少,但是利息仍按贷款总额计算,因而企业所负担的利息费用相对较高,实际利率便高于名义利率。

【例8-8】 天行公司从银行取得借款100万元,年利率9%,分12个月等额偿还本息,求短期借款的实际利率。

由于贷款本金分期均衡偿还,因而企业全年平均拥有的贷款额为50万元(100/2=50万元)。

$$短期借款的实际利率 = \frac{利息}{贷款金额/2} = \frac{1\,000\,000 \times 9\%}{1\,000\,000/2} = 18\%$$

(三) 短期借款的优缺点

1. 短期借款的优点

短期借款的优点主要有:银行资金充足;企业取得短期借款的条件和手续较简便,筹资快;借款数额和借款时间弹性大,企业可灵活安排在资金需要时借入,资金需求减少时还款。

2. 短期借款的缺点

短期借款的缺点主要有:短期借款的资金成本相对商业信用、短期融资券要高;向银行借款,企业受到的限制较多,如流动比率、负债比率等财务指标有一定的范围要求;筹资风险大,实际利率较高等。

三、有息债务融资——短期融资券

(一) 短期融资券含义

短期融资券是指企业为筹集短期资金而依法发行的无担保短期本票,又称商业票据、短期债券。短期融资券是企业根据《银行间债券市场非金融企业债务融资工具管理办法》的条件和程序,在银行间债券市场发行和交易并约定在一定时间内还本付息的有价证券。

（二）短期融资券的种类

（1）按发行人分类，短期融资券可分为金融企业的融资券和非金融企业的融资券。我国目前发行和交易的是非金融企业的融资券。

（2）按发行方式分类，短期融资券可分为经纪人承销的融资券和直接销售的融资券。非金融企业发行短期融资券一般采用间接承销的方式，金融企业发行短期融资券一般采用直接发行的方式。

（三）短期融资券的特点

短期融资券的特点主要有：短期融资券的期限较短；相比企业债券而言，短期融资券筹资成本较低；相比银行借款而言，短期融资券筹资数额较大；发行人信誉高，因而短期融资券市场流动性较强；短期融资券的发行条件比较严格，企业一般要具备一定的信用等级、实力较强等条件才能发行短期融资券。

本 章 小 结

本章主要讲述了营运资金的内涵、营运资金管理政策、流动资产管理、流动负债管理等内容，包含以下要点。

（1）营运资金是企业维持日常经营活动正常进行所需的资金。广义的营运资金是指企业在流动资产上的总投资额；狭义的营运资金是指企业流动资产减去流动负债的差额。

（2）营运资金管理政策包括流动资产投资政策和营运资金融资政策。流动资产投资政策有三种可能的投资策略：宽松的营运资金持有政策、适中的营运资金持有政策、冒险的营运资金持有政策。营运资金融资政策有三种可供选择：配合型的营运资金融资政策、激进型的营运资金融资政策、保守型的营运资金融资政策。

（3）现金常见持有动机有交易动机、补偿动机、预防动机、投资动机，持有现金的成本主要包括持有成本、转换成本和短缺成本。确定最佳现金持有量的方法主要有成本分析法、存货模型和米勒—欧尔模型等。

（4）应收账款的成本主要有机会成本、管理成本、坏账成本等；应收账款信用政策是指应收账款的管理政策，是企业为了对应收账款进行规划和控制的制度规范，包括信用标准、信用条件和收账政策。应收账款的日常管理包括对客户的信用调查和分析评价、应收账款的催收工作等。

（5）存货管理的成本具体包括采购成本、订货成本、储存成本、缺货成本。经济订货批量是指在不考虑缺货成本的情况下，能使企业在一定时期存货的总成本最低的进货数量。再订货点是指企业为确保存货用完时所订的货刚好到达，再次发出订货单时应保持的存货库存量。保险储备是企业为保持供需稳定，保证正常的生产经营，避免缺货而保留一定量的库存储备。存货控制方法常见的有存货归口分级控制、ABC分类控制和适时制控制管理等。

（6）商业信用是指企业在商品或劳务交易过程中，以延期付款或预收货款的方式进行购销活动而形成的企业间的借贷关系。其表现形式有应付账款、应付票据、预收货款及其他应计未付款等形式。

（7）短期借款是指企业向银行或其他金融机构借入的期限在一年以内（含一年）的各种贷款。银行或其他金融机构向企业贷款时，一般会附加一定的信用条件，常见的有信用额度、周转授信协议、补偿性余额等。短期借款的成本主要有利息、手续费等。

（8）短期融资券是指企业为筹集短期资金而依法发行的无担保短期本票，又称商业票据、短期债券。

本章重要概念

营运资金（working capital）
流动资产（current asset）
流动负债（current liability）
现金（cash）
最佳现金持有量（optimal cash holding）
存货（inventory）
经济订货批量（economic order quantity）
应收账款（accounts receivable）
信用政策（credit policy）
商业信用（business credit）
短期借款（short-term bank loan）
短期融资券（short-term commercial paper）

本章思考题

（1）什么是营运资金？它有哪些特点？
（2）如何理解营运资金的管理策略？
（3）什么是经济订货批量模型？
（4）什么是现金的机会成本？
（5）什么是应收账款的机会成本？企业的信用政策主要包括哪几个方面？
（6）存货的持有成本包括哪些内容？
（7）无息债务融资和有息债务融资之间的区别是什么？
（8）如何理解放弃现金折扣的信用成本？

案 例

百川智能的营运资金

唐山百川智能机器股份有限公司（简称百川智能），主要从事轨道交通机车车辆检修检测设备的研发、生产和销售,致力于为轨道交通行车安全提供可靠保障,是行业内主要的轨道交通机车车辆检修检测设备提供商。

从百川智能公司招股说明书的财务数据显示,2017 年至 2020 年第一季度,公司分别实现营业收入 60 126.58 万元、72 232.19 万元、82 293.87 万元和 7 441.22 万元;实现归属于母公司所有者的净利润 11 607.37 万元、5 860.03 万元、22 007.59 万元和 1 826.22 万元。报告期内,公司主营业务收入主要来源于轨道交通机车车辆检修设备、轨道交通机车车辆检测设备、安全作业管控设备及维保服务等。

报告期各期末,公司应收账款净额分别为 57 113.78 万元、53 033.60 万元、64 317.94 万元和 53 999.11 万元,占公司资产总额的比例分别为 39.42%、37.04%、38.92% 和 32.68%,应收账款金额较大、占资产比例较高。如果公司不能对应收账款实施有效的对账和催收管理,或者客户经营情况发生重大不利变化,导致应收账款回收较慢甚至发生坏账,将对公司的经营状况和业绩造成不利影响。

报告期各期末,公司存货账面价值分别为 31 077.84 万元、32 819.45 万元、40 884.54 万元和 42 047.23 万元,占公司资产总额的比例分别为 21.45%、22.92%、24.74% 和 25.45%,占比较高且逐年上升。公司存货主要为库存商品、在产品和发出商品,公司主要根据客户订单以及需求确定采购计划和生产计划,并根据合同约定发货到项目现场,待验收合格后结转成本,由于发货到验收之间一般间隔较长时间,导致公司发出商品账面价值较大,报告期各期末,公司发出商品账面价值分别为 23 925.58 万元、23 955.99 万元、33 898.00 万元和 32 457.52 万元。如果客户的生产经营发生重大不利变化、相关项目的建设内容发生调整,或者公司未能对发出商品实施有效管理导致发出商品发生毁损减值,都会导致公司存货的可变现净值降低,公司的存货将面临减值的风险。

资料来源:WIND 数据库,作者有整理。

思考题:

(1) 企业应如何管理应付账款、短期融资券以降低风险?

(2) 企业应如何管理应收账款和存货以降低资产风险,促进企业价值提升?

第九章　企业分配管理

◆ **学习目标**

1. 了解企业分配的概念及原则。
2. 明确企业税后利润分配的程序。
3. 了解员工参与企业分配的形式及各自的优缺点。
4. 理解股利分配理论。
5. 掌握股利政策的类型。
6. 理解股利分配应考虑的因素。
7. 理解股票回购的概念及优缺点。

◆ **知识框架**

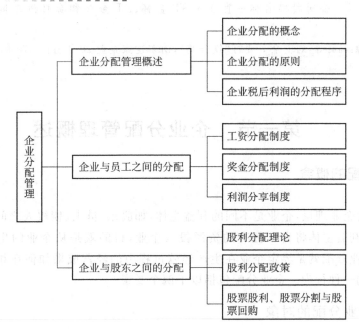

◆ **内容提要**

1. 企业分配概述：企业分配的概念、原则，企业税后利润的分配程序。

2. 企业与员工之间的分配：工资分配制度、奖金分配制度和利润分享制度。

3. 企业与股东之间的分配：股利分配理论（股利无关论、"一鸟在手"理论、税收差别理论）；股利分配政策（剩余股利政策、固定股利或稳定增长的股利政策、低正常股利加额外股利政策、固定股利支付率股利政策）；制定股利分配政策时应考虑的因素；股票股利；股票分割；股票回购。

◆ 重点难点

教学重点：股利分配理论；股利支付的形式；股利分配应考虑的因素；股票股利和股票分割的区别和联系，各种股利政策类型的特点和优缺点。

教学难点：各种股利政策类型的特点、优点及缺点。

引 例

兖州煤业 2017 年 4 月披露，公司董事会建议派发 2016 年年度现金股利 5.894 亿元（含税），即每股派发人民币 0.12 元（含税）。自兖州煤业上市以来，已连续第 20 年分红，在已经实施完毕的 19 次分红中，兖州煤业累计分红 163.6 亿元，是山东省上市公司中当之无愧的"分红王"。而同期兖州煤业共实现净利润 570.51 亿元，股利支付率达到 28.68%。加上 2016 年度的股利派发，兖州煤业累计分红金额将突破 170 亿元。

与之相反，金杯汽车 1992 年上市以来从未分红。2016 年年报显示，2016 年实现营业收入 48.02 亿元，同比增长 3.52%；但归属于上市公司股东的净利润为－2.08 亿元，同比下降 683.03%。公司股票名称一直在 *ST 金杯、ST 金杯和金杯汽车间切换，多次濒临退市。

资料来源：马辉等，刘士余．要打"铁公鸡"，山东这家企业 20 年分红 170 亿．齐鲁晚报，2017-04-24．

第一节 企业分配管理概述

一、企业分配的概念

按照现代企业理论，企业是不同的利益主体，如股东、员工、债权人之间达成的一组契约关系，不同的利益主体将自己拥有的资源投入企业，目的就是从企业的生产经营中获得收益。因此，企业分配就是界定企业在生产经营过程中的经营成果如何在相关的利益主体之间进行分配的一种行为。企业分配包括以下两个要素。

（一）企业分配的对象

企业分配的对象是指企业在生产经营中的经营成果，即企业收益。

在实践中，企业的分配对象有广义和狭义之分。狭义的分配对象是指企业的税后利润，在这种口径下，企业分配主要探讨企业税后利润如何在股东和企业之间分配，即股利政策的制定。西方财务管理采取的就是这种狭义的概念。广义的分配对象是指企业在一定时期内实现的总收入在扣除必要的生产资料成本后的余额,即企业在生产经营活动中新创造的价值。从会计核算的角度来看,广义的分配对象等同于企业的薪息税前利润,即支付工薪、利息和所得税之前的利润。显然,以广义的分配对象为口径,企业分配主要是研究企业的薪息税前利润如何在股东、员工、政府、债权人等相关利益主体之间进行分配。

尽管企业的分配对象有狭义和广义之分,但从企业价值构成的角度来看,企业在一定时期内生产的新产品的价值可以表示成三个部分:一是生产资料价值的转移部分 C;二是劳动者为自己的劳动所创造的价值 V;三是劳动者为社会创造的价值 m。$C+V+M$ 构成企业产品的总价值,$V+M$ 则构成新创造的价值。一个企业要想维持正常的生产经营活动,必须把 C 部分全部补偿到生产领域中去,即补偿在上一轮生产过程中已经消耗的生产资料。因此,能够独立于生产过程进行分配的对象只能是企业新创造的价值,即企业薪息税前利润 $V+M$。广义的企业分配对象,可以使我们更加全面、深入地研究企业分配问题。因此,本书采用广义的分配对象概念。

(二) 参与企业分配的主体

参与企业分配的主体是指对参与企业经营成果分配的社会集团或个人的科学划分。既然企业是由不同的利益主体为共同创造财富、分配财富而达成的一系列契约关系,那么参与企业分配的主体也应该为公司的生产经营活动提供相应的资源或服务。

就广义的分配对象而言,参与企业分配的主体主要包括以下方面。

(1) 货币资本提供者——股东、债权人。企业要进行生产,必须有一定的货币资本。根据货币资本提供者对风险的态度不同,企业的货币资本提供者可以分为债权人和股东两类。其中规避风险的货币资本提供者成为债权人,定期获取约定的利息,即拥有对企业的合同索取权;而敢于冒风险的货币资本提供者则成为股东,从企业净利润中通过股利的方式获取不确定的收益,即拥有剩余索取权,并通过选举董事会成员、对企业重大决策进行投票等方式拥有对企业的最终控制权。

(2) 人力资本提供者——员工。员工作为人力资本这一重要生产要素的提供者,在企业财富创造中发挥着重要作用。离开了员工的劳动,货币资本只能是一堆死的东西,它本身不能创造财富。因此,员工无疑是参与分配的最重要的主体。

(3) 国家。除上述直接生产要素的提供者,参与企业收益分配的主体还应包括间接生产要素的提供者即国家。这是因为,国家作为社会经济的宏观调控者和社会行政管理者,为企业的正常生产经营活动创造了必要的条件,可以视为间接生产要素的提供者。国家作为利益主体参与企业收益分配可以更好地行使社会管理者的职能,是合乎情理的。

二、企业分配的原则

(一) 依法分配原则

企业的收入与分配必须依法进行。为了规范企业的收入分配行为,维护各利益相关者的合法权益,国家颁布了相关法规。这些法规规定了企业收入分配的基本要求、一般程序和重要比例,企业应当认真执行,不得违反。

(二) 分配与积累并重原则

企业的收入分配必须坚持积累与分配并重的原则。企业通过经营活动获取收入,既要保证企业简单再生产的持续进行,又要不断积累企业扩大再生产的财力基础。恰当处理分配与积累之间的关系,留存一部分净利润,能够增强企业抵抗风险的能力,同时也可以提高企业经营的稳定性与安全性。

(三) 兼顾各方利益原则

企业的收入分配必须兼顾各方面的利益。企业是经济社会的基本单元,企业的收入分配涉及国家、企业股东、债权人、职工等多方面的利益。正确处理他们之间的关系,协调其矛盾,对企业的生存、发展是至关重要的。企业在进行收入分配时,应当统筹兼顾,维护各利益相关者的合法权益。

(四) 投资与收益对等原则

企业进行收入分配应当体现"谁投资谁受益"、收入大小与投资比例相对等的原则。这是正确处理投资者之间利益关系的关键。企业在向投资者分配收入时,应本着平等一致的原则,按照投资者投资额的比例进行分配,不允许任何一方随意多分多占,从根本上实现收入分配中的公开、公平和公正,以保护投资者的利益。

三、企业税后利润的分配程序

按照现行公司法的相关规定,企业缴纳所得税后的净利润应遵循如下分配顺序。

(一) 弥补以前年度亏损

按照现行制度规定,企业的法定公积金不足以弥补以前年度亏损的,可用当年利润弥补。

(二) 提取法定盈余公积金

根据公司法的规定,法定盈余公积金的提取比例为当年税后利润(弥补亏后)的10%。当年法定盈余公积的累积额已达注册资本的50%时,可以不再提取。法定盈余公积金提取后,根据企业的需要,可用于弥补亏损或转增资本,但企业用盈余公积金转增资本后,法定盈余公积金的余额不得低于转增前公司注册资本的25%。提取法定盈余公积金的目的是增加企业内部积累,以利于企业扩大再生产。

(三) 提取任意盈余公积金

根据公司法的规定,公司从税后利润中提取法定公积金后,经股东会或股东大会决议,还可以从税后利润中提取任意盈余公积金。这是为了满足企业经营管理的需要,控制向投资者分配利润的水平,以及调整各年度利润分配的波动。

(四) 向股东(投资者)分配股利(利润)

根据公司法的规定,公司弥补亏损和提取公积金后所余税后利润,可以向股东(投资者)分配股利(利润)。其中,有限责任公司股东按照实缴的出资比例分取红利,全体股东约定不按照出资比例分取红利的除外;股份有限公司按照股东持有的股份比例分配,但股份有限公司章程规定不按照持股比例分配的除外。此外,近年来,以期权形式或类似期权形式进行的股权激励在一些大公司逐渐流行起来,从本质上来说,股权激励是企业对管理层或者员工进行的一种经济利益分配。

第二节 企业与员工之间的分配

员工参与企业分配的方式包括工资分配制度、奖金分配制度和利润分享制度。

一、工资分配制度

工资分配制度是员工参与企业分配的一种最基本的方式。在工资分配制度下,员工工资主要体现不同行业、不同工种,以及同一工种内部的技术复杂程度、操作熟练程度和责任大小的差别,它按照事先规定的劳动报酬和报酬标准,计量每个员工的实际劳动量和应得的工资,把劳动与报酬有机地结合起来。目前企业广泛采用的工资制度包括计时工资制、计件工资制、岗位等级工资制及职能等级工资制等形式。计时工资制是指根据员工的单位计时工资标准和工作时间来计算工资并支付给员工的一种劳动报酬形式。计件工资制是指根据员工生产的合格产品的数量或完成的作业量,按预先规定的计件单价支付给员工劳动报酬的一种工资形式。岗位等级工资制是指按照员工在生产中的工作岗位确定工资等级和工资标准的一种工资形式,主要用于一般工人。职能等级工资制是指根据员工所具备的与完成某一特定职位等级工作相适应的工作能力等级来确定工资等级的一种工资制度。

从各国工资的实际情况来看,在短期内,工资一般具有相对固定性,即工资一般与企业的业绩无关,它是由劳动力市场的供求状况和员工与企业的谈判情况来决定的。从长期来看,基本工资一般具有刚性,表现为基本工资一般呈上升趋势。

1. 工资分配制度的优点

工资分配制度的优点如下。

(1) 有利于企业的财务安排。固定性的基本工资可以使企业财务人员比较准确地预测现金流出,进而有利于比较准确地编制企业财务计划。

(2) 可以给企业带来杠杆作用。当企业效益比较好、薪息税前利润增加时,由于支付给员工的工资是固定的,则留归企业的息税前利润会以更大的幅度增加。

(3) 可以简化分配过程,便于操作,有利于企业和员工进行财务安排。

(4) 可以降低员工的风险。因为不管企业的经营效益如何,员工都能获得相应的基本工资收入。

2. 工资分配制度的缺点

工资分配制度的缺点如下。

（1）增大了企业风险。当企业效益较差甚至亏损时，也要照样支付固定工资，这大大降低了企业抵抗风险的能力。

（2）不利于充分调动员工的积极性和主动性。员工多劳不能多得，积极性必然受到影响。

（3）这种方式把企业和员工之间的关系仅仅理解为一种金钱关系，不利于企业与员工之间相互关心、结成命运共同体。

二、奖金分配制度

奖金是企业对员工超额劳动部分或劳动绩效突出部分所支付的奖励性报酬，是企业为了鼓励员工提高劳动效率和工作质量付给员工的货币奖励。奖金分配制度在中外企业分配中很普遍，奖金已经成为企业员工参与分配的一种重要形式。

奖金形式多种多样，但根据奖金的发放依据，可以分为以下三类。

（1）与个人劳动量直接挂钩的奖金。这种奖金以员工个人劳动量的多少为分配依据，在无法计量劳动数量时，则以员工工作的努力程度为分配依据。

（2）与企业经营业绩直接相关的奖金。这种奖金以生产或工作中多项考核指标作为分配条件，其特点是对员工的劳动贡献和劳动成绩的各个主要方面进行全面评价。常见的评价指标主要包括企业利润总额、利润增长率、股票价格、资本保值增值状况等。这种奖金与员工个人的劳动量大小没有直接关系，但企业经营业绩的好坏是全体员工共同努力的结果，因此它与员工个人劳动间接相关。实际工作中的年终奖或季度奖等都属于此种奖金分配。

（3）其他形式的奖金。除了上述两项奖金以外的奖金，都可视为其他形式的奖金。具体形式包括节约奖、安全奖、超额奖、质量奖、发明创造奖等。

1. 奖金分配制度的特点

奖金分配制度是贯彻按劳分配的一种劳动报酬形式。与工资分配制度相比，其特点主要表现在以下方面。

（1）单一性。工资反映员工在企业中的综合表现，包括工龄、技能等，而奖金则只反映员工某方面的实际劳动效果的差别。

（2）灵活性。工资一般以规范的形式制定出来，每一个提供了正常劳动的员工都可以按企业章程的规定获取报酬。奖金则不一样，它只授予提供了超额劳动或有突出业绩的员工。奖金的形式多种多样，奖励的对象、数额、获奖人数均可随生产经营的变化而变化。

（3）及时性。奖金的发放不受工资发放的限制，能及时反映劳动者向企业提供劳动量的变化情况。奖金一般在员工提供了超额劳动或者取得突出业绩后立即发放，它体现的是即时激励作用。

2. 奖金分配制度的优点

奖金分配制度的优点主要有以下方面。

(1) 能够调动员工的积极性和主动性,鼓励员工关心企业经营业绩的好坏,对企业费用的节约、收入的增长具有重要意义。

(2) 奖金的分配数额不是固定不变的,企业经营好,则多发奖金;反之,则少发或不发奖金。因此,现金流出量的多少能与企业经营业绩相吻合。

3. 奖金分配制度的缺点

奖金分配制度的缺点主要表现在以下方面。

(1) 奖金的操作过程比较复杂。

(2) 奖金式的分配有可能造成员工之间的攀比,并由此引发矛盾。如果没有合理的监督机制,奖金分配制度可能会产生短期行为。

(3) 奖金的数额波动不定,不利于现金流量的预测和财务计划的编制,给财务安排带来一定困难。

三、利润分享制度

利润分享制度于 20 世纪 60 年代开始在西方许多公司实施,但当时仅限于公司管理层。20 世纪六七十年代,普通员工参与利润分享开始流行,并在西方发达国家得到普遍推广。

所谓利润分享,是指直接从企业利润中提取一定比例的利润用于支付给员工。与奖金不同的是,利润分红直接来源于企业的经营成果即利润,与利润的多少密切挂钩。因此,利润分享制度是员工与股东共同分享企业利润的一种分配方式。

1. 利润分享制度的分类

利润分享制度按支付方式的不同可以分为两类。

(1) 现期支付。现期支付是指以现金的方式在当期进行支付。实行现期支付计划的企业,通常将企业利润的一部分分给员工,根据员工业绩、员工工资比例进行分配,或在员工中平均分配。

(2) 延期支付。延期支付是指将员工应分享的利润保留至将来某个时点进行支付。实行延期支付计划的企业,在信托基金监管下,将企业的一部分利润存入员工特别账户,员工要等规定的时间如退休或离开企业时才能享用。在国外,延期支付的利润分红成为解决员工退休后养老金问题的一种重要途径。因此,发达国家规定这部分收入可以享受法律规定的税收优惠,如个人所得税要延期到退休后才缴纳。

2. 利润分享制度的特点

利润分享制度的特点如下。

(1) 员工只参加利润的分享,而不承担企业的亏损和风险。

(2) 企业根据盈利情况决定是否进行利润分享、利润分享的比例和分配方式,有利润时就进行分配,没有利润时可以不分配。

3. 利润分享制度的优点

利润分享制度的优点主要有以下两方面。

(1) 有利于充分调动员工的积极性和主动性。利润分享一般会在事前规定员工在企业利润中所占的比例，即分享率。企业利润增多，员工收入随之增加，企业利润减少，员工收入随之减少。在这种分配制度中，员工的收入与企业效益挂钩，并随企业收益的变动而变动。在这种情况下，员工必然关心企业效益的好坏，并努力增加企业收入、降低成本、增加收益。因此，分享制被认为是能够调动员工积极性、改善劳资关系的一种重要分配形式。

(2) 有利于降低企业风险。我们知道，固定费用的增加会提高企业的杠杆效应，增大企业的经营风险。在利润分享制下，员工分享的利润是随企业收益而不断变动的一种支出，这就会减少固定费用的数额，从而降低企业的经营风险。

4. 利润分享制度的缺点

利润分享制度的缺点如下。

(1) 利润分享将企业经营的一部分风险转移给了员工。在实行利润分享的情况下，员工收入的一部分随企业收益的变化而变化，员工在享受企业经济效益高的好处时，也要承担企业经济效益低时的损失。

(2) 利润分享的具体操作十分复杂。在推行利润分享制度时，一是要确定利润分享的分享率。利润分享的分享率一般较难确定，合理的分享率要在实践中经过多次测算和不断调整才能最后确定下来。二是要确定各类员工之间的分享比率，即将分配给所有员工的利润在不同员工之间进行合理分配。在实际工作中，由于企业的情况千差万别并不断变化，要合理确定上述参数十分困难。

(3) 在推行此种分配方式时，需要政府在宏观上的一些配合，如税收制度、社会保障制度、会计制度等都要做适当的改变，这也给其推行带来了一定的困难。

以上介绍了三种典型的分配制度，实际上，还有许多介于这三者之间的分配制度，例如，津贴分配制度便是一种介于工资分配制度与奖金分配制度之间的分配制度。但不管有多少种分配制度，只有优点没有缺点的分配制度是不存在的。因此，在实践中，应该将各种分配制度结合起来应用。

第三节 企业与股东之间的分配

一、股利分配理论

企业的股利分配方案既取决于企业的股利政策，又取决于决策者对股利分配的理解与认识，即股利分配理论。股利分配理论是指人们对股利分配的客观规律的科学认识与总结，其核心问题是股利政策与公司价值的关系问题。在市场经济条件下，股利分配要符合财务管理目标。人们对股利分配与财务目标之间关系的认识存在不同的流派与观念，还没有一种被大多数人所接受的权威观点和结论。但主要有以下几种较流行的观点。

（一）股利无关论

股利无关论认为，在一定的假设条件限制下，股利政策不会对公司的价值或股票的价格产生任何影响，投资者不关心公司股利的分配。公司市场价值的高低，是由公司所选择的投资决策的获利能力和风险组合所决定的，而与公司的利润分配政策无关。

由于公司对股东的分红只能采取派现或股票回购等方式，因此，在完全有效的资本市场上，股利政策的改变就仅仅意味着股东的权益在现金股利与资本利得之间分配上的变化。如果投资者按理性行事的话，这种改变不会影响公司的市场价值及股东的财富。该理论是建立在完全资本市场理论之上的，假定条件包括：第一，市场具有强式效率，没有交易成本，没有任何一个股东的实力足以影响股票价格；第二，不存在任何公司或个人所得税；第三，不存在任何筹资费用；第四，公司的投资决策与股利决策彼此独立，即投资决策不受股利分配的影响；第五，股东对股利收入和资本增值之间并无偏好。

（二）"一鸟在手"理论

"一鸟在手"理论认为，用留存收益再投资给投资者带来的收益具有较大的不确定性，并且投资的风险随着时间的推移会进一步加大，因此，厌恶风险的投资者会偏好确定的股利收益，而不愿将收益留存在公司内部去承担未来的投资风险。该理论认为公司的股利政策与公司的股票价格是密切相关的，即当公司支付较高的股利时，公司的股票价格会随之上升，公司价值将得到提高。

（三）税收差别理论

税收差别理论认为，由于普遍存在的税率及纳税时间的差异，资本利得收益比股利收益更有助于实现收益最大化目标，公司应当采用低股利支付率政策。一般来说，对资本利得收益征收的税率低于对股利收益征收的税率；再者，即使两者没有税率上的差异，由于投资者对资本利得收益的纳税时间选择更具有弹性，投资者仍可以享受延迟纳税带来的收益差异。

二、股利分配政策

股利政策是在法律允许的范围内，企业针对是否发放股利、发放多少股利及如何发放股利等问题制定的方针和政策，其实质是决定留用利润和股利分配的比例。

> 🎤 小贴士
>
> 股利分配政策的决策与制定影响企业的长期发展，必须立足股利分配决策的基本理论与方法。不论企业实施何种股利分配政策都要脱离狭隘，系统考虑到股利政策的法律法规限制、股东因素、公司因素等的影响，树立大局意识。一切与市场规律和法律法规对抗、不敬畏风险、损害投资者的行为，最终必然会受到市场和法律的惩罚，付出沉重代价。

(一) 股利政策类型

在进行股利的实务中,公司经常采用的股利政策主要有以下几种。

1. 剩余股利政策

剩余股利政策是指公司在有良好的投资机会时,根据目标资本结构,测算出投资所需的权益资本额,先从盈余中留用,然后将剩余的盈余作为股利来分配,即净利润首先满足公司的资金需求,如果还有剩余,就派发股利;如果没有,则不派发股利。剩余股利政策的理论依据是股利无关理论。根据股利无关理论,在完全理想的资本市场中,公司的股利政策与普通股每股市价无关,故而股利政策只需随着公司投资、融资方案的制定而自然确定。因此,采用剩余股利政策时,公司要遵循如下四个步骤。

(1) 设定目标资本结构,在此资本结构下,公司的加权平均资本成本将达最低水平。

(2) 确定公司的最佳资本预算,并根据公司的目标资本结构预计资金需求中所加的权益资本数额。

(3) 最大限度地使用留存收益来满足资金需求中所需增加的权益资本数额。

(4) 留存收益在满足公司权益资本增加需求后,若还有剩余再用来发放股利。

【例 9-1】 公司 20×8 年税后净利润为 1 000 万元,20×9 年的投资计划需要资金 1 200 万元,公司的目标资本结构为权益资本占 60%,债务资本占 40%。

按照目标资本结构的要求,公司投资方案所需的权益资本数额为
$$1\ 200 \times 60\% = 720(万元)$$

公司当年全部可用于分派的盈利为 1 000 万元,除了满足上述投资方案所需的权益资本数额外,还有剩余可用于发放股利。20×8 年,公司可以发放的股利额为
$$1\ 000 - 720 = 280(万元)$$

假设该公司当年流通在外的普通股为 1 000 万股,那么,每股股利为
$$280 \div 1\ 000 = 0.28(元/股)$$

剩余股利政策的优点是:留存收益优先满足再投资的需要,有助于降低再投资的资金成本,保持最佳的资本结构,实现企业价值的长期最大化。

剩余股利政策的缺陷是:若完全遵照执行剩余股利政策,股利发放额就会每年随着投资机会和盈利水平的波动而波动。在盈利水平不变的前提下,股利发放额与投资机会的多寡呈反方向变动;而在投资机会维持不变的情况下,股利发放额将与公司盈利呈同方向波动。剩余股利政策不利于投资者安排收入与支出,也不利于公司树立良好的形象,一般适用于公司初创阶段。

2. 固定或稳定增长的股利政策

固定或稳定增长的股利政策是指公司将每年派发的股利额固定在某一特定水平或是在此基础上维持某一固定比率逐年稳定增长。公司只有在确信未来盈余不会发生逆转时才会宣布实施固定或稳定增长的股利政策。在这一政策下,应首先确定股利分配额,而且该分配额一般不随资金需求的波动而波动。

固定或稳定增长股利政策的优点有以下方面。

(1) 稳定的股利向市场传递着公司正常发展的信息,有利于树立公司的良好形象,增强投资者对公司的信心,稳定股票的价格。

(2) 稳定的股利额有助于投资者安排股利收入和支出,有利于吸引那些打算进行长期投资并对股利有很高依赖性的股东。

(3) 固定或稳定增长的股利政策可能会不符合剩余股利理论,但考虑到股票市场会受多种因素影响(包括股东的心理状态和其他要求),为了将股利或股利增长率维持在稳定的水平上,即使推迟某些投资方案或暂时偏离目标资本结构,也可能比降低股利或股利增长率更为有利。

固定或稳定增长股利政策的缺点有:股利的支付与企业的盈利相脱节,即不论公司盈利多少,均要支付固定的或按固定比率增长的股利,这可能会导致企业资金紧缺,财务状况恶化。此外,在企业无利可分的情况下,若依然实施固定或稳定增长的股利政策,也是违反公司法的行为。

因此,采用固定或稳定增长的股利政策,要求公司对未来的盈利和支付能力能作出准确的判断。一般来说,公司确定的固定股利额不宜太高,以免陷入无力支付的被动局面。固定或稳定增长的股利政策通常适用于经营比较稳定或正处于成长期的企业,但很难被长期采用。

3. 低正常股利加额外股利政策

低正常股利加额外股利政策,指公司事先设定一个较低的正常股利额,每年除了按正常股利额向股东发放股利外,还在公司盈余较多、资金较为充裕的年份向股东发放额外股利。但是,额外股利并不固定化,不意味着公司永久地提高了股利支付额。

低正常股利加额外股利政策的优点如下。

(1) 赋予公司较大的灵活性,使公司在股利发放上留有余地,并具有较大的财务弹性。公司可根据每年的具体情况,选择不同的股利发放水平,以稳定和提高股价,进而实现公司价值的最大化。

(2) 使那些依靠股利度日的股东每年至少可以得到虽然较低但比较稳定的股利收入,从而吸引住这部分股东。

低正常股利加额外股利政策的缺点如下。

(1) 由于各年度之间公司盈利的波动使得额外股利不断变化,造成分派的股利不同,容易给投资者造成收益不稳定的感觉。

(2) 当公司在较长时间持续发放额外股利后,可能会被股东误认为"正常股利",一旦取消,传递出的信号可能会使股东认为这是公司财务状况恶化的表现,进而导致股价下跌。

相对来说,对那些盈利随着经济周期而波动较大的公司或者盈利与现金流量很不稳定时,低正常股利加额外股利政策也许是一种不错的选择。

4. 固定股利支付率政策

固定股利支付率政策是指公司将每年净利润的某一固定百分比作为股利分派给股东。这一百分比通常称为股利支付率,股利支付率一经确定,一般不得随意变更。在这一股利政策下,只要公司的税后利润一经计算确定,所派发的股利也就相应确定了。固定股利支付率越高,公司留存的净利润越少。

固定股利支付率政策的优点如下。

(1) 采用固定股利支付率政策,股利与公司盈余紧密地配合,体现了"多盈多分、少盈少分、无盈不分"的股利分配原则。

(2) 由于公司的获利能力在年度间是经常变动的,因此每年的股利也应当随着公司收益的变动而变动。采用固定股利支付率政策,公司每年按固定的比例从税后利润中支付现金股利,从企业的支付能力的角度来看,这是一种稳定的股利政策。

固定股利支付率政策的缺点如下。

(1) 大多数公司每年的收益很难保持稳定不变,导致年度间的股利额波动较大,由于股利的信号传递作用,波动的股利很容易给投资者带来经营状况不稳定、投资风险较大的不良印象,成为影响股价的不利因素。

(2) 容易使公司面临较大的财务压力。这是因为公司实现的盈利多,并不能代表公司有足够的现金流用来支付较多的股利额。

(3) 合适的固定股利支付率的确定难度比较大。

由于公司每年面临的投资机会、筹资渠道都不同,而这些都可以影响公司的股利分派,所以,一成不变地奉行固定股利支付率政策的公司在实际中并不多见,固定股利支付率政策只是较适用于那些处于稳定发展且财务状况也较稳定的公司。

(二) 制定股利分配政策时应考虑的因素

尽管有上述四种常见的股利分配政策可供选用,但企业在制定股利分配政策时仍应考虑如下因素,以选择合适的股利政策。

1. 企业的投资机会

企业的投资机会是影响企业股利政策的一个非常重要的因素。在企业有良好的投资机会时,应当考虑少发放现金股利,增加留存利润以用于再投资,这样可以加速企业的发展,增加企业未来的盈利能力。在企业没有良好的投资机会时,可以多发放现金股利。

2. 企业的资金成本

资金成本是企业选择筹资方式的基本依据。留存利润是企业内部筹资的一种重要方式,同发行新股票相比,它具有成本低的优点。因此,在制定股利政策时,应充分考虑资金成本的影响。

3. 企业的现金流量

企业在经营活动中,必须有充足的现金,否则就会发生支付困难。企业在发放现金股利时,必须考虑现金流量及资产的流动性,过多发放现金股利会减少企业的现金持有量,影响未来的支付能力。

4. 企业所处的生命周期

企业理所当然地应该采用最符合其当前所处生命周期阶段的股利政策。一般来说,处于快速成长期的企业有较多的投资机会,通常不会发放很多股利,因为企业需要大量的现金流量来扩大企业规模,因而不愿意将大量的盈余给股东发放股利。而成熟期的企业一般会发放较多的股利。

5. 企业所处的行业

不同行业的股利支付率存在系统性差异。其原因在于,投资机会在行业内是相似的,而在不同行业间存在着差异。

6. 企业的股权结构

股利政策必须经过股东大会决议通过才能实施,而不同的股东对现金股利和资本利得的偏好不同,因此股权结构对企业的股利政策具有重要的影响。如果企业股东中依赖于企业股利维持生活的股东或可以享受股利收入减免税的机构股东较多,则这些股东倾向于企业多发放现金股利,而反对企业留利过多;如果企业股东中边际收入税率很高的高收入阶层较多,则高收入阶层的股东为了避税往往反对企业发放过多的现金股利;如果企业股权相对集中,对企业有一定控制权的大股东出于对企业控制权可能被稀释的担心,往往倾向于企业少发放现金股利,多留存利润,这样就不需要进行新的股权融资来筹集资金。

7. 其他因素

其他因素包括法律因素和契约性约束等。法律因素是指有关法律法规对公司股利分配的限制,如我国的《公司法》《证券法》规定,不能用筹集的经营资本发放股利,公司只有在保证公司偿债能力的基础上才能发放股利等。契约性约束是指当企业以长期借款、债券契约、优先股协议及租赁合约的形式向企业外部筹资时,常常应对方的要求,接受一些关于股利支付的限制。这种契约性约束的目的在于促使企业把利润的一部分按有关条款的要求,以某种形式进行再投资,以保障债权人等相关利益主体的利益。

三、股票股利、股票分割与股票回购

现金股利是以现金支付的股利,它是股利支付最常见的方式。公司选择发放现金股利除了要有足够的留存收益外,还要有足够的现金,而现金充足与否往往会成为公司发放现金股利的主要制约因素。

除现金股利外,企业还可以以股票股利、股票分割、股票回购等方式回报股东。以下对这些方式进行简要介绍。

(一) 股票股利

股票股利,是公司以增发股票的方式所支付的股利,我国实务中通常也称其为"红股"。发放股票股利对公司来说,并没有现金流出企业,也不会导致公司的财产减少,而只是将公司的未分配利润转化为股本和资本公积。但股票股利会增加流通在外的股票数量,同时降低股票的每股价值。它不改变公司股东权益总额,但会改变股东权益的构成。

【例 9-2】 某上市公司发放股票股利前股东权益情况如表 9-1 所示。

表 9-1　股票股利发放前的股东权益　　　　　　　　　　　　　单位：万元

普通股(面额1元,发行在外2 000万股)	2 000
资本公积	3 000
盈余公积	2 000
未分配利润	3 000
股东权益合计	10 000

假定该公司宣布发放 10% 的股票股利,规定现有股东每持 10 股可得 1 股新发放股票。若该股票当时市价为 5 元。随着股票股利的发放,需从"未分配利润"项目划转出的资金为

$$5 \times 2\ 000 \times 10\% = 1\ 000(万元)$$

由于股票面值(1元)不变,发放200万股,"普通股"项目应增加200万元,其余的800万元(1 000－200)应作为股票溢价转至"资本公积"项目。

发放股票股利后,公司股东权益各项目如表 9-2 所示。

表 9-2　股票股利发放后的股东权益　　　　　　　　　　　　　单位：万元

普通股(面额1元,发行在外2 200股)	2 200
资本公积	3 800
盈余公积	2 000
未分配利润	2 000
股东权益合计	10 000

股票股利发放后,所有者权益总额不变,只是所有者权益的结构发生了变化,普通股本增加了 200 万元,而未分配利润减少了 1 000 万元。

如果某股东原持有的普通股数为 10 万股,占全部股份的比例为

$$10 \div 2\ 000 \times 100\% = 0.5\%$$

发放股票股利后,该股东的股份数和持股比例为

$$10 \times (1 + 10\%) = 11(万股)$$

$$11 \div 2\ 200 \times 100\% = 0.5\%$$

可见,发放股票股利,不会对公司股东权益总额产生影响,但会引起资金在各股东权益项目间的再分配,而且股票股利派发前后每一位股东的持股比例也不会发生变化。

发放股票股利虽不直接增加股东的财富,也不增加公司的价值,但对股东和公司都有特殊的意义。

1. 对股东来讲,股票股利的优点

对股东来讲,股票股利的优点主要有以下方面。

(1) 理论上,派发股票股利后,每股市价会成反比例下降,但实务中这并非必然结果。因为市场和投资者普遍认为,发放股票股利往往预示着公司会有较大的发展和成长,这样的信息传递会稳定股价或使股价下降比例减小甚至不降反升,股东便可以获得股票价值相对上升的好处。

(2) 由于股利收入和资本利得税率的差异,如果股东把股票股利出售,还会给他带来资

本利得纳税上的好处。

2. 对公司来讲,股票股利的优点

对公司来讲,股票股利的优点主要有以下方面。

(1)发放股票股利不需要向股东支付现金,在再投资机会较多的情况下,公司就可以为再投资提供成本较低的资金,从而有利于公司的发展。

(2)发放股票股利可以降低公司股票的市场价格,既有利于促进股票的交易和流通,又有利于吸引更多的投资者成为公司股东,进而使股权更为分散,有效地防止公司被恶意控制。

(3)股票股利的发放可以传递公司未来发展前景良好的信息,从而增强投资者的信心,在一定程度上稳定股票价格。

(二)股票分割

1. 什么是股票分割

股票分割是指将面额较高的股票分割为面额较低的股票的行为,又称拆股。如将原来的一股股票分割为两股股票。

股票分割一般只会增加发行在外的股票总数,但不会对公司的资本结构产生任何影响。股票分割与股票股利非常相似,都是在不增加股东权益的情况下增加了股份的数量,所不同的是,股票股利虽不会引起股东权益总额的改变,但股东权益的内部结构会发生变化,而股票分割之后,股东权益总额及其内部结构都不会发生任何变化,变化的只是股票面值。

【**例 9-3**】 某上市公司某年末资产负债表上的股东权益账户情况如表 9-3 所示。

表 9-3　　　　　　　　　　　　　　　　　　　　　　　　　　　　单位:万元

普通股(面额 10 元,发行在外 1 000 股)	10 000
资本公积	10 000
盈余公积	5 000
未分配利润	8 000
股东权益合计	33 000

要求:

1. 假设股票市价为 20 元,该公司宣布发放 10% 的股票股利,即现有股东每持有 10 股即可获赠 1 股普通股。发放股票股利后,股东权益有何变化?每股净资产是多少?

2. 假设该公司按照 1∶2 的比例进行股票分割。股票分割后,股东权益有何变化?每股净资产是多少?

发放股票股利后股东权益情况如表 9-4 所示。

表 9-4　　　　　　　　　　　　　　　　　　　　　　　　　　　　单位:万元

普通股(面额 10 元,发行在外 1 100 股)	11 000
资本公积	11 000
盈余公积	5 000
未分配利润	6 000
股东权益合计	33 000

每股净资产：33 000÷(1 000＋100)＝30(元/股)

股票分割后股东权益情况如表9-5所示。

表 9-5 单位：万元

普通股(面额5元,发行在外2 000股)	10 000
资本公积	10 000
盈余公积	5 000
未分配利润	8 000
股东权益合计	33 000

每股净资产：33 000÷(1 000×2)＝16.5(元/股)

2. 股票分割的作用

股票分割具有以下作用。

(1) 股票分割降低股票价格。股票分割会使每股市价降低,买卖该股票所需资金量减少,从而可以促进股票的流通和交易。流通性的提高和股东数量的增加,会在一定程度上加大对公司股票恶意收购的难度。

(2) 股票分割有利于公司发行新股。降低股票价格还可以为公司发行新股做准备,因为股价太高会使许多潜在投资者力不从心而不敢轻易对公司股票进行投资。

(3) 股票分割可以传递有利的信息。股票分割可以向市场和投资者传递"公司发展前景良好"的信号,有助于提高投资者对公司股票的信心。

(三) 股票回购

1. 什么是股票回购

股票回购是指公司出资购回自身发行在外的股票。

股票回购时,公司以多余现金购回股东所持有的股份,使流通在外的股份减少,每股股利增加,从而会使股价上升,股东能因此获得资本利得,这相当于公司支付给股东现金股利。所以,可以将股票回购看作是一种现金股利的替代方式。

【例9-4】 某公司普通股的每股收益、每股市价等资料如表9-6所示。

表9-6 某公司普通股资料表

净利润	7 500 000元
流通股数	1 000 000股
每股收益(7 500 000/1 000 000)	7.5元/股
市盈率	8
预计分红后每股市价	60元

公司拟将4 000 000元用于发放现金股利,则

每股股利＝4 000 000÷1 000 000＝4(元)

普通股股东将有每股价值60元的股票和每股4元的现金股利,即每股合计价值64元。如果公司改用4 000 000元以每股64元价格回购股票,则

回购股数＝4 000 000÷64＝62 500(股)

每股收益＝7 500 000÷(1 000 000－62 500)＝8(元)

假设市盈率也为8,则回购后每股市价为64元。被回购和未被回购的普通股股东的股票每股价值均为64元。

可见,公司不论采用支付现金股利的方式还是股票回购的方式,对股东而言都是等效的。

2. 股票回购的意义

然而,股票回购却有着与发放现金股利不同的意义。

(1)对股东而言,股票回购后股东得到的资本利得需缴纳资本利得税,发放现金股利后股东则需缴纳股利收益税。在资本利得税率低于股利收益税率的情况下,股东将得到纳税上的好处。另外,上述分析是建立在各种假设之上的,如假设股票以每股64元的价格回购、7 500 000元的净利润不受回购影响、回购后市盈率也为8。实际上这些因素是很可能因股票回购而发生变化的,其结果是否对股东有利难以预料。也就是说,股票回购对股东利益具有不确定的影响。

(2)对公司而言,股票回购有利于增加公司价值。

第一,公司进行股票回购的目的之一是向市场传递股价被低估的信号。股票回购具有与股票发行相反的作用。股票发行被认为是公司股票被高估的信号,如果公司管理层认为公司目前的股价被低估,通过股票回购,向市场传递了积极信息。股票回购的市场反应通常是提升了股价,有利于稳定公司股票价格。

第二,当公司可支配的现金流明显超过投资项目所需的现金流时,可以用自由现金流进行股票回购,有助于提高每股收益。股票回购减少了公司自由现金流,起到了降低管理层代理成本的作用。管理层通过股票回购试图使投资者相信公司的股票具有投资吸引力,公司没有把股东的钱浪费在收益不好的投资中。

第三,避免股利波动带来的负面影响。当公司剩余现金流是暂时的或者是不稳定的,没有把握能够长期维持高股利政策时,可以在维持一个相对稳定的股利的基础上,通过股票回购回馈股东。

第四,发挥财务杠杆的作用。如果公司认为资本结构中权益资本的比例较高,可以通过股票回购提高负债率,改变公司的资本结构,并有助于降低加权平均资本成本。虽然发放现金股利也可以减少股东权益,增加财务杠杆,但两者在收益相同情形下的每股收益不同。特别是如果是通过发行债券融资回购本公司的股票,可以快速提高负债率。

第五,通过股票回购,可以减少外部流通股的数量,提高股票价格,在一定程度上降低公司被收购的风险。

第六,调节所有权结构。公司拥有回购的股票(库藏股),可以用来交换被收购或被兼并公司的股票,也可用来满足认股权证持有人认购公司股票或可转换债券持有人转换公司普通股的需要,还可以在执行管理层与员工股票期权时使用,避免发行新股而稀释收益。

我国《公司法》规定,公司只有在以下四种情形下才能回购本公司的股份:一是减少公司注册资本;二是与持有本公司股份的其他公司合并;三是将股份奖励给本公司职工;四是股东因对股东大会作出的合并、分立决议持异议,要求公司收购其股份。

公司因第一种情况收购本公司股份的,应当在收购之日起 10 日内注销;属于第二、第四种情况的,应当在 6 个月内转让或者注销。公司因奖励职工回购股份的,不得超过本公司已发行股份总额的 5%;用于回购的资金应当从公司的税后利润中支出;所收购的股份应当在 1 年内转让给职工。可见,我国法规并不允许公司拥有西方实务中常见的库藏股。

3. 西方股票回购的主要方式

在西方,股票回购的方式主要有以下三种。

(1) 公开市场购买(open market)。公开市场购买是指上市公司通过经纪人在股票公开市场上按照当前公司股票的市价回购自身的股票。这种方式很容易导致股票价格升高,从而增加回购成本。另外,交易税和交易佣金方面的成本也较高。企业通常利用该方式在股票市场表现欠佳时小规模回购股票期权、可转换债券等执行特殊用途时所需的股票。

(2) 投标出价购买(tender offer)。投标出价购买是指企业按某一特定价格向股东提出回购若干数量的股份的方式。投标出价通常高于当时的市价。投标出价的时间一般为 2~3 个星期。如果各股东愿意出售的股票总数多于企业原定想要购买的数量,则企业可自行决定购买部分或全部股票;相反,如果投标出价不能买到企业原定回购的数量,则企业可以通过公开市场回购不足的数量。由于在投标出价购买时须披露企业回购股票的意图,同时股东有选择依据投标出价出售或续持有股票的权利,因此,当企业想回购大量股票时,投标出价方式比较适用。

(3) 议价回购方式。议价回购方式是指企业以协议价格为基础,直接向特定股东回购股票的方式。在此种方式下,企业同样必须披露其回购股票的目的、数量等信息,并向其他股东保证企业的购买价格是公平的,不损害其他股东的利益。

本 章 小 结

本章主要讲述了企业与员工之间的分配管理、企业与股东之间的分配管理等内容。

(1) 企业分配管理是指界定企业在生产经营过程中的经营成果如何在相关的利益主体之间进行分配的一种行为。

(2) 企业分配管理原则是依法分配、兼顾各方利益、投资与收益对等、分配与积累并重。

(3) 股利分配程序是弥补亏损、提取法定盈余公积、提取任意盈余公积、投资者分配利润。

(4) 股利理论主要有股利无关论、"一鸟在手"理论、税收差别理论等。

(5) 股利政策包括剩余股利政策、固定或稳定增长的股利政策、低正常股利加额外股利政策、固定股利支付率的政策等。

(6) 制定股利分配政策时应考虑的因素主要包括企业的投资机会、企业的资本成本、企业的现金流量、企业所属的生命周期、企业所处的行业、企业的股权结构以及其他因素。

(7) 股票股利是公司以增发股票的方式所支付的股利。股票分割是指将面额较高的股票分割为面额较低的股票的行为。股票回购是上市公司出资将其发行在外的普通股以一定价格购买回来予以注销或作为库存股的一种资本运作方式。

本章重要概念

股利(dividend)
股利支付率(dividend payout ratio)
股利政策(dividend policy)
现金股利(cash dividend)
股票股利(stock dividend)
股票分割(stock split)
股票回购(stock repurchase)

本章思考题

(1) 简述工资分配制度、奖金分配制度和利润分享制度有哪些优缺点。
(2) 通常有哪几种股利政策可供选择？它们各有哪些优缺点？
(3) 股票分割与股票股利有何异同？股票分割的动机有哪些？
(4) 股票回购的动机有哪些？其利弊是什么？
(5) 发放股票股利的动机有哪些？其缺点是什么？

案 例

康美药业的股利分配

一、康美药业股利政策介绍

康美药业是一家主营中药制造、中药材贸易兼有西药制造和贸易以及保健品的生产和销售的国家级重点高新技术医药企业。康美药业1997年在广东成立，2003年以医药制造行业在上交所上市。到2019年12月为止，康美药业总股本497 386万股。康美药业第一大股东是康美实业投资控股有限公司，持股比例为32.91%。康美药业近12年的股利分配情况见表9-7。

表9-7 康美药业2007—2018年股利分配情况表

年 度	分红方案	现金股利支付率
2018年度	10派0.24元(含税)	13.04%
2017年度	10派2.35元(含税)	60.57%
2016年度	10派2.05元(含税)	30.73%
2015年度	10派1.90元(含税)	30.5%
2014年度	10送5股转5股派3.20元(含税)	30.77%
2013年度	10派2.60元(含税)	30.41%
2012年度	10派2.00元(含税)	30.53%

续表

年　度	分红方案	现金股利支付率
2011年度	10派0.50元（含税）	10.73%
2010年度	10派0.5元（含税）	11.85%
2009年度	10派0.35元（含税）	11.33%
2008年度	10送5股转5股派0.6（含税）	15.58%
2007年度	10送1股转4股派0.12元（含税）	3.75%

二、康美药业股利政策分析

（一）缺乏稳定性

康美药业股利分配以现金方式为主，兼有股票或者现金与股票相结合的方式分配股利。上市初期，康美药业现金股利支付率波动较大，在3.75%~15.58%。通过排除法得出康美药业2012年之前采用了低正常股利加额外股利政策，每股分红最低仅为0.012，对大多数投资者来说缺乏吸引力。2012—2016年，处于成长期的康美药业采用了扩张型战略，公司净利润不断提高，为了吸引更多的投资者，公司提高了现金股利支付率，稳定在30%左右。2017年企业经营状况良好，为了吸引更多的投资康美药业大幅提高了股利，现金股利支付率高达60.57%。2018年由于康美药业为了提高知名度冠名了一些活动和电视台节目等导致营业外支出显著增加。公司业务扩张导致销售费用大幅增加、员工工资提高、研发费用增加、导致营业成本大幅提高。因此，2018年康美药业净利润大幅降低。为了满足企业资金需求企业大幅降低股利，现金股利支付率降低至13.04%。

康美药业初创期采用的是剩余股利政策。2007—2011年，采用低正常加额外股利政策，由于预先设定的支付股利的固定数额较低并且每年支付数额不同的额外股利，不利于吸引投资者也失去了低正常加额外股利政策财务灵活性的优势。2012—2016年康美药业由于采用了扩张型的战略采用了固定股利支付率政策。2017年和2018年企业根据盈利状况大幅调整股利。因此，康美药业股利政策的频繁改变导致了股利政策缺乏连续性和稳定性。

（二）现金股利支付水平较低

康美药业在2012年之前股利支付率在3.75%~15.58%，现金股利支付水平较低，2012年康美药业意识到这个问题，股利支付水平大幅度提升，稳定在30%左右，但是与同行业的东阿阿胶和片仔癀相比差距较为明显。在2012年之前，东阿阿胶股利支付率最低为22.92%，最高为74.02%；片仔癀股利支付率最低为38.46%，最高为81.04%。在2012年以后，东阿阿胶股利支付率最低为28.79%，最高为44.01%；片仔癀股利支付率最低为30.17%，最高为40.29%。

（三）股权结构不合理

康美药业董事长兼总经理控股的康美实业有限公司、普宁市金信典当行有限公司和其关联人控股的普宁市国际信息咨询服务有限公司、常州燕泽永惠投资中心（有限合伙）及其关联人均属于康美药业的前十名股东。截至2018年，康美实业有限公司持有康美药业31.27%的股份、普宁市金信典当行有限公司持有1.87%的股份、普宁市国际信息咨询服务有限公司持有1.87%的股份、常州燕泽永惠投资中心（有限合伙）持有3.04%的股份，其关联人持有2.22%的股份，总计持有康美药业40.27%的股份。然而康美药业其他排名前十的大股东中五矿国际信托有限公司持有股份最多为 5.27%,康美药业其他排名前十的大股东总计为 13.91%。虽然康美药业董事长及关联人所持股份低于总股份的 50%,但是远远超出其他股东所持股份,并且其他股东持股比较分散,所以康美药业董事长及关联人所持股份总数为 40.27% 属于相对控股,在股东大会中表决权能够对表决结果产生重大影响。因此企业股权结构不合理,存在一股独大情况。

资料来源:李彤. 康美药业股利政策研究[J]. 广西质量监督导报,2020 年 06 期:109-110.

思考题:
(1) 康美药业所制定的股利政策对投资者会产生怎样的影响?应如何调整?
(2) 如何对大股东利益侵占进行有效治理,平等、公正处理主体之间利益关系?

第十章 高级财务管理

◆ **学习目标**

1. 了解高级财务管理内容与特征。
2. 了解企业集团财务管理概念、特征、职能、管理体制等。
3. 了解国际财务管理概念、特征、国际投资管理和国际筹集管理方法。
4. 了解企业并购含义与形式、并购估价与支付方式、并购防御方法等。
5. 了解企业破产、重整与清算财务管理方法。

◆ **知识框架**

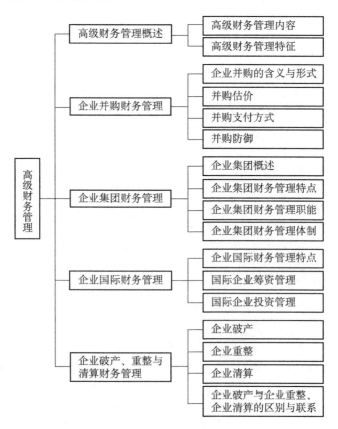

第十章　高级财务管理

◆ 内容提要

本章的主要学习内容是高级财务管理内容与特征，以及包括企业国际财务管理、企业并购财务管理。具体内容有：国际财务管理特征、国际筹集管理和国际企业投资管理、企业并购的含义与形式、并购估价与并购支付方式、并购防御、企业破产、重整与清算财务管理等。

◆ 重点难点

教学重点：国际投资管理和国际筹集管理、并购估价与支付方式、并购防御。
教学难点：并购估价与支付方式。

引　例

拓维信息系统股份有限公司收购湖南湘江鲲鹏信息科技有限公司

根据拓维信息系统股份有限公司（以下简称"公司"）战略发展规划的需要，形成公司"软件＋硬件"一体化优势，完善在鲲鹏产业生态的布局，公司拟以自有资金收购湖南湘江鲲鹏信息科技有限责任公司（以下简称"湘江鲲鹏"）35%股权，其中，从湖南新航天路科技有限公司（以下简称"新航天路"）收购20%股权，从湖南恒茂高科股份有限公司（以下简称"恒茂高科"）收购15%股权。协议各方已于2021年3月28日分别签署了《股权转让协议》，本次收购完成后，公司将持有湘江鲲鹏70%的股权。本次交易事项已经2021年4月2日召开的第七届董事会第十次会议审议通过了《关于收购湖南湘江鲲鹏信息科技有限公司35%股权的议案》，无须提交公司股东大会审议。本次交易事项未构成关联交易，也不构成《上市公司重大资产重组管理办法》规定的重大资产重组，不需经过有关部门批准。湘江鲲鹏股权转让的工商变更登记手续、备案手续已于2021年4月6日办理完毕，并取得营业执照。

湖南湘江鲲鹏信息科技有限责任公司的经营范围涉及：网络技术、教育装备、电子产品的研发，计算机、通信设备、电子器件的制造，教育装备的销售；基础的软件开发；机电工程设计；软件技术服务；信息系统集成服务；信息技术咨询服务；信息处理和存储支持服务；基于位置的信息系统技术服务；建筑智能化建设工程软件开发、信息技术服务；智慧城市与智慧楼宇的信息技术服务；智慧城市相关服务；计算机技术咨询；物联网技术咨询；教育咨询；技术市场管理服务；高新技术创业服务；电子产品服务；项目孵化；企业孵化；创新创业孵化基地；科研成果的研发、孵化及转化；互联网信息技术咨询；计算机技术开发、技术服务。截至2021年4月7日，湘江鲲鹏已获得华为授权，研发制造基于华为鲲鹏主板的自主品牌的服务器整机、PC等产品，并已获得华为昇腾人工智能产品线OEM授权。

收购交易完成后，湘江鲲鹏的股权结构为：拓维信息系统股份有限公司14 000万元，占比70%；湖南湘江智能科技创新中心有限公司5 000万元，占比25%；湖南恒茂高科股份有限公司1 000万元，占比5%，合计20 000万元。

本次收购标的为湘江鲲鹏的35%股权，其中公司收购恒茂高科持有的湘江鲲鹏15%

股权,经双方同意并确认,本次股权转让价款为 3 000 万元人民币;公司收购新航天路持有的湘江鲲鹏 20% 股权,经双方同意并确认,新航天路应缴未缴出资额为 4 000 万元人民币,以零元价格转让给公司,并由公司完成出资。

公司收购恒茂高科持有的湘江鲲鹏 15% 股权,经与恒茂高科约定,待湘江鲲鹏 15% 股权过户至公司名下后 15 个工作日内,公司将股权转让款一次性支付给恒茂高科;恒茂高科、新航天路应于协议签订后 3 个工作日内办理完毕工商变更手续;上述股权收购均经各方协商一致达成。公司收购资金来源为自有资金,目前不会对公司的正常经营及财务状况产生不利影响,符合公司整体战略。

资料来源:"拓维信息系统股份有限公司关于收购湖南湘江鲲鹏信息科技有限公司股权的公告"、WIND 数据库,作者整理而得。

思考:结合案例,理解高级财务管理涉及哪些内容?特征是什么?企业并购类型与并购支付方式有哪些?

第一节　高级财务管理概述

高级财务管理中的"高级"是一个相对的概念,是相对于"中级"或"传统"的财务管理而言的,其高级性体现为更先进、更复杂、更特殊,它蕴含的具体内容是随着社会与经济发展出现的更新、更复杂的管理过程和财务事项、管理科学领域的更新等而不断变化的。

一、高级财务管理内容

财务管理是企业为了实现既定目标所进行的财务活动和处理财务关系的一项经济管理工作,是企业管理的一个重要组成部分。前述章节涵盖了初级、中级财务管理,高级财务管理是以资金管理为中心内容的一项管理活动,是初级、中级财务管理以外的特殊业务、复杂业务的财务管理,以及财务管理领域中的新问题或尚未成熟的问题的研究。高级财务管理的主要内容涵盖了财务战略管理、企业集团财务管理、企业国际财务管理、企业并购财务管理、企业破产、重整与清算财务管理等专题。高级财务管理主要目标是实现企业价值最大化,因而高级财务管理一般处于企业管理的中心地位。本书将介绍企业国际财务管理、企业并购财务管理、企业破产、重整与清算财务管理。

二、高级财务管理特征

高级财务管理主要有以下几个特征。

(一) 以价值管理为中心

相对以往的初级、中级财务管理,高级财务管理在对大型企业或企业集团、国际企业等企业的财务管理目标已经从侧重企业的股东价值、利润最大化等财务价值目标向企业整体价值转变。企业整体价值的概念强调的不仅是财务的价值,而且还包括研发、采购、生产、技术、销售、人力资源、组织结构、财务、产权运作等各方面整合的结果。企业价值最大化目标已经成为高级财务管理的最好表达,此时财务管理目标是确定财务管理主体行为的目标和准则,企业价值不仅是考虑了股东财富的价值,而且考虑了包括股东在内的企业所有利益相关者的价值。这些利益相关者包括股东、债权人、管理者、员工、客户、供应商、社区、政府,甚至整个社会。

(二)研究主体复杂程度高

高级财务管理的研究主体从单一主体转向复杂主体,市场经济的发展与企业组织形态的多样化,要求财务管理必须关注不同规模与不同组织结构企业的财务管理行为,既要研究公司制企业的财务管理问题,又要关注非公司制企业的财务管理问题;既要研究大型企业的一般财务问题,又要关注中小型企业的特殊财务情况;既要研究多层组织结构如集团制的财务集权与分权问题,又要分析单一组织结构的财务管理问题。

(三)财务管理工作升级为战略层面

高级财务管理必须运用战略思维,着眼于未来,升级到战略管理层面,以企业筹资、投资及收益的分配为工作对象,规划企业未来较长时期财务活动的目标及实现目标的基本策略,规划时间至少 3 年,一般为 5 年以上。传统、中级财务管理的预算编制主要是以目标成本、费用、利润为编制预算的起点,编制的销售、生产、采购、费用等预算与战略目标没有太大关系,高级财务管理则从战略层面把技术管理、物流管理、人力资源管理等供应链、价值链活动都纳入预算管理体系当中。因而,高级财务管理侧重企业长期发展和规划,从战略层面获取竞争优势,促进企业整体价值提高。

(四)财务管理工作注重资本运营

由于高级财务管理关注的主体日益复杂,如企业集团、国际企业等,企业规模不断增加、地域范围不断扩大,加之世界经济一体化进程加快,世界范围兼并、重组也愈演愈烈,资本运营则是企业实现战略目标尤其是全球战略目标的捷径。

第二节 企业并购财务管理

一、企业并购的含义与形式

(一)企业并购的含义

企业并购(merger & acquisition,M&A)包括企业兼并与企业收购。企业兼并指企业通过产权交易获得其他企业的产权,使这些企业失去法人资格,并获得它们控制权的经济行为。收购是指一家企业对另一家企业的资产或股份采用多种支付方式购买的行为。兼并与收购都是为了实现企业外部扩张的需求,都是通过企业权力主体的变换来实现。兼并的主体只能是法人,并最终完全获得目标企业的法人财产和终极所有权,而收购的主体没有限制，可以是法人，也可以是自然人，通过购买部分或全部终极所有权来获得目标企业部分或全部的法人财产权。

（二）企业并购的形式

1. 按法律形式分

企业并购按法律形式可分为吸收合并、新设合并和控股合并。吸收合并也称为兼并，是指一个企业通过发行股票、支付现金或发行债券等方式取得其他一个或若干个企业的资产或股权。合并方仍保持原法律地位，被合并方则失去原法人资格。新设合并是指两个或两个以上的企业联合成立一个新的企业，用新企业的股份交换原来各企业的股份。新设合并完成后，原有各企业均失去法人资格。控股合并是指一个企业通过支付现金、发行股票或债券的方式取得另一企业部分或全部有表决权的股份，原有企业仍然各自独立的法律实体从事生产经营活动。

2. 按行业角度分

企业并购按并购双方所处的行业角度可将其分为横向并购、纵向并购和混合并购。横向并购是指并购双方同属于一个产业或行业，或产品处于同一市场的企业之间，即生产和销售相同或相似产品的企业之间发生的并购行为，如两家钢铁公司的并购等。横向并购可以发挥协同效应，快速增长和产生规模效益。纵向并购是指生产过程或经营环节紧密相关的上游或下游企业之间的并购行为，如钢铁企业兼并铁矿采掘企业等。纵向并购可以加速生产流程和缓解供应紧张，节约运输、仓储等费用。混合并购是指并购双方分别属于不同产业或行业，生产和经营彼此没有关联的产品或服务的企业之间的并购行为。混合并购可以扩大经营范围，进行多元化经营，分散经营风险，提高企业市场适应能力。

3. 按并购程序分

按并购程序可分为善意并购和非善意并购。善意并购是指主并企业与目标企业双方在自愿、合作的前提下通过友好协商确定并购各项事宜，一般都能获得成功。善意并购有利于降低并购的风险与成本，可避免目标企业的抗拒而造成额外支出，但善意并购通常会使主并企业不得不牺牲自身的部分利益，以换取目标企业的合作。非善意并购，也称恶意并购，指并购方没有事先与目标企业协商，而直接向目标企业股东出价收购股份，或是当友好协商遭到拒绝后，主并企业不顾目标企业的意愿，强行并购目标企业。此时，主并企业成本会相对增加，成功率低，因为目标企业往往采用各种并购防御战略，以保护自身的控制权。

4. 按并购的支付方式分

按并购的支付方式可分为支付现金购买资产或股票、以股票换取资产或股权、承担目标企业债务方式、债权转股权方式等。

二、并购估价

并购估价是指买卖双方对目标企业（股权或资产）购入或出售做出的价值判断，以确定并购方愿意支付的并购价格。企业并购估价必须遵循一定的科学依据，其基本方法与其他资产的价值评估没有太大区别。企业并购估价的基本方法有贴现现金流量法、成本法和换股估价法、市盈率法等。本章主要介绍贴现现金流量法。

贴现现金流量法,也称为拉巴波模型(Rappaport Model),这一模型由美国西北大学阿尔弗雷德·拉巴波特于1986年创立。基本原理是假设任何资产的价值都等于其预期未来现金流量的现值之和。运用贴现现金流量法对目标企业估价的步骤如下。

1. 自由现金流量预测

自由现金流量(free cash flow,FCF)是由美国西北大学 Alfred Rappaport、哈佛大学 Michael Jensen 等学者于20世纪80年代提出的对企业进行价值评估的方法。自由现金流量是指企业在持续经营基础上除了满足库存、厂房、设备、长期股权等资产上所需投入外,企业能够产生的额外现金流量。自由现金流量计算包括历史时期的自由现金流量及预测未来时期的自由现金流量,对目标企业现金流量的预测期一般为5~10年,预测期太短或太长,均会影响预测的准确性。

2. 贴现率估算

自由现金流量计算出来后,还须确定合理的贴现率进行估值,贴现率即资本成本。

假设目标企业的未来风险与并购企业总的风险相当,则可以把目标企业自由现金流量的贴现率作为并购企业的贴现率。但是当并购会导致并购企业总风险发生变动时,则需要对各种各样的长期资本要素进行估计,包括普通股、增发新股、留存收益、优先股、借款、债券等股权资本与债权资本。目标企业的历史股本资本成本可以借助资本资产定价模型(CAPM)来估计。

$$K_i = R_f + \beta_p(R_m - R_f) \quad \text{(第二章,2-38)}$$

式中,K_i 为第 i 种股票或第 i 种证券组合的必要报酬率;R_f 为无风险报酬率;β_p 为第 i 种股票或第 i 种证券组合的 β 系数;R_m 为所有股票或所有证券的平均报酬率。

由于并购方用于并购的资金来源可能有多种,这需要对各种各样的长期资本进行综合估计,可根据目标企业被并购后的资本结构,即根据各单个长期资本的资本成本计算加权平均资本成本(WACC)。

$$K_w = \sum_{j=1}^{n} K_j W_j \quad \text{(第七章,7-12)}$$

式中,K_w 表示加权平均资本成本;K_j 表示第 j 种个别资本成本率;W_j 表示第 j 种个别资本占全部资本的比重,即权数。

3. 计算现金流量现值,估计购买价格

根据目标企业自由现金流量对目标企业估价为

$$TV = \sum_{t=1}^{n} \frac{FCF_t}{(1+K_w)^t} + \frac{FCF_{n+1}/K_w}{(1+K_w)^n} \quad (10-1)$$

式中,TV 为并购后目标企业价值;FCF_t 为第 t 年的目标企业自由现金净流量;K_w 为折现率,表示加权平均资本成本。

贴现现金流量法是以现金流量预测为基础,是企业价值评估中使用广泛且理论健全的方法之一。贴现现金流量法充分考虑了目标公司未来创造现金流量能力对其价值的影响,

具有坚实的财务理论基础,既反映了企业股权价值与债权价值,又考虑了企业未来的收益水平。该方法的局限在于评估企业价值时,其结果的准确性依赖于企业经营持续稳定、现金流量预测、资本成本等各种假设的准确性为前提。

三、并购支付方式

1. 并购支付方式

并购支付方式是指并购企业为得到对目标企业的控制权而采用的支付方式,即并购公司用什么来换取对目标企业的控制权。并购支付方式主要有现金支付、股权支付、混合证券支付等方式。

现金支付是由主并企业向目标企业支付一定数量的现金,以获取目标企业的资产或股权。现金支付可以一次性支付或延期支付。对于主并企业而言,现金支付可以迅速完成并购,且现有的股权结构不受影响,现有股东的控制权不会被稀释,但现金支付会给主并企业造成沉重的现金负担,所承受的现金压力比较大,交易规模经常受到主并企业获现能力的限制。对于目标企业而言,目标企业股东可以得到确定的收益,但会形成纳税义务。现金支付是企业并购中使用频率最高的支付方式,其收购速度快,多用于恶意收购。

股权支付方式是指主并企业通过增加发行本企业的股票,以新发行的股票替换目标企业的股票,从而完成并购目的。对于主并企业而言,股权支付不需支付大量现金,不影响主并企业的现金状况,但增发新股票会改变原有企业的股权结构,使原有股东股权被稀释和控制权被削弱,且股权支付方式手续较多,耗费时间长。对于目标企业而言,目标企业的股东不会失去他们的所有权,而是成为主并企业的股东,但经营控制权一般是主并企业的股东占主导地位。股权支付方式一般常用于善意并购,并购双方规模与实力相当,则采用这种支付方式可能性较大。

混合证券支付方式是指主并企业采用现金、股票、公司债券、优先股、可转换债券、认股权证等多种形式组合,综合所选择的支付方式组合的长处,克服其短处,以获取目标企业的资产或股权。

并购企业在选择支付方式时,应当以考虑并购目的为主、综合考虑其他因素为辅。并购企业如果是基于被并购企业管理不善或治理结构存在缺陷等造成价值远低于经营能力所创造的价值,并购企业并购目的是要获取这部分管理收益或治理收益等,一般选择现金支付方式进行财务性重组。如果是为了获得被并购企业能够直接从资本市场上融资的资格,即买壳上市,则最好选择资产置换方式,以植入自身优质业务。如果是以并购双方利益相关者尤其是管理层的通力合作为前提,谋求业务的整合价值最大化,即进行战略性重组,则这种并购一般采用股权支付方式。

被并购企业应该尽量争取采用现金支付方式,以保证公司股东实现财富最大化,有效避免并购以后企业经营出现困难。资产置换方式有利于企业资源配置,但在并购企业获得控制权后,被并购企业股东权益会减少,需要双方磨合,因而增加企业经营前景的不确定性。被并购企业在选择支付方式时还应考虑并购后的协同效应、税收政策、产业政策等因素的影响。

2. 并购筹资方案的选择

不同的并购支付方式会产生不同的财务效果,影响对并购资金的需求,并购企业要据此确定筹资方案,结合初级、中级财务管理所涉及的筹资管理介绍。

四、并购防御

并购防御,又称为反并购,是指目标企业的管理者为了维护自身或企业的利益,采取反对并购的策略和方法。反并购的策略和方法很多,本教材介绍以下几种。

(一) 股份回购

股份回购是指目标企业或其董事、监事通过大规模买回本企业发行在外的股份来改变资本结构、减少流通在外股票数量的防御方法。股票一旦大量被目标企业购回,其在外流通的股份数量减少,假设回购不影响企业收益,那么剩余股票的每股收益率会上升,使得每股市价也随之提高。此时,目标公司可提出比收购者价格更高的出价,这样,收购的计划就需要更多的资金来支持,从而导致并购方的难度增加。

(二) 资产重估

资产重估是目标企业面临收购时的一种补救策略。目标企业可以采取重新评估资产的方式,使企业资产的账面价值与实际价值更加接近,提高净资产账面价值,从而提高收购价格,抵御收购。由于通货膨胀的因素,或由于房地产、无形资产如商誉、商标、专利等普遍存在低估的倾向,而在现行财务会计处理中,资产通常采用历史成本来估价,使得历史成本往往低于资产的实际价值,因此目标企业可通过重新评估资产价值和提高账面价值,促使股票价格上涨,增加收购成本。

(三) "白衣骑士"策略

"白衣骑士"策略是指在恶意并购发生时,目标企业寻找善意收购者作为第三方,即"白衣骑士"出面解救,驱逐恶意收购者。在这种情况下,会出现"白衣骑士"与恶意收购者共同争购上市公司股权的局面,"白衣骑士"与恶意收购者轮番竞价造成收购价格上涨,目标企业股价明显上升,恶意收购者要么提高收购价格即增加收购成本,要么放弃收购。这种反收购策略将带来收购竞争,有利于保护全体股东的利益。

(四) "降落伞"反收购计划

"降落伞"反收购计划是指被并购企业事先拟定一个协议,规定被收购时相关员工无论是主动还是被动离开企业,都可领到一笔巨额的安置费,从而达到提高并购成本的目的。"降落伞"反收购计划根据实施对象不同可分为"金降落伞""灰降落伞"和"锡降落伞"。"金降落伞"主要是针对企业的高管,由目标企业董事会通过决议,董事及高层管理者与目标企业签订合同规定:当目标企业被并购接管或其董事及高层管理者被解职的时候,可一次性领到巨额退休金(离职费)、股票选择权收入或额外津贴。"金降落伞"反收购计划的收益一般根据对象的地位、资历和以往业绩的差异拟定。该收益就像一把"降落伞",让高层管理者从其高高的职位上安全下来,因其收益丰厚如金,故称为"金降落伞"反收购计划。同时"灰降落伞"和"锡降落伞"是针对企业其他职员签订的保护性合同。企业在被并购后一段时间内,如果员工被解雇,"灰降落伞"指中级管理者可以按照工龄获得补偿,"锡降落伞"指普通员工可领取员工遣散费。

(五)出售"皇冠上的珍珠"

目标企业成为主并方的并购目标,可能是目标企业有良好的资产价值、盈利能力或发展前景等,而这些大多来自目标企业内经营最好的子公司,被称为"皇冠上的珍珠"。目标企业为了保护这些子公司,可将其卖掉,以降低主并企业的预期收益,从而达到反收购的目的,或选用替代方法,将其抵押出去。

(六)"毒丸"计划

"毒丸"计划是由美国 Martin Lipton 律师 1982 年发明的,又称为股权摊薄计划。"毒丸"计划只有在企业面临被并购威胁时才启动。当面临恶意并购,目标企业为了保护自己的控股权,会大量低价增发新股,从而使得收购方手中的股票占比下降,摊薄了股权,让收购方无法达到控股的目标。"毒丸"一般指股东对公司股份或其他有价证券的购买权或出售权,"毒丸"计划是目标企业分配给股东具有优先表决权、偿付权的有价证券,或者一种购买期权,当恶意收购发生时,将会导致目标企业股东能以较低价格购买本企业股份或债券,或以较高价格向收购方出售股份或债券的权利。在实践中主要有三种"毒丸"计划:负债"毒丸"计划、优先股权"毒丸"计划和人员"毒丸"计划。

(七)收购并购者

收购并购者,又称为帕克曼防御战略,是指当恶意收购者提出收购时,目标企业以攻为守,针锋相对地对收购者发动进攻,威胁进行反收购,并开始购买收购者的股票,以达到保卫的目的。该方法风险较大,目标企业本身需有较强的资金实力和外部融资能力,同时,收购公司也须具备被收购的条件,一般应为上市公司,否则不易实施该方法。

(八)股权结构安排

企业可以与关联公司或友好公司之间相互持股,达成默契、彼此忠诚、相互保护,其中一方受到收购威胁时,另一方可以伸出援手。此外,国外许多公司通过员工持股增加恶意并购发生时并购方对股份收购的难度。

我国企业并购的防御战略一般可采用董事会轮选制和绝对多数条款、"白衣骑士"策略、帕克曼防御战略等,而"降落伞"反收购计划、"毒丸"计划等策略不适用。

第三节　企业集团财务管理

一、企业集团概述

（一）企业集团的概念

企业集团（business group）是企业发展的高级形式，它是由具有资本、契约、产品或者技术等各种利益关系的两个或者两个以上具有独立法人地位的企业联合组成，成员企业接受集团的统一管理，遵守共同的章程，具有共同的经营战略和发展目标。企业集团本身不是民事法律主体，其通常采用：纵向并购、横向并购、多元化战略等三种方式进行整体扩张形成企业集团。

（二）企业集团的特征

1. 企业集团由多个企业法人组成，自身不具有法人资格

企业集团是一个独特的联合体，其自身不具备法人资格，没有法律地位，企业集团整体不需要统一纳税。其由多个独立的法人单位（企业法人或者事业法人）组成，各个法人单位按照"自主经营、自负盈亏"的原则进行经营以实现其盈利目标，各个成员单位对自身的管理模式、体制、手段等拥有最终决定权，集团管理呈现开放性、包容性。

2. 市场结构的垄断性与兼容性

企业集团的产生与市场的垄断有着密切的联系。企业集团通过集团内成员企业的联合可以产生明显的规模经济效应及较强的聚合力，使得企业集团在激烈的市场竞争中获得竞争优势。由此也产生了以集团公司为核心，集团公司连同控股公司、参股公司和关联公司组成了一个规模巨大的集团，在一定的经济区域内均能产生较大的影响，表现出市场结构的垄断特征。

3. 企业集团的产权连锁性及生产经营的多样性

实践表明，企业集团内的企业通常以资产为纽带，从而维系着整个集团组织结构的稳定，也便于企业集团的运营管理。由于企业的投资者对公司资产具有实际占有、支配等权利，具体表现为以股票为载体的股权，因而集团公司能够对各成员企业进行股权控制及成员企业之间的交叉持股，从而表现为集团产权的连锁性。

从企业集团的经营管理来看，其可能表现为多家企业生产同类产品，或者各成员企业之间处于供应链的不同环节，也有可能不存在任何的业务关系，仅仅表现为控股关系，最后也有可能是多种情况综合。因而，企业集团的生产经营具有多样化的特点。

> **小贴士**
>
> 企业集团财务管理由于涉及众多成员企业，涉及面更广，管理更复杂。相对于单个企业，更应该从整体、长期、可持续发展的角度进行战略考虑，提升企业集团管理水平，提高资

源使用效率,充分发挥企业联合体的规模经济效应、范围效应,在实现企业集团管理目标的同时,也能更好地服务于社会,为实现中华民族伟大复兴梦做出贡献。

二、企业集团财务管理特点

(一)企业集团财务管理主体的多元化

企业集团是多层级的法人治理结构,与之相对应,形成了以母公司为核心领导的一元中心下的多层级复合结构特征。企业集团的各个子公司作为独立的法人,在法律地位上与母公司是彼此法人人格独立的,它们都是利润中心或者投资中心,具有高度的自主经营管理权,自主经营,自负盈亏,能独立地享受法律权利、承担法律责任。因而,企业集团的管理主体是多样化的,各个子公司除了编制个别财务报表外,企业集团还需要编制合并财务报表。

(二)企业集团财务决策多层次化

为了保障企业集团战略目标的实现及整体利益的最大化,各成员企业必须以母公司为核心,各项财务决策必须从整体与局部、长期与短期等多个角度进行权衡,以获得在市场竞争中的持久竞争优势。然而,母公司管辖下的各级子公司分别处于不同的管理层次,因而其决策权利、义务、内容及方法手段等必然存在着较大的差异,这也就导致了集团内部财务决策的多层次的产生。

(三)企业集团母子公司之间往往以资本为纽带

一般而言,企业集团由母公司、众多的子公司、孙公司甚至曾孙公司等组成,母公司与各个成员公司之间往往以资本作为关联纽带。由于母公司在各个成员公司之间的持股比例各不相同,因而子公司的类型有多种类型,具体包括:全资子公司(集团持股100%)、控股子公司(集团持股50%以上)、参股子公司(集团持股20%~50%)、关联子公司(集团持股比例在20%以下)四种类型。总而言之,母公司对各子公司的资本投入比例取决于其对整个企业的重要程度,取决于各子公司自身生产经营的特点、公司实力、发展方向、业务涉及领域、双方优劣势等多个方面。

(四)企业集团内部关联交易时有发生

关联交易(connected transaction)就是企业关联方之间的交易。在企业集团内部表现为,母公司与子公司之间、同一控制下的子公司之间、合营企业之间及联营企业之间经常出现关联交易。关联交易并不是禁止的,只要交易双方按照公平交易的原则,按照市场价格进行交易,这是无可厚非的,然而在实际交易中,关联方交易常常成为集团公司操作利润在各个成员公司之间转移的手段,违背了交易的真实目的,极易发生不公平交易,也不利于调动相关主体的积极性。

三、企业集团财务管理职能

财务管理职能是指企业财务在运行中所固有的功能，一般包括财务预测、财务决策、财务计划、财务控制、财务分析等职能。而相对于一般的企业法人，企业集团的财务管理职能又有所不同，表现在战略管理职能、预算管理职能、考评管理职能、激励管理职能等方面。

（一）战略管理职能

战略管理是由企业的高层管理人员主导的，为保证企业战略目标的实现而对企业大量资源（含人、财、物、信息等各个方面的资源）进行配置的一个动态过程，战略管理是具有全局性、长远性的特征。企业集团财务管理必须围绕着集团战略目标而展开，也就是做好企业集团财务战略管理。财务战略制定和规划完成后，需将战略及时付诸实施，也就是说，企业财务管理的重要职能之一是制定和实施财务战略管理，这关系到企业集团财务管理的发展方向。

（二）预算管理职能

预算管理是一个综合性的财务计划管理，它以预测管理为基础，对企业集团未来的经营管理活动实现数量化描述，通过不断调整与修改实际管理行为与既定目标之间的偏差，保证各层次、各级别目标的实现，最终实现企业集团整体的战略目标。企业集团作为一个庞大的经济组织，管理过程复杂、涉及面广，时间跨度大，因而在企业管理过程中，及时发现管理行为与预算目标的偏差，及时纠正偏差，就变得非常重要，可以有效避免重大失误的出现，提高企业集团管理效率。

（三）绩效评价职能

绩效评价是指企业集团根据特定的绩效评价标准，采用一定的评价方法对企业集团内部各层级管理对象进行客观、公正地评价的管理活动。绩效评价最常见的是对财务绩效进行评价，而管理、质量技术、作业等绩效内容也属于绩效评价的范畴。绩效评价涉及评价指标、评价标准、评价程序及方法、奖惩方案等的选择，评价体系的准确建立对于实施有效绩效评价至关重要。绩效评价职能可以充分调动各级管理者、员工等工作的积极性和主动性。

（四）激励管理职能

激励管理是企业集团设计适当的激励方式及工作环境来满足集团员工的需要，通过鼓励、引导、约束员工的行为，最终实现企业员工个人目标与集团目标相统一。激励管理的关键点在于奖励与惩罚的有机统一，实现奖罚分明。企业集团的激励管理更多地侧重于对管理者尤其是高级管理者的激励，这是由企业集团自身的特点和高级管理者的权限而决定的。高级管理者影响着集团的重大决策、战略制定及执行，通过激励管理可以使管理者能高度关注环境、信息及集团自身变化，及时调整公司战略及相关部署，促进集团目标的实现。

四、企业集团财务管理体制

　　财务管理体制是指企业财务管理过程中的组织架构和管理机制,是财务关系的具体体现。而企业集团财务管理体制是明确集团内部各层级的责、权、利关系的制度,它的核心是如何配置决策权和控制权,而对母子公司财权的分配又是重中之重的内容。

　　财务管理体制按其集权化的程度可分为集权式、分权制式和混合制式等三种模式,而在企业集团财务管理体制中,主要体现集权式财务管理体制和分权式财务管理体制。判断集团母公司与子公司之间是集权还是分权体制主要从投资决策权、对外筹资权、集团内现金流转途径、成本费用管理制度、利润分配权、人事管理权、工资奖金分配权、资产处置权八个方面进行。

(一)集权式财务管理体制

　　集权式财务管理体制是指企业集团的母公司掌握着集团的重大财务决策权,而各层级子公司受到母公司的严格控制及统一管理,子公司只拥有日常业务的决策权和执行权的财务管理体制。集权式体制的优点是:①企业集团内统一决策,有利于实现成员企业行动的一致性,促进集团整体目标的实现;②有利于整合企业集团的各项资源,集中力量实现集团目标;③作为核心企业的母公司财务管理水平高,有利于降低下属子公司的各项风险,也有利于资金的统一调度,提高资金使用效率。集权式体制的缺点是:①当最高管理层出现主观臆断时,会导致重大决策失误,影响巨大;②不利于调动子公司的积极性、主动性和创造性;③决策链条过长,决策效率低,反应迟钝。

(二)分权式财务管理体制

　　分权式财务管理体制是指重大财务决策权分配给下属子公司,母公司只集中少数的关系集团整体利益的重大财务决策权的财务管理体制。分权式体制的优点是:①有利于信息的横向沟通,能充分调动子公司管理层的积极性、创造性;②纵向信息传递链条短,反应灵敏,能提高决策效率;③母公司管理层可以将更多精力放在重大战略问题的决策上。分权式体制的缺点是:①各成员单位容易出现各自为政的现象,为了局部利益而损害整体利益;②信息分散且不对称,不利于母公司及时发现存在的问题;③子公司管理层权利较大,缺乏有效约束。

　　集权式财务管理体制与分权式管理体制各有优缺点,没有哪家企业的财务管理体制固定于某种类型,在不同的发展阶段、不同时期、不同环境下企业集团财务管理体制的侧重点有所不同,需要进行动态调整。

第四节　企业国际财务管理

　　企业国际财务管理是财务管理的一个新领域,它是基于国际环境,按照国际惯例和国际经济法的有关条款,根据国际企业财务收支的特点,组织国际企业的财务活动、处理国际企业财务关系的一项经济管理工作。

一、企业国际财务管理特点

1. 资金流动的国际性

国际企业可以在各国资本市场上发行股票、债券,通过国外子公司在东道国进行筹资等,增强市场流动性同时实现显著的筹资规模效应。

2. 资金筹集的多样性

无论是国际企业的资金来源还是筹资方式,都呈现多样化的特点,这使得国际企业在筹资时有更多的选择。国际企业既可以利用母公司本国的资金,也可以利用子公司东道国的资金,还可向国际金融机构和国际金融市场筹资。

3. 资金投入的高风险性

国际企业在筹资过程中不但面临着不同国家、不同地区的汇率、利率及税率等因素的多重影响,而且还深受各国政治、法律环境,经济发展程度及文化背景等更为复杂的影响,因此其筹资的不确定性较大。

4. 筹资管制与信息披露要求严格

在国际金融市场上筹资,一般都有严格的管制与信息披露要求,同时,成熟的投资者也要求国际企业在筹资时有充分准确的信息披露。如果信息披露违规,会受到严厉的惩罚。

二、国际企业筹资管理

(一) 国际企业的资金来源

与单一的国内企业相比,国际企业有更多的资金来源,最主要的资金来源可概括为以下四个方面。

1. 公司集团内部的资金来源

国际企业的经营规模大、业务多,常常在其内部形成国际性的资金融通体系。一些世界著名的跨国公司有几十个子公司,有的甚至有上百个分支机构。这样,国际企业内部的各经营实体在日常经营活动中可能产生或获得大量的资金,从而构成了内部资金的广泛来源。

2. 母公司本国的资金来源

国际企业的母公司可以利用它与本国经济发展的密切联系,从本国的金融机构和有关政府组织获取资金。

3. 子公司东道国的资金

国际企业也可在子公司的东道国筹集资金。一般来说,多数子公司都在当地借款,在很多国家,金融机构对当地企业贷款的方式同样适用于外资企业。在当地借款既可弥补投资不足,又是预防和减少风险的有力措施。

4. 国际资金来源

国际企业除集团内部、母公司本国、子公司东道国以外的任何第三国或第三方提供的资金都可称为国际资金。国际资金主要包括以下三个方面:第一,向第三国银行借款或在第三国资本市场上出售证券;第二,在国际金融市场上出售证券;第三,从国际金融机构获取贷款。

(二)国际企业的筹资方式

1. 发行国际股票

随着经济的全球化,股票的发行也已超越了国界的限制,出现国际化趋势,许多大企业特别是大型跨国公司都到国际金融市场上发行股票。

2. 发行国际债券

国际债券可分为外国债券和欧洲债券两类。相对来说,到外国债券市场上发行债券受到的管制多些,而在欧洲债券市场上发行债券则比较宽松,因为欧洲债券不受当地法律的干预,受到的管制也较少,信息披露的标准比较宽松,税收上比较优惠,而且欧洲债券通常不记名,容易转让。目前发达国家的公司进入国际债券市场的很多,而发展中国家的公司相对较少。在债券市场的选择上,选择欧洲债券市场的较多。

3. 利用国际银行信贷

国际银行信贷是一国独家银行或一国(多国)多家银行组成的贷款银团,在国际金融市场上,向另一国借款人提供的不限定用途的货币贷款。

4. 利用国际租赁

国际租赁是指一国从事经济活动的某单位,以支付租金为条件,在一定时期内向外国某单位租借物品使用。国际租赁是一种新型融资方式,以出租实物的形式代替对承租人直接发放贷款。通过国际租赁,国际企业可以直接获得国外资产,较快地形成生产能力,充分利用外资。

(三)国际企业的资本成本与资本结构

国际企业的资本成本是指国际企业筹集和使用资金必须支付的各种费用。国际企业的资本成本不同于国内企业的资本成本,除了受筹资费用和用资费用影响外还受企业的规模大小、国际业务的范围、汇率的高低、国际政治风险等因素的影响。国际企业的各种资金来源中,有的可以得到各类补贴,有的需要缴纳各种税收,有的则可能受到种种限制。国际企业可以通过选择合适的筹资方式来尽量减轻税负,避免受到各种限制,实现最优的资本结构。

建立最优资本结构是国际企业筹资最重要的战略目标。国际企业在确定最佳资本结构时,首先,要考虑公司自身的特点,包括:①国际企业现金流量的稳定性;②国际企业的信用风险;③国际企业股利分配政策。国际企业最佳资本结构的安排,是实现企业价值最大化的重要手段。在选择资本结构时,国际企业必须研究各种因素的制约,并据此设计公司整体和各个子公司的资本结构。

三、国际企业投资管理

国际投资是指投资者跨越国界投入一定数量的资金或其他生产要素,以期获得比国内更高的利润。

(一) 国际投资的特点

与国内投资相比,国际投资表现出以下特点。

1. 国际投资已成为生产要素国际交流的重要形式

各国之间通过相互投资,实现生产要素的交流、市场的扩大、技术水平的提高、国际金融的渗透,以适应在生产国际化形势下国际竞争的需要。

2. 投资目的多样性

国际投资的目的多种多样,有的在于促进资本保值增值,有的在于改善投资国与东道国的双边经济关系,有的则带有明显的政治目的等。

3. 国际投资的资本来源渠道多样化

资本来源不仅包括本国市场的资金,也包括国际金融市场筹集的资本等。

4. 投资活动中货币单位的差异性

各国所使用的货币不同,货币本位的差别决定了资本的国际相对价格的差别,这种差别影响着国际投资的规模和形式。

5. 国际投资具有更大的复杂性和风险性

国际投资的经营活动遍及多个国家,因而受到各国不同的政治、经济、金融体制和环境的制约。这给企业选择资本投放方向(即投资决策)带来了更多的不确定性。

6. 国际投资具有更多的灵活性和套利机会

跨国公司可以通过全球范围的对外直接投资,选择廉价的原材料的供应来源及劳动力,能够在税率、利率等方面选择成本低的市场。

(二) 国际投资的种类

(1) 按投资方式,国际投资可分成国际直接投资和国际间接投资。
(2) 按资金来源,国际投资可分成公共投资和私人投资。
(3) 按投资时间长短,国际投资可分成长期投资和短期投资。

(三) 国际投资方式

国际投资方式是企业进行国际投资时所采用的具体形式,目前主要有国际合资投资、国际合作投资、国际独资投资、国际证券投资等。

1. 国际合资投资

国际合资投资是指某国投资者与另一国投资者通过组建合资经营企业的形式所进行的投资。

2. 国际合作投资

国际合作投资是指外国投资者与东道国投资者通过签订合同、协议等形式来规定各方的责任、权利、义务，按照共同投资、共同经营、共负盈亏、共担风险的原则组建企业进行投资活动。

3. 国际独资投资

国际独资投资是指通过在国外设立独资企业的形式所进行的投资。

4. 国际证券投资

国际证券投资是指一国投资者将其资金投资于其他国家的公司、企业或经济组织发行的证券，以期在未来获得收益。

第五节 企业破产、重整与清算财务管理

一、企业破产

"破产"一词源于拉丁语"falletux"，意思为"失败"。学者们从经济学和法学的角度给出了各自的解释。经济学意义上的破产，是指企业由于不明智的扩张、激烈的竞争、过高的负债等原因导致经营和财务状况恶化，在市场竞争中被淘汰，是经济活动的彻底失败，意味着经济资源重新分配的开始。法学意义上的破产是指债务人不能清偿到期债务时，由法院强制执行其全部财产，公平清偿给全体债权人，或者在法院监督下，由债务人与债权人会议达成和解协议，整顿复苏企业，清偿债务，避免倒闭清算的法律制度。经济学意义上的破产，侧重于破产淘汰；法学意义上的破产，侧重于破产还债。

各国对破产的认知也各有不同，普遍来看，破产有广义和狭义之分。

广义破产，是指企业因经营管理不善等原因而造成不能清偿到期债务时，按照一定程序，采取一定方式，使其债务得以解脱的经济事件。一般分为技术性破产、事实性破产、法律性破产三种。

（1）技术性破产，是指企业由于财务管理技术的失误，不能偿还到期债务的现象。此时，企业总资产的公允价值等于或大于总负债，盈利能力和财务基础较好，但由于资产流动性差无法转变为足够现金用于偿还到期债务。企业可以通过出售资产、减少资本支出、发行新股等方式，使企业转危为安。企业如果不能合理调整财务结构，很容易形成法律上的破产，即"黑字破产"。

（2）事实性破产，是指资不抵债时发生的实际上的破产，即债务人因全部负债超过全部资产的公允价值，并且无法筹集到新资金以清偿到期债务而破产。此时，企业所有者权益为负，资金匮乏和信用崩溃同时出现，企业破产无可挽回。

（3）法律性破产，是指债务人因不能清偿到期债务而被法院依法宣告破产。

狭义破产，是指法律性破产。在我国经济法中，破产是在债务人不能清偿到期债务时，由法院强制执行其全部财产，公平清偿全部债权人，或者在法院监督下，由债务人与债权人会议达成和解协议、整顿、复苏企业、清偿债务、避免倒闭清算的法律制度。

二、企业重整

财务重组是对陷入财务危机但仍有转机和重建价值的企业根据一定程序进行重新整合，使企业得以维持和复兴的做法。财务重组按是否通过法律程序分为非正式财务重组和正式财务重组两种。非正式财务重组是指债务人企业与债权人达成自愿协议进行的重组。一般针对技术性破产企业，面临的只是暂时性的财务困难，恢复偿债能力的前景比较乐观，债务人和债权人双方通常愿意私下和解；否则，只能进行正式财务重组，通过法律程序来解决。正式财务重组分为和解和重整。本章主要介绍企业重整。

1. 企业重整的概念

企业重整，也叫司法重整，是指专门针对可能或已经具备破产原因但又有维持价值和再生希望的企业，经由债务人企业或者债权人向人民法院申请，在法院的主持和利害关系人的参与下，进行业务上的重组和债务调整，以帮助债务人摆脱财务困境、恢复营业能力、扭亏为盈、获得新生、能够在规定期限内清偿债务的法律制度。企业重整是《中华人民共和国破产法》（以下简称《破产法》）的重要内容，是人民法院依法裁定宣告企业破产之前的一种重要程序，又称为预防性破产程序。我国《破产法》规定，债权人申请对债务人进行破产清算的，在人民法院受理申请后、宣告债务人破产前，债务人或者出资额占债务人注册资本十分之一以上的出资人，可以向人民法院申请重整，也就是说，不对无偿付能力的企业财产进行立即清算，而是在法院主持和监督下，由债务人和债权人达成协议，制定重组计划，规定在一定期限内债务人按一定方式全部或部分清偿债务，同时，债务人可以继续经营其业务的制度。

2. 企业重整的程序

重整仅适用于企业法人，重整程序包括以下步骤。

1）申请人向法院提出重整申请

在法院宣告破产前，债务人、连续6个月持有公司10%以上股份的股东及债权人向被申请人所在地的法院提出申请，递交书面申请书。

2）法院受理重整申请

法院受理内容主要有：①审查，从形式和实质两方面审查重整申请的合法性；②调查，选任与当事人无利害关系的具有专门知识经验的法官、律师、会计师等人员对被申请重整企业进行调查，并把调查结果提交法院作为是否重整的裁定依据；③保全，法院接到申请书后，作出受理裁定前，为防止债务人转移财产和其他影响债权人利益的行为发生，对债务人财产实行保全措施，中止对债务人的其他民事执行程序；④裁定，如果同意重整，就正式启动重整程序，如果否决重整，就要说明理由。

3）债务人或管理人制订重整计划

债务人或管理人根据实际情况制订重整计划草案，交由关系人会议讨论通过后，由重整监督人提交法院认可。重整计划的内容包括：①债务人的经营方案；②债权分类；③债权调整方案；④债权受偿方案；⑤重整计划的执行期限；⑥重整计划执行的监督期限；⑦有利于债务人重整的其他方案。

4）债务人执行重整计划

重整计划由债务人负责执行。人民法院裁定批准重整计划后，已接管财产和营业事务的管理人应当向债务人移交财产和营业事务。自人民法院裁定批准重整计划之日起，在重整计划规定的监督期内，由管理人监督重整计划的执行。在监督期内，债务人应当向管理人报告重整计划执行情况和债务人财务状况。监督期届满时，管理人应当向人民法院提交监督报告。自监督报告提交之日起，管理人的监督职责终止。管理人向人民法院提交的监督报告，重整计划的利害关系人有权查阅。

5）法院宣告重整完成或终止

如果重整计划顺利执行完毕，重整程序自动结束，法院宣告重整完成，终止破产程序。如果重整期满债务人企业不能及时按照协议清偿债务；或者在重整期间，债务人企业不执行重整计划，损害债权人利益，使财务状况继续恶化，法院应该宣告终止重整，进行破产清算。

三、企业清算

1. 企业清算的概念

企业清算是指在企业终止过程中，为保护债权人、所有者等利益相关者的合法权益，依法对企业财产、债权、债务进行全面清查，分配剩余财产，终止其经营活动，并依法取消其法人资格等一系列工作的总称。

2. 企业清算的类型

清算按不同标准有不同的分类，一般而言，按其原因可划分为破产清算和解散清算。

破产清算主要是由于经营管理不善造成严重亏损，不能清偿到期债务必须进行的清算。主要情形有两种：①资不抵债，即企业负债总额大于其资产总额，事实上已经不能支付到期债务；②资金链断裂，即虽然企业的资产总额大于其负债总额，但因不能变现为现金资产，未能偿还到期债务，被依法宣告破产。

根据我国公司法规定，解散清算的主要原因有以下情形：①公司章程规定的营业期限届满或者公司章程规定的其他解散事由出现；②股东会或者股东大会决议解散；③因公司合并或者分立需要解散；④依法被吊销营业执照、责令关闭或者被撤销；⑤人民法院依法予以解散。

3. 企业清算的程序

破产清算的基本程序包括以下步骤。

（1）人民法院受理破产申请。

（2）指定管理人：管理人可以由有关部门、机构的人员组成的清算组担任，也可以由律师事务所等社会中介机构担任。

（3）法院依法宣告企业破产。

（4）通知或公告债权人申报债权。

(5) 召开债权人会议。
(6) 确认破产财产。
(7) 确认破产债权。
(8) 行使撤销权及追回权,将追回财产并入破产财产。
(9) 优先清偿有担保的债权。
(10) 清偿破产费用和共益债务。
(11) 破产财产按顺序清偿与分配。
(12) 注销企业登记,结束清算。

解散清算的基本程序包括以下步骤。
(1) 确定清算人或成立清算组。
(2) 债权人进行债权登记。
(3) 清理公司财产,编制资产负债表和财产清单,制订清算方案。
(4) 执行清算方案。

清算终结,公司注销,办理清算的法律手续。

四、企业破产与企业重整、企业清算的区别与联系

当企业深陷财务危机、濒临破产时,必须决定是通过清算来解散企业,还是通过重整生存下去。决策取决于企业的重整价值是否大于清算价值。重整价值是指企业重整后继续经营,所能得到的现金流量现值;清算价值是指企业进行清算所能得到的现金流量,它等于全部资产的变现价值扣除清算过程中所发生的清理费用后的余额。如果企业在可预见的未来具有良好的发展前景,其重整价值大于清算价值,则债权人可以选择重整振兴企业;否则,企业则被迫转入清算,重新配置社会资源。可见,重整与清算是广义破产的两个完全相反的极端,因此,通常所说的破产财务管理包括企业重整财务管理和企业清算财务管理。破产、重整与清算的基本结构如图10-1所示。

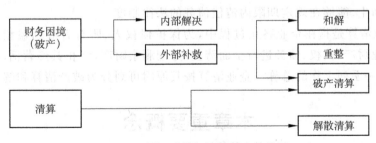

图10-1 破产、重整与清算基本结构图

本 章 小 结

本章讲述了高级财务管理包括的内容与特征,介绍了企业并购、企业集团财务管理、企业国际财务管理、企业破产、重整与清算等专题内容,包含以下要点。

（1）高级财务管理是以资金管理为中心内容的一项管理活动，是初级、中级财务管理以外的特殊业务、复杂业务的财务管理，以及财务管理领域中的新问题或尚未成熟的问题的研究。

（2）高级财务管理主要特征是以价值管理为中心、研究主体复杂程度高、财务管理工作升级为战略层面、财务管理工作注重资本运营等。

（3）企业并购包括企业兼并与企业收购，可按法律形式、行业角度、并购程序、并购的支付方式等分为多种类型。

（4）并购估价是指买卖双方对目标企业（股权或资产）购入或出售做出的价值判断，以确定并购方愿意支付的并购价格。并购支付方式主要有现金支付、股权支付、混合证券支付等方式。企业并购估价的基本方法有：贴现现金流量法、成本法和换股估价法、市盈率法等。贴现现金流量法对目标企业估价的步骤是：自由现金流量预测、贴现率估算、计算现金流量现值与估计购买价格。

（5）并购防御是指目标企业的管理者为了维护自身或企业的利益，采取反对并购的策略和方法，包括股份回购、资产重估、白衣骑士、降落伞反收购计划、出售"皇冠上的珍珠"、毒丸计划、收购并购者、股权结构安排等。

（6）企业集团是企业发展的高级形式，它是由具有资本、契约、产品或者技术等各种利益关系的两个或者两个以上具有独立法人地位的企业联合组成，成员企业接受集团的统一管理，遵守共同的章程，具有共同的经营战略和发展目标。

（7）企业国际财务管理的特点有资金流动的国际性、资金筹集的多样性、资金投入的高风险性、筹资管制与信息披露要求严格等，涉及国际筹资管理与国际投资管理。

（8）广义破产，是指企业因经营管理不善等原因而造成不能清偿到期债务时，按照一定程序，采取一定方式，使其债务得以解脱的经济事件。狭义破产，是指法律性破产。

（9）企业重整，也叫司法重整，是指专门针对可能或已经具备破产原因但又有维持价值和再生希望的企业，经由债务人企业或者债权人向人民法院申请，在法院的主持和利害关系人的参与下，进行业务上的重组和债务调整，以帮助债务人摆脱财务困境、恢复营业能力、扭亏为盈、获得新生、能够在规定期限内清偿债务的法律制度。

（10）企业清算是指在企业终止过程中，为保护债权人、所有者等利益相关者的合法权益，依法对企业财产、债权、债务进行全面清查，分配剩余财产，终止其经营活动，并依法取消其法人资格等一系列工作的总称。企业清算按其原因可划分为破产清算和解散清算。

本章重要概念

并购（mergers & acquisitions，M&A）

并购估价（M&A Valuation）

自由现金流量（free cash flow）

并购防御（M&A defense）

财务管理体制（financial management system）

国际投资（international investment）

破产(bankruptcy)
重整(reorganization)
清算(liquidation)

本章思考题

(1) 高级财务管理包括哪些内容？其特征是什么？
(2) 企业并购含义是什么？具体有哪些形式？
(3) 企业并购估价的基本方法中贴现现金流量法有哪些步骤？
(4) 企业并购支付方式有哪些？并购防御策略有哪些？
(5) 企业集团概念如何界定？企业集团财务管理特点、职能、体制是什么？
(6) 企业国际财务管理特点是什么？如何进行企业国际筹资管理、投资管理？
(7) 企业破产是指什么？一般分为哪几种？
(8) 企业重整是指什么？重整程序包括哪几个步骤？
(9) 企业清算是指什么？有哪些类型？清算的程序是怎样？
(10) 企业破产与企业重整、企业清算的区别与联系是什么？

案 例

同泰皮革有限公司的破产清算

2015年，浙江安吉同泰皮革有限公司执行破产清算。受理破产申请后，安吉法院立即通知相关法院中止诉讼、执行程序，解除财产保全措施，由管理人接管了同泰皮革的全部资产。为公平保障全部债权人的利益，对全省范围内涉及同泰皮革执行案件进行检索，执行人员提醒外地债权人申报债权224.3万元。2015年6月4日，同泰皮革破产案召开第一次债权人会议，会议高票通过了《财产管理、变价和分配方案》等两项议案。同月26日，安吉法院裁定确认上述财产管理、变价和分配方案。目前，财产分配方案已执行完毕。同泰皮革作为被执行人的案件共53件，债权金额累计4 213.1万元，个案执行时间最长达一年半。启动执行转破产程序后，3个月即审结完成，并实现职工债权和税收债权全额清偿，普通债权清偿率达到22.5%。

资料来源：WIND数据库整理而得.
思考题：结合案例，理解破产清偿的意义在于什么？

附　　录

复利现值系数表 1

期数	1%	2%	3%	4%	5%	6%	7%	8%	9%	10%
1	0.990	0.980	0.971	0.962	0.952	0.943	0.935	0.926	0.917	0.909
2	0.980	0.961	0.943	0.925	0.907	0.890	0.873	0.857	0.842	0.826
3	0.971	0.942	0.915	0.889	0.864	0.840	0.816	0.794	0.772	0.751
4	0.961	0.924	0.889	0.855	0.823	0.792	0.763	0.735	0.708	0.683
5	0.952	0.906	0.863	0.822	0.784	0.747	0.713	0.681	0.650	0.621
6	0.942	0.888	0.838	0.790	0.746	0.705	0.666	0.630	0.596	0.565
7	0.933	0.871	0.813	0.760	0.711	0.665	0.623	0.584	0.547	0.513
8	0.924	0.854	0.789	0.731	0.677	0.627	0.582	0.540	0.502	0.467
9	0.914	0.837	0.766	0.703	0.645	0.592	0.544	0.500	0.460	0.424
10	0.905	0.820	0.744	0.676	0.614	0.558	0.508	0.463	0.422	0.386
11	0.896	0.804	0.722	0.650	0.585	0.527	0.475	0.429	0.388	0.351
12	0.887	0.789	0.701	0.625	0.557	0.497	0.444	0.397	0.356	0.319
13	0.879	0.773	0.681	0.601	0.530	0.469	0.415	0.368	0.326	0.290
14	0.870	0.758	0.661	0.578	0.505	0.442	0.388	0.341	0.299	0.263
15	0.861	0.743	0.642	0.555	0.481	0.417	0.362	0.315	0.275	0.239
16	0.853	0.728	0.623	0.534	0.458	0.394	0.339	0.292	0.252	0.218
17	0.844	0.714	0.605	0.513	0.436	0.371	0.317	0.270	0.231	0.198
18	0.836	0.700	0.587	0.494	0.416	0.350	0.296	0.250	0.212	0.180
19	0.828	0.686	0.570	0.475	0.396	0.331	0.277	0.232	0.195	0.164
20	0.820	0.673	0.554	0.456	0.377	0.312	0.258	0.215	0.178	0.149
21	0.811	0.660	0.538	0.439	0.359	0.294	0.242	0.199	0.164	0.135
22	0.803	0.647	0.522	0.422	0.342	0.278	0.226	0.184	0.150	0.123
23	0.795	0.634	0.507	0.406	0.326	0.262	0.211	0.170	0.138	0.112
24	0.788	0.622	0.492	0.390	0.310	0.247	0.197	0.158	0.126	0.102
25	0.780	0.610	0.478	0.375	0.295	0.233	0.184	0.146	0.116	0.092
26	0.772	0.598	0.464	0.361	0.281	0.220	0.172	0.135	0.106	0.084
27	0.764	0.586	0.450	0.347	0.268	0.207	0.161	0.125	0.098	0.076
28	0.757	0.574	0.437	0.334	0.255	0.196	0.150	0.116	0.090	0.069
29	0.749	0.563	0.424	0.321	0.243	0.185	0.141	0.107	0.082	0.063
30	0.742	0.552	0.412	0.308	0.231	0.174	0.131	0.099	0.075	0.057

复利现值系数表 2

期数	11%	12%	13%	14%	15%	16%	17%	18%	19%	20%
1	0.901	0.893	0.885	0.877	0.870	0.862	0.855	0.848	0.840	0.833
2	0.812	0.797	0.783	0.770	0.756	0.743	0.731	0.718	0.706	0.694
3	0.731	0.712	0.693	0.675	0.658	0.641	0.624	0.609	0.593	0.579
4	0.659	0.636	0.613	0.592	0.572	0.552	0.534	0.516	0.499	0.482
5	0.594	0.567	0.543	0.519	0.497	0.476	0.456	0.437	0.419	0.402
6	0.535	0.507	0.480	0.456	0.432	0.410	0.390	0.370	0.352	0.335
7	0.482	0.452	0.425	0.400	0.376	0.354	0.333	0.314	0.296	0.279
8	0.434	0.404	0.376	0.351	0.327	0.305	0.285	0.266	0.249	0.233
9	0.391	0.361	0.766	0.308	0.284	0.263	0.243	0.226	0.209	0.194
10	0.352	0.322	0.295	0.270	0.247	0.227	0.208	0.191	0.176	0.162
11	0.317	0.288	0.261	0.237	0.215	0.195	0.178	0.162	0.148	0.135
12	0.286	0.257	0.231	0.208	0.187	0.169	0.152	0.137	0.124	0.112
13	0.258	0.229	0.204	0.601	0.163	0.145	0.130	0.116	0.104	0.094
14	0.232	0.205	0.181	0.160	0.141	0.125	0.111	0.099	0.088	0.078
15	0.209	0.183	0.160	0.140	0.123	0.108	0.095	0.084	0.074	0.065
16	0.188	0.163	0.142	0.123	0.107	0.093	0.081	0.071	0.062	0.054
17	0.170	0.146	0.125	0.108	0.093	0.080	0.069	0.060	0.052	0.045
18	0.153	0.130	0.111	0.095	0.081	0.069	0.059	0.051	0.044	0.038
19	0.138	0.116	0.098	0.083	0.070	0.060	0.051	0.043	0.037	0.031
20	0.124	0.104	0.087	0.073	0.061	0.051	0.043	0.037	0.031	0.026
21	0.112	0.093	0.077	0.064	0.053	0.044	0.037	0.031	0.026	0.022
22	0.101	0.083	0.068	0.056	0.046	0.038	0.032	0.026	0.022	0.018
23	0.091	0.074	0.060	0.049	0.040	0.033	0.027	0.022	0.018	0.015
24	0.082	0.066	0.053	0.043	0.035	0.028	0.023	0.019	0.015	0.013
25	0.074	0.059	0.047	0.038	0.030	0.025	0.020	0.016	0.013	0.011
26	0.066	0.053	0.042	0.033	0.026	0.021	0.017	0.014	0.011	0.009
27	0.060	0.047	0.037	0.029	0.023	0.018	0.014	0.012	0.009	0.007
28	0.054	0.042	0.033	0.026	0.020	0.016	0.012	0.010	0.008	0.006
29	0.049	0.037	0.029	0.022	0.017	0.014	0.011	0.008	0.006	0.005
30	0.044	0.033	0.026	0.020	0.015	0.012	0.009	0.007	0.005	0.004

复利现值系数表3

期数	21%	22%	23%	24%	25%	26%	27%	28%	29%	30%
1	0.826	0.820	0.813	0.807	0.800	0.794	0.787	0.781	0.775	0.769
2	0.683	0.672	0.661	0.650	0.640	0.630	0.620	0.610	0.601	0.592
3	0.565	0.551	0.537	0.525	0.512	0.500	0.488	0.477	0.466	0.455
4	0.467	0.451	0.437	0.423	0.410	0.397	0.384	0.373	0.361	0.350
5	0.386	0.370	0.355	0.341	0.328	0.315	0.303	0.291	0.280	0.269
6	0.319	0.303	0.289	0.275	0.262	0.250	0.238	0.227	0.217	0.207
7	0.263	0.249	0.235	0.222	0.210	0.198	0.188	0.178	0.168	0.159
8	0.218	0.204	0.191	0.179	0.168	0.157	0.148	0.139	0.130	0.123
9	0.180	0.167	0.766	0.144	0.134	0.125	0.116	0.108	0.101	0.094
10	0.149	0.137	0.126	0.116	0.107	0.099	0.092	0.085	0.078	0.073
11	0.123	0.112	0.103	0.094	0.086	0.079	0.072	0.066	0.061	0.056
12	0.102	0.092	0.083	0.076	0.069	0.063	0.057	0.052	0.047	0.043
13	0.084	0.075	0.068	0.601	0.055	0.050	0.045	0.040	0.037	0.033
14	0.069	0.062	0.055	0.049	0.044	0.039	0.035	0.032	0.028	0.025
15	0.057	0.051	0.045	0.040	0.035	0.031	0.028	0.025	0.022	0.020
16	0.047	0.042	0.036	0.032	0.028	0.025	0.022	0.019	0.017	0.015
17	0.039	0.034	0.030	0.026	0.023	0.020	0.017	0.015	0.013	0.012
18	0.032	0.028	0.024	0.021	0.018	0.016	0.014	0.012	0.010	0.009
19	0.027	0.023	0.020	0.017	0.014	0.012	0.011	0.009	0.008	0.007
20	0.022	0.019	0.016	0.014	0.012	0.010	0.008	0.007	0.006	0.005
21	0.018	0.015	0.013	0.011	0.009	0.008	0.007	0.006	0.005	0.004
22	0.015	0.013	0.011	0.009	0.007	0.006	0.005	0.004	0.004	0.003
23	0.013	0.010	0.009	0.007	0.006	0.005	0.004	0.003	0.003	0.002
24	0.010	0.009	0.007	0.006	0.005	0.004	0.003	0.003	0.002	0.002
25	0.009	0.007	0.006	0.005	0.004	0.003	0.003	0.002	0.002	0.001
26	0.007	0.006	0.005	0.004	0.003	0.003	0.002	0.002	0.001	0.001
27	0.006	0.005	0.004	0.003	0.002	0.002	0.002	0.001	0.001	0.001
28	0.005	0.004	0.003	0.002	0.002	0.002	0.001	0.001	0.001	0.001
29	0.004	0.003	0.003	0.002	0.002	0.001	0.001	0.001	0.001	0.001
30	0.003	0.003	0.002	0.002	0.001	0.001	0.001	0.001	0.001	0.000

复利终值系数表1

期数	1%	2%	3%	4%	5%	6%	7%	8%	9%	10%
1	1.010	1.020	1.030	1.040	1.050	1.060	1.070	1.080	1.090	1.100
2	1.020	1.040	1.061	1.082	1.103	1.124	1.145	1.166	1.188	1.210
3	1.030	1.061	1.093	1.125	1.158	1.191	1.225	1.260	1.295	1.331
4	1.041	1.082	1.126	1.170	1.216	1.263	1.311	1.361	1.412	1.464
5	1.051	1.104	1.159	1.217	1.276	1.338	1.403	1.469	1.539	1.611
6	1.062	1.126	1.194	1.265	1.340	1.419	1.501	1.587	1.677	1.772
7	1.072	1.149	1.230	1.316	1.407	1.504	1.606	1.714	1.828	1.949
8	1.083	1.172	1.267	1.369	1.478	1.594	1.718	1.851	1.993	2.144
9	1.094	1.195	1.305	1.423	1.551	1.690	1.839	1.999	2.172	2.358
10	1.105	1.219	1.344	1.480	1.629	1.791	1.967	2.159	2.367	2.594
11	1.116	1.243	1.384	1.540	1.710	1.898	2.105	2.332	2.580	2.853
12	1.127	1.268	1.426	1.601	1.796	2.012	2.252	2.518	2.813	3.138
13	1.138	1.294	1.469	1.665	1.886	2.133	2.410	2.720	3.066	3.452
14	1.150	1.320	1.513	1.732	1.980	2.261	2.579	2.937	3.342	3.798
15	1.161	1.346	1.558	1.801	2.079	2.397	2.759	3.172	3.643	4.177
16	1.173	1.373	1.605	1.873	2.183	2.540	2.952	3.426	3.970	4.595
17	1.184	1.400	1.653	1.948	2.292	2.693	3.159	3.700	4.328	5.055
18	1.196	1.428	1.702	2.026	2.407	2.854	3.380	3.996	4.717	5.560
19	1.208	1.457	1.754	2.107	2.527	3.026	3.617	4.316	5.142	6.116
20	1.220	1.486	1.806	2.191	2.653	3.207	3.870	4.661	5.604	6.728
21	1.232	1.516	1.860	2.279	2.786	3.400	4.141	5.034	6.109	7.400
22	1.245	1.546	1.916	2.370	2.925	3.604	4.430	5.437	6.659	8.140
23	1.257	1.577	1.974	2.465	3.072	3.820	4.741	5.872	7.258	8.954
24	1.270	1.608	2.033	2.563	3.225	4.049	5.072	6.341	7.911	9.850
25	1.282	1.641	2.094	2.666	3.386	4.292	5.427	6.849	8.623	10.835
26	1.295	1.673	2.157	2.773	3.556	4.549	5.807	7.396	9.399	11.918
27	1.308	1.707	2.221	2.883	3.734	4.822	6.214	7.988	10.245	13.110
28	1.321	1.741	2.288	2.999	3.920	5.112	6.649	8.627	11.167	14.421
29	1.335	1.776	2.357	3.119	4.116	5.418	7.114	9.317	12.172	15.863
30	1.348	1.811	2.427	3.243	4.322	5.744	7.612	10.063	13.268	17.449

复利终值系数表2

期数	11%	12%	13%	14%	15%	16%	17%	18%	19%	20%
1	1.110	1.120	1.130	1.140	1.150	1.160	1.170	1.180	1.190	1.200
2	1.232	1.254	1.277	1.300	1.323	1.346	1.369	1.392	1.416	1.440
3	1.368	1.405	1.443	1.482	1.521	1.561	1.602	1.643	1.685	1.728
4	1.518	1.574	1.631	1.689	1.749	1.811	1.874	1.939	2.005	2.074
5	1.685	1.762	1.842	1.925	2.011	2.100	2.192	2.288	2.386	2.488
6	1.870	1.974	2.082	2.195	2.313	2.436	2.565	2.700	2.840	2.986
7	2.076	2.211	2.353	2.502	2.660	2.826	3.001	3.186	3.379	3.583
8	2.305	2.476	2.658	2.853	3.059	3.278	3.512	3.759	4.021	4.300
9	2.558	2.773	3.004	3.252	3.518	3.803	4.108	4.436	4.785	5.160
10	2.839	3.106	3.395	3.707	4.046	4.411	4.807	5.234	5.695	6.192
11	3.152	3.479	3.836	4.226	4.652	5.117	5.624	6.176	6.777	7.430
12	3.499	3.896	4.335	4.818	5.350	5.936	6.580	7.288	8.064	8.916
13	3.883	4.364	4.898	5.492	6.153	6.886	7.699	8.599	9.596	10.699
14	4.310	4.887	5.535	6.261	7.076	7.988	9.008	10.147	11.420	12.839
15	4.785	5.474	6.254	7.138	8.137	9.266	10.539	11.974	13.590	15.407
16	5.311	6.130	7.067	8.137	9.358	10.748	12.330	14.129	16.172	18.488
17	5.895	6.866	7.986	9.277	10.761	12.468	14.427	16.672	19.244	22.186
18	6.544	7.690	9.024	10.575	12.376	14.463	16.879	19.673	22.901	26.623
19	7.263	8.613	10.197	12.056	14.232	16.777	19.748	23.214	27.252	31.948
20	8.062	9.646	11.523	13.744	16.367	19.461	23.106	27.393	32.429	38.338
21	8.949	10.804	13.021	15.668	18.822	22.575	27.034	32.324	38.591	46.005
22	9.934	12.100	14.714	17.861	21.645	26.186	31.629	38.142	45.923	55.206
23	11.026	13.552	16.627	20.362	24.892	30.376	37.006	45.008	54.649	66.247
24	12.239	15.179	18.788	23.212	28.625	35.236	43.297	53.109	65.032	79.497
25	13.586	17.000	21.231	26.462	32.919	40.874	50.658	62.669	77.388	95.396
26	15.080	19.040	23.991	30.167	37.857	47.414	59.270	73.949	92.092	114.476
27	16.739	21.325	27.109	34.390	43.535	55.000	69.346	87.260	109.589	137.371
28	18.580	23.884	30.634	39.205	50.066	63.800	81.134	102.967	130.411	164.845
29	20.624	26.750	34.616	44.693	57.576	74.009	94.927	121.501	155.189	197.814
30	22.892	29.960	39.116	50.950	66.212	85.850	111.065	143.371	184.675	237.376

复利终值系数表3

期数	21%	22%	23%	24%	25%	26%	27%	28%	29%	30%
1	1.210 00	1.220 00	1.230 00	1.240 00	1.250 00	1.260 00	1.270 00	1.280 00	1.290 00	1.300 00
2	1.464 10	1.488 40	1.512 90	1.537 60	1.562 50	1.587 60	1.612 90	1.638 40	1.664 10	1.690 00
3	1.771 60	1.815 80	1.860 90	1.906 60	1.953 10	2.000 40	2.048 40	2.097 20	2.146 70	2.197 00
4	2.143 60	2.215 30	2.288 90	2.364 20	2.441 40	2.520 50	2.601 40	2.684 40	2.769 20	2.856 10
5	2.593 70	2.702 70	2.815 30	2.931 60	3.051 80	3.175 80	3.303 80	3.436 00	3.572 30	3.712 90
6	3.138 40	3.297 30	3.462 80	3.635 20	3.814 70	4.001 50	4.195 90	4.398 00	4.608 30	4.826 80
7	3.797 50	4.022 70	4.259 30	4.507 70	4.768 40	5.041 90	5.328 80	5.629 50	5.944 70	6.274 90
8	4.595 00	4.907 70	5.238 90	5.589 50	5.960 50	6.352 80	6.767 50	7.205 80	7.668 60	8.157 30
9	5.559 90	5.987 40	6.443 90	6.931 00	7.450 60	8.004 50	8.594 80	9.223 40	9.892 50	10.604 50
10	6.727 50	7.304 60	7.925 90	8.594 40	9.313 20	10.085 70	10.915 30	11.805 90	12.761 40	13.785 80
11	8.140 30	8.911 70	9.748 90	10.657 10	11.641 50	12.708 00	13.862 50	15.111 60	16.462 20	17.921 60
12	9.849 70	10.872 20	11.991 20	13.214 80	14.551 90	16.012 00	17.605 30	19.342 80	21.236 20	23.298 10
13	11.918 20	13.264 10	14.749 10	16.386 30	18.189 90	20.175 20	22.358 80	24.758 80	27.394 70	30.287 50
14	14.421 00	16.182 20	18.141 40	20.319 10	22.737 40	25.420 70	28.395 70	31.691 30	35.339 10	39.373 80
15	17.449 40	19.742 30	22.314 00	25.195 60	28.421 70	32.030 10	36.062 50	40.564 80	45.587 50	51.185 90
16	21.113 80	24.085 60	27.446 20	31.242 60	35.527 10	40.357 90	45.799 40	51.923 00	58.807 90	66.541 70
17	25.547 70	29.384 40	33.758 80	38.740 80	44.408 90	50.851 00	58.165 20	66.461 40	75.862 10	86.504 20
18	30.912 70	35.849 00	41.523 30	48.038 60	55.511 20	64.072 20	73.869 80	85.070 60	97.862 20	112.455 40
19	37.404 30	43.735 80	51.073 70	59.567 90	69.388 90	80.731 00	93.814 70	108.890 40	126.242 20	146.192 00
20	45.259 30	53.357 60	62.820 60	73.864 10	86.736 20	101.721 10	119.144 60	139.379 70	162.852 40	190.049 60
21	54.763 70	65.096 30	77.269 40	91.591 50	108.420 20	128.168 50	151.313 70	178.406 00	210.079 60	247.064 50
22	66.264 10	79.417 50	95.041 30	113.573 50	135.525 30	161.492 40	192.168 30	228.359 60	271.002 70	321.183 90
23	80.179 50	96.889 40	116.900 80	140.831 20	169.406 60	203.480 40	244.053 80	292.300 30	349.593 50	417.539 10
24	97.017 20	118.205 00	143.788 00	174.630 60	211.758 20	256.385 30	309.948 30	374.144 40	450.975 60	542.800 80
25	117.390 90	144.210 10	176.859 30	216.542 00	264.697 80	323.045 70	393.634 40	478.904 90	581.758 50	705.641 00
26	142.042 90	175.936 30	217.536 90	268.512 10	330.872 20	407.037 70	499.915 70	612.998 20	750.468 50	917.333 30
27	171.871 90	214.642 40	267.570 40	332.955 00	413.590 30	512.867 00	634.892 90	784.637 70	968.104 40	1 192.533 30
28	207.965 10	261.863 70	329.111 50	412.864 20	516.987 90	646.212 40	806.314 00	1 004.336 30	1 248.854 60	1 550.293 30
29	251.637 70	319.473 70	404.807 20	511.951 60	646.234 90	814.227 60	1 024.018 70	1 285.550 40	1 611.022 50	2 015.381 30
30	304.481 60	389.757 90	497.912 90	634.819 90	807.793 60	1 025.926 70	1 300.503 80	1 645.504 60	2 078.219 00	2 619.995 69

年金(普通年金)现值系数表1

期数	1%	2%	3%	4%	5%	6%	7%	8%	9%	10%
1	0.990	0.980	0.971	0.962	0.952	0.943	0.935	0.926	0.917	0.909
2	1.970	1.942	1.914	1.886	1.859	1.833	1.808	1.783	1.759	1.736
3	2.941	2.884	2.829	2.775	2.723	2.673	2.624	2.577	2.531	2.487
4	3.902	3.808	3.717	3.630	3.546	3.465	3.387	3.312	3.240	3.170
5	4.853	4.714	4.580	4.452	4.330	4.212	4.100	3.993	3.890	3.791
6	5.796	5.601	5.417	5.242	5.076	4.917	4.767	4.623	4.486	4.355
7	6.728	6.472	6.230	6.002	5.786	5.582	5.389	5.206	5.033	4.868
8	7.652	7.326	7.020	6.733	6.463	6.210	5.971	5.747	5.535	5.335
9	8.566	8.162	7.786	7.435	7.108	6.802	6.515	6.247	5.995	5.759
10	9.471	8.983	8.530	8.111	7.722	7.360	7.024	6.710	6.418	6.145
11	10.368	9.787	9.253	8.761	8.306	7.887	7.499	7.139	6.805	6.495
12	11.255	10.575	9.954	9.385	8.863	8.384	7.943	7.536	7.161	6.814
13	12.134	11.348	10.635	9.986	9.394	8.853	8.358	7.904	7.487	7.103
14	13.004	12.106	11.296	10.563	9.899	9.295	8.746	8.244	7.786	7.367
15	13.865	12.849	11.938	11.118	10.380	9.712	9.108	8.560	8.061	7.606
16	14.718	13.578	12.561	11.652	10.838	10.106	9.447	8.851	8.313	7.824
17	15.562	14.292	13.166	12.166	11.274	10.477	9.763	9.122	8.544	8.022
18	16.398	14.992	13.754	12.659	11.690	10.828	10.059	9.372	8.756	8.201
19	17.226	15.679	14.324	13.134	12.085	11.158	10.336	9.604	8.950	8.365
20	18.046	16.351	14.878	13.590	12.462	11.470	10.594	9.818	9.129	8.514
21	18.857	17.011	15.415	14.029	12.821	11.764	10.836	10.017	9.292	8.649
22	19.660	17.658	15.937	14.451	13.163	12.042	11.061	10.201	9.442	8.772
23	20.456	18.292	16.444	14.857	13.489	12.303	11.272	10.371	9.580	8.883
24	21.243	18.914	16.936	15.247	13.799	12.550	11.469	10.529	9.707	8.985
25	22.023	19.524	17.413	15.622	14.094	12.783	11.654	10.675	9.823	9.077
26	22.795	20.121	17.877	15.983	14.375	13.003	11.826	10.810	9.929	9.161
27	23.560	20.707	18.327	16.330	14.643	13.211	11.987	10.935	10.027	9.237
28	24.316	21.281	18.764	16.663	14.898	13.406	12.137	11.051	10.116	9.307
29	25.066	21.844	19.189	16.984	15.141	13.591	12.278	11.158	10.198	9.370
30	25.808	22.397	19.600	17.292	15.373	13.765	12.409	11.258	10.274	9.427

年金(普通年金)现值系数表2

期数	11%	12%	13%	14%	15%	16%	17%	18%	19%	20%
1	0.901	0.893	0.885	0.877	0.870	0.862	0.855	0.848	0.840	0.833
2	1.713	1.690	1.668	1.647	1.626	1.605	1.585	1.566	1.547	1.528
3	2.444	2.402	2.361	2.322	2.283	2.246	2.210	2.174	2.140	2.107
4	3.102	3.037	2.975	2.914	2.855	2.798	2.743	2.690	2.639	2.589
5	3.696	3.605	3.517	3.433	3.352	3.274	3.199	3.127	3.058	2.991
6	4.231	4.111	3.998	3.889	3.785	3.685	3.589	3.498	3.410	3.326
7	4.712	4.564	4.423	4.288	4.160	4.039	3.922	3.812	3.706	3.605
8	5.146	4.968	4.799	4.639	4.487	4.344	4.207	4.078	3.954	3.837
9	5.537	5.328	5.132	4.946	4.772	4.607	4.451	4.303	4.163	4.031
10	5.889	5.650	5.426	5.216	5.019	4.833	4.659	4.494	4.339	4.193
11	6.207	5.938	5.687	5.453	5.234	5.029	4.836	4.656	4.487	4.327
12	6.492	6.194	5.918	5.660	5.421	5.197	4.988	4.793	4.611	4.439
13	6.750	6.424	6.122	5.842	5.583	5.342	5.118	4.910	4.715	4.533
14	6.982	6.628	6.303	6.002	5.725	5.468	5.229	5.008	4.802	4.611
15	7.191	6.811	6.462	6.142	5.847	5.576	5.324	5.092	4.876	4.676
16	7.379	6.974	6.604	6.265	5.954	5.669	5.405	5.162	4.938	4.730
17	7.549	7.120	6.729	6.373	6.047	5.749	5.475	5.222	4.990	4.775
18	7.702	7.250	6.840	6.467	6.128	5.818	5.534	5.273	5.033	4.812
19	7.839	7.366	6.938	6.550	6.198	5.878	5.585	5.316	5.070	4.844
20	7.963	7.469	7.025	6.623	6.259	5.929	5.628	5.353	5.101	4.870
21	8.075	7.562	7.102	6.687	6.313	5.973	5.665	5.384	5.127	4.891
22	8.176	7.645	7.170	6.743	6.359	6.011	5.696	5.410	5.149	4.909
23	8.266	7.718	7.230	6.792	6.399	6.044	5.723	5.432	5.167	4.925
24	8.348	7.784	7.283	6.835	6.434	6.073	5.747	5.451	5.182	4.937
25	8.422	7.843	7.330	6.873	6.464	6.097	5.766	5.467	5.195	4.948
26	8.488	7.896	7.372	6.906	6.491	6.118	5.783	5.480	5.206	4.956
27	8.548	7.943	7.409	6.935	6.514	6.136	5.798	5.492	5.215	4.964
28	8.602	7.984	7.441	6.961	6.534	6.152	5.810	5.502	5.223	4.970
29	8.650	8.022	7.470	6.983	6.551	6.166	5.820	5.510	5.229	4.975
30	8.694	8.055	7.496	7.003	6.566	6.177	5.829	5.517	5.235	4.979

年金(普通年金)现值系数表3

期数	21%	22%	23%	24%	25%	26%	27%	28%	29%	30%
1	0.826	0.820	0.813	0.807	0.800	0.794	0.787	0.781	0.775	0.769
2	1.510	1.492	1.474	1.457	1.440	1.424	1.407	1.392	1.376	1.361
3	2.074	2.042	2.011	1.981	1.952	1.923	1.896	1.868	1.842	1.816
4	2.540	2.494	2.448	2.404	2.362	2.320	2.280	2.241	2.203	2.166
5	2.926	2.864	2.804	2.745	2.689	2.635	2.583	2.532	2.483	2.436
6	3.245	3.167	3.092	3.021	2.951	2.885	2.821	2.759	2.700	2.643
7	3.508	3.416	3.327	3.242	3.161	3.083	3.009	2.937	2.868	2.802
8	3.726	3.619	3.518	3.421	3.329	3.241	3.156	3.076	2.999	2.925
9	3.905	3.786	3.673	3.566	3.463	3.366	3.273	3.184	3.100	3.019
10	4.054	3.923	3.799	3.682	3.571	3.465	3.364	3.269	3.178	3.092
11	4.177	4.035	3.902	3.776	3.656	3.544	3.437	3.335	3.239	3.147
12	4.278	4.127	3.985	3.851	3.725	3.606	3.493	3.387	3.286	3.190
13	4.362	4.203	4.053	3.912	3.780	3.656	3.538	3.427	3.322	3.223
14	4.432	4.265	4.108	3.962	3.824	3.695	3.573	3.459	3.351	3.249
15	4.489	4.315	4.153	4.001	3.859	3.726	3.601	3.483	3.373	3.268
16	4.536	4.357	4.189	4.033	3.887	3.751	3.623	3.503	3.390	3.283
17	4.576	4.391	4.219	4.059	3.910	3.771	3.640	3.518	3.403	3.295
18	4.608	4.419	4.243	4.080	3.928	3.786	3.654	3.529	3.413	3.304
19	4.635	4.442	4.263	4.097	3.942	3.799	3.664	3.539	3.421	3.311
20	4.657	4.460	4.279	4.110	3.954	3.808	3.673	3.546	3.427	3.316
21	4.675	4.476	4.292	4.121	3.963	3.816	3.679	3.551	3.432	3.320
22	4.690	4.488	4.302	4.130	3.971	3.822	3.684	3.556	3.436	3.323
23	4.703	4.499	4.311	4.137	3.976	3.827	3.689	3.559	3.438	3.325
24	4.713	4.507	4.318	4.143	3.981	3.831	3.692	3.562	3.441	3.327
25	4.721	4.514	4.323	4.147	3.985	3.834	3.694	3.564	3.442	3.329
26	4.728	4.520	4.328	4.151	3.988	3.837	3.696	3.566	3.444	3.330
27	4.734	4.524	4.332	4.154	3.990	3.839	3.698	3.567	3.445	3.331
28	4.739	4.528	4.335	4.157	3.992	3.840	3.699	3.568	3.446	3.331
29	4.743	4.531	4.337	4.159	3.994	3.841	3.700	3.569	3.446	3.332
30	4.746	4.534	4.339	4.160	3.995	3.842	3.701	3.569	3.447	3.332

年金(普通年金)终值系数表1

期数	1%	2%	3%	4%	5%	6%	7%	8%	9%	10%
1	1.000	1.000	1.000	1.000	1.000	1.000	1.000	1.000	1.000	1.000
2	2.010	2.020	2.030	2.040	2.050	2.060	2.070	2.080	2.090	2.100
3	3.030	3.060	3.091	3.122	3.153	3.184	3.215	3.246	3.278	3.310
4	4.060	4.122	4.184	4.247	4.310	4.375	4.440	4.506	4.573	4.641
5	5.101	5.204	5.309	5.416	5.526	5.637	5.751	5.867	5.985	6.105
6	6.152	6.308	6.468	6.633	6.802	6.975	7.153	7.336	7.523	7.716
7	7.214	7.434	7.663	7.898	8.142	8.394	8.654	8.923	9.200	9.487
8	8.286	8.583	8.892	9.214	9.549	9.898	10.260	10.637	11.029	11.436
9	9.369	9.755	10.159	10.583	11.027	11.491	11.978	12.488	13.021	13.580
10	10.462	10.950	11.464	12.006	12.578	13.181	13.816	14.487	15.193	15.937
11	11.567	12.169	12.808	13.486	14.207	14.972	15.784	16.646	17.560	18.531
12	12.683	13.412	14.192	15.026	15.917	16.870	17.889	18.977	20.141	21.384
13	13.809	14.680	15.618	16.627	17.713	18.882	20.141	21.495	22.953	24.523
14	14.947	15.974	17.086	18.292	19.599	21.015	22.551	24.215	26.019	27.975
15	16.097	17.293	18.599	20.024	21.579	23.276	25.129	27.152	29.361	31.773
16	17.258	18.639	20.157	21.825	23.658	25.673	27.888	30.324	33.003	35.950
17	18.430	20.012	21.762	23.698	25.840	28.213	30.840	33.750	36.974	40.545
18	19.615	21.412	23.414	25.645	28.132	30.906	33.999	37.450	41.301	45.599
19	20.811	22.841	25.117	27.671	30.539	33.760	37.379	41.446	46.019	51.159
20	22.019	24.297	26.870	29.778	33.066	36.786	40.996	45.762	51.160	57.275
21	23.239	25.783	28.677	31.969	35.719	39.993	44.865	50.423	56.765	64.003
22	24.472	27.299	30.537	34.248	38.505	43.392	49.006	55.457	62.873	71.403
23	25.716	28.845	32.453	36.618	41.431	46.996	53.436	60.893	69.532	79.543
24	26.974	30.422	34.427	39.083	44.502	50.816	58.177	66.765	76.790	88.497
25	28.243	32.030	36.459	41.646	47.727	54.865	63.249	73.106	84.701	98.347
26	29.526	33.671	38.553	44.312	51.114	59.156	68.677	79.954	93.324	109.182
27	30.821	35.344	40.710	47.084	54.669	63.706	74.484	87.351	102.723	121.100
28	32.129	37.051	42.931	49.968	58.403	68.528	80.698	95.339	112.968	134.210
29	33.450	38.792	45.219	52.966	62.323	73.640	87.347	103.966	124.135	148.631
30	34.785	40.568	47.575	56.085	66.439	79.058	94.461	113.283	136.308	164.494

年金(普通年金)终值系数表2

期数	11%	12%	13%	14%	15%	16%	17%	18%	19%	20%
1	1.000	1.000	1.000	1.000	1.000	1.000	1.000	1.000	1.000	1.000
2	2.110	2.120	2.130	2.140	2.150	2.160	2.170	2.180	2.190	2.200
3	3.342	3.374	3.407	3.440	3.473	3.506	3.539	3.572	3.606	3.640
4	4.710	4.779	4.850	4.921	4.993	5.067	5.141	5.215	5.291	5.368
5	6.228	6.353	6.480	6.610	6.742	6.877	7.014	7.154	7.297	7.442
6	7.913	8.115	8.323	8.536	8.754	8.978	9.207	9.442	9.683	9.930
7	9.783	10.089	10.405	10.731	11.067	11.414	11.772	12.142	12.523	12.916
8	11.859	12.300	12.757	13.233	13.727	14.240	14.773	15.327	15.902	16.499
9	14.164	14.776	15.416	16.085	16.786	17.519	18.285	19.086	19.923	20.799
10	16.722	17.549	18.420	19.337	20.304	21.322	22.393	23.521	24.709	25.959
11	19.561	20.655	21.814	23.045	24.349	25.733	27.200	28.755	30.404	32.150
12	22.713	24.133	25.650	27.271	29.002	30.850	32.824	34.931	37.180	39.581
13	26.212	28.029	29.985	32.089	34.352	36.786	39.404	42.219	45.245	48.497
14	30.095	32.393	34.883	37.581	40.505	43.672	47.103	50.818	54.841	59.196
15	34.405	37.280	40.418	43.842	47.580	51.660	56.110	60.965	66.261	72.035
16	39.190	42.753	46.672	50.980	55.718	60.925	66.649	72.939	79.850	87.442
17	44.501	48.884	53.739	59.118	65.075	71.673	78.979	87.068	96.022	105.931
18	50.396	55.750	61.725	68.394	75.836	84.141	93.406	103.740	115.266	128.117
19	56.940	63.440	70.749	78.969	88.212	98.603	110.285	123.414	138.166	154.740
20	64.203	72.052	80.947	91.025	102.444	115.380	130.033	146.628	165.418	186.688
21	72.265	81.699	92.470	104.768	118.810	134.841	153.139	174.021	197.847	225.026
22	81.214	92.503	105.491	120.436	137.632	157.415	180.172	206.345	236.439	271.031
23	91.148	104.603	120.205	138.297	159.276	183.601	211.801	244.487	282.362	326.237
24	102.174	118.155	136.832	158.659	184.168	213.978	248.808	289.495	337.011	392.484
25	114.413	133.334	155.620	181.871	212.793	249.214	292.105	342.604	402.043	471.981
26	127.999	150.334	176.850	208.333	245.712	290.088	342.763	405.272	479.431	567.377
27	143.079	169.374	200.841	238.499	283.569	337.502	402.032	479.221	571.522	681.853
28	159.817	190.699	227.950	272.889	327.104	392.503	471.378	566.481	681.112	819.223
29	178.397	214.583	258.583	312.094	377.170	456.303	552.512	669.448	811.523	984.068
30	199.021	241.333	293.199	356.787	434.745	530.312	647.439	790.948	966.712	1 181.882

年金(普通年金)终值系数表3

期数	21%	22%	23%	24%	25%	26%	27%	28%	29%	30%
1	1.000	1.000	1.000	1.000	1.000	1.000	1.000	1.000	1.000	1.000
2	2.210	2.220	2.230	2.240	2.250	2.260	2.270	2.280	2.290	2.300
3	3.674	3.708	3.743	3.778	3.813	3.848	3.883	3.918	3.954	3.990
4	5.446	5.524	5.604	5.684	5.766	5.848	5.931	6.016	6.101	6.187
5	7.589	7.740	7.893	8.048	8.207	8.368	8.533	8.700	8.870	9.043
6	10.183	10.442	10.708	10.980	11.259	11.544	11.837	12.136	12.442	12.756
7	13.321	13.740	14.171	14.615	15.074	15.546	16.032	16.534	17.051	17.583
8	17.119	17.762	18.430	19.123	19.842	20.588	21.361	22.163	22.995	23.858
9	21.714	22.670	23.669	24.713	25.802	26.940	28.129	29.369	30.664	32.015
10	27.274	28.657	30.113	31.643	33.253	34.945	36.724	38.593	40.556	42.620
11	34.001	35.962	38.039	40.238	42.566	45.031	47.639	50.399	53.318	56.405
12	42.142	44.874	47.788	50.895	54.208	57.739	61.501	65.510	69.780	74.327
13	51.991	55.746	59.779	64.110	68.760	73.751	79.107	84.853	91.016	97.625
14	63.910	69.010	74.528	80.496	86.950	93.926	101.465	109.612	118.411	127.913
15	78.331	85.192	92.669	100.815	109.687	119.347	129.861	141.303	153.750	167.286
16	95.780	104.935	114.983	126.011	138.109	151.377	165.924	181.868	199.337	218.472
17	116.894	129.020	142.430	157.253	173.636	191.735	211.723	233.791	258.145	285.014
18	142.441	158.405	176.188	195.994	218.045	242.586	269.888	300.252	334.007	371.518
19	173.354	194.254	217.712	244.033	273.556	306.658	343.758	385.323	431.870	483.973
20	210.758	237.989	268.785	303.601	342.945	387.389	437.573	494.213	558.112	630.166
21	256.018	291.347	331.606	377.465	429.681	489.110	556.717	633.593	720.964	820.215
22	310.781	356.443	408.875	469.056	538.101	617.278	708.031	811.999	931.044	1 067.280
23	377.045	435.861	503.917	582.630	673.626	778.771	900.199	1 040.358	1 202.047	1 388.464
24	457.225	532.750	620.817	723.461	843.033	982.251	1 144.253	1 332.659	1 551.640	1 806.003
25	554.242	650.955	764.605	898.092	1 054.791	1 238.636	1 454.201	1 706.803	2 002.616	2 348.803
26	671.633	795.165	941.465	1 114.634	1 319.489	1 561.682	1 847.836	2 185.708	2 584.374	3 054.444
27	813.676	971.102	1 159.002	1 383.146	1 650.361	1 968.719	2 347.752	2 798.706	3 334.843	3 971.778
28	985.548	1 185.744	1 426.572	1 716.101	2 063.952	2 481.586	2 982.644	3 583.344	4 302.947	5 164.311
29	1 193.513	1 447.608	1 755.684	2 128.965	2 580.939	3 127.798	3 788.958	4 587.680	5 551.802	6 714.604
30	1 445.151	1 767.081	2 160.491	2 640.916	3 227.174	3 942.026	4 812.977	5 873.231	7 162.824	8 729.986

参考文献

[1] 国家信息中心. 信息化领域前沿热点技术通俗读本[M]. 北京:人民出版社,2020.
[2] 陈玉菁. 财务管理:实务与案例[M]. 4版. 北京:人民大学出版社,2019.
[3] 李迪,赵靖. 财务管理[M]. 北京:科学出版社,2019.
[4] 朱向萍. 财务管理及案例分析[M]. 上海:上海财经大学出版社,2019.
[5] 阮萍. 高级财务管理[M]. 成都:西南财经大学出版社,2019.
[6] 姬潮心. 大数据时代下的企业财务管理研究[M]. 北京:水利水电出版社,2018.
[7] 荆新,王化成,刘俊彦. 财务管理学[M]. 北京:人民大学出版社,2018.
[8] 刘永泽. 中级财务会计[M]. 6版. 大连:东北财经大学出版社,2018.
[9] 中国注册会计师协会. 财务成本管理[M]. 北京:中国财政经济出版社,2018.
[10] 张先治. 高级财务管理[M]. 4版. 大连:东北财经大学出版社,2018.
[11] 武娟. 高级财务管理[M]. 上海:立信会计出版社,2018.
[12] 王化成. 高级财务管理学[M]. 4版. 北京:中国人民大学出版社,2017.
[13] 韩林静,崔海红. 高级财务管理[M]. 北京:清华大学出版社,2017.
[14] 漆凡. 财务管理[M]. 上海:立信会计出版社 2016.
[15] 吴英. 财务管理学[M]. 南京:南京大学出版社,2016.
[16] 赵德武. 财务管理[M]. 北京:高等教育出版社,2015.
[17] 祝映兰. 财务管理理论与实务[M]. 北京:人民邮电出版社,2016.
[18] 荆新,王化成,刘俊彦. 财务管理学[M]. 北京:中国人民大学出版社,2015.
[19] 马忠. 公司财务管理[M]. 2版. 北京:机械工业出版社,2015.
[20] 王棣华. 财务管理案例精析[M]. 2版. 北京:中国市场出版社,2014.
[21] 刘力,唐国正. 公司财务[M]. 北京:北京大学出版社,2014.
[22] 陆正飞. 财务报表与分析[M]. 北京:北京大学出版社,2014.
[23] 胡元木,江洪丽. 高级财务管理[M]. 北京:中国经济科学出版社,2013.
[24] 陆正飞. 财务管理学[M]. 大连:东北财经大学大学出版社,2010.
[25] 卢家仪. 财务管理[M]. 北京:清华大学出版社,2011.
[26] 张新民. 财务报表分析[M]. 北京:北京大学出版社,2010.
[27] 崔杰. 财务管理[M]. 北京:清华大学出版社,2019.
[28] 孙琳,徐晔. 财务管理[M]. 2版. 上海:复旦大学出版社,2010.
[29] 王化成. 企业财务学[M]. 北京:中国人民大学出版社,2008.
[30] 张先治,陈友邦. 财务分析[M]. 大连:东北财经大学出版社,2007.
[31] 欧阳令南. 财务管理:理论与分析[M]. 上海:复旦大学出版社,2005.
[32] 斯坦利·布洛克,杰弗里·赫特,巴特利·丹尼. 财务管理基础[M]. 16版. 北京:中国人民大学出版社,2018.
[33] 亚瑟·J. 基翁,约翰·D. 马丁,J. 威廉·佩蒂. 财务管理基础[M]. 王珏,译. 北京:电子工业出版

社,2015.
- [34] 杨淑娥,胡元木. 财务管理研究[M]. 北京:经济科学出版社,2002.
- [35] 斯蒂芬. A. 罗斯. 公司理财[M]. 北京:机械工业出版社,2000.
- [36] 凌春华. 财务管理[M]. 杭州:浙江大学出版社,2006.
- [37] 傅元略. 财务管理理论[M]. 厦门:厦门大学出版社,2007.
- [38] 张学功,王士伟. 财务管理[M]. 2版. 成都:西南财经大学出版社,2008.
- [39] 宋献中,吴思明[M]. 2版. 大连:东北财经大学出版社 2009.
- [40] 孙琳,徐晔. 财务管理[M]. 2版. 上海:复旦大学出版社,2010.
- [41] 戴娟萍. 高级财务管理[M]. 厦门:厦门大学出版社,2017.
- [42] 胡国柳. 财务管理学[M]. 成都:西南财经大学出版社,2010.
- [43] 财政部会计资格评价中心. 财务管理. 北京:经济科学出版社,2020.
- [44] 王化成. 财务管理[M]. 5版. 北京:中国人民大学出版社,2017.
- [45] 郭复初. 财务管理[M]. 2版. 北京:高等教育出版社,2005.
- [46] 刘梅玲,黄虎,佟成生,刘凯. 智能财务的基本框架与建设思路研究[J]. 会计研究,2020(3):179-192.
- [47] 田茵."大数据"引领财务管理智能化[J]. 山西财经大学学报,2018,40(S2):39-42+45.
- [48] 李岚. 大数据背景下企业财务管理的创新之处——评《大数据时代下的企业财务管理研究》[J]. 广东财经大学学报,2020,35(5):116-117.
- [49] 陆兴凤. 智能财务下"人机物"多元协同新型财务管理模式探究[J]. 财会月刊,2021(12):57-65.
- [50] 王路,深入认识大数据发展的五个问题[N]. 学习时报,2019-09-06.
- [51] 谷业凯. 数据经理助力企业转型. 人民日报[N]. 2020-08-07.
- [52] 中华人民共和国证券法. http://www.csrc.gov.cn/pub/tianjin/tjfzyd/tjjflfg/tjgjfl/201912/t20191231_368792.htm.
- [53] 中华人民共和国合伙企业法(2019-1561448284137). http://gkml.samr.gov.cn/nsjg/fgs/201906/t20190625_302868.html.
- [54] 中华人民共和国个人所得税法. http://www.chinatax.gov.cn/n810341/n810755/c3967308/content.html.
- [55] 中华人民共和国个人独资企业法. http://www.npc.gov.cn/wxzl/wxzl/2000-12/05/content_4750.htm.
- [56] 企业债券管理条例. http://www.gov.cn/gongbao/content/2011/content_1860733.htm.
- [57] 中华人民共和国公司法(2018年修正). http://www.gov.cn/xinwen/2018-10/27/content_5334901.htm.
- [58] 中华人民共和国证券法. http://www.csrc.gov.cn/pub/tianjin/tjfzyd/tjjflfg/tjgjfl/201912/t20191231_368792.htm.
- [59] 企业债券管理条例. http://www.gov.cn/gongbao/content/2011/content_1860733.htm.
- [60] 银行间债券市场非金融企业债务融资工具管理办法. http://www.gov.cn/gongbao/content/2008/content_1149254.htm.